# 仓海一粟

## 中储六十年 我的三十年

姜超峰◎著

中国财富出版社有限公司

图书在版编目（CIP）数据

仓海一粟：中储六十年　我的三十年／姜超峰著 . — 北京：中国财富出版社有限公司，2023.1

ISBN 978 - 7 - 5047 - 7816 - 1

Ⅰ.①仓…　Ⅱ.①姜…　Ⅲ.①仓储企业—企业经营管理②物流企业—企业经营管理　Ⅳ.①F253

中国版本图书馆 CIP 数据核字（2022）第 240436 号

| | | | |
|---|---|---|---|
| **策划编辑**　王　君 | **责任编辑**　王　君 | | **版权编辑**　李　洋 |
| **责任印制**　梁　凡 | **责任校对**　张营营 | | **责任发行**　杨恩磊 |

**出版发行**　中国财富出版社有限公司

**社　　址**　北京市丰台区南四环西路 188 号 5 区 20 楼　　　　**邮政编码**　100070

**电　　话**　010 - 52227588 转 2098（发行部）　　　　010 - 52227588 转 321（总编室）

　　　　　　010 - 52227566（24 小时读者服务）　　　　010 - 52227588 转 305（质检部）

**网　　址**　http：//www.cfpress.com.cn　　　　**排　　版**　宝蕾元

**经　　销**　新华书店　　　　**印　　刷**　宝蕾元仁浩（天津）印刷有限公司

**书　　号**　ISBN 978 - 7 - 5047 - 7816 - 1/F·3588

**开　　本**　787mm×1092mm　1/16　　　　**版　　次**　2024 年 1 月第 1 版

**印　　张**　20.5　　　　**印　　次**　2024 年 1 月第 1 次印刷

**字　　数**　425 千字　　　　**定　　价**　158.00 元

# 目录
CONTENTS

第一章

仓储

# 第一节 我的仓储梦

自 1993 年进入中储①，已有 20 个年头了。当时进中储的原因很简单：使自己忙起来，忙起来才充实。没想到进来后真的很忙。

1993 年，中国正处在计划经济向市场经济过渡的阶段，物资紧缺状况有所缓解。价格双轨制即将结束。中储是计划经济的最后堡垒，进入市场的过程十分艰难。一是我们不懂市场经营，采购、销售、贷款、担保、合同、进出口，很多新鲜事物扑面而来，让人措手不及。二是不习惯市场条件下的企业管理，对于新的组织架构和体制不适应。三是人才与人头的矛盾。财政拨款已经停止，1.8 万名员工、8000 名离退休人员的生计压在当时的企业领导身上，他们应该很辛苦。

1998 年，内贸部撤销时，中储累计亏损已达 10 亿元。为保全企业建制体系和进入央企序列，全公司背水一战，从总经理到一线员工，薪酬减半。紧接着，按上级要求，企业进行整改、兼并、剥离、破产等工作，中储的企业交地方一批、注销破产一批、交上级统筹处理一批。在这期间，矛盾、冲突、诉讼、追债、抗上等问题很多。经过"瘦身"，中储的占地面积从 1300 万平方米降到 850 万平方米。每交出一个仓库，我们都会心疼。2001 年，中储开始更新自己的仓储设施，到 2013 年，已有 50 万平方米的钢结构库房、40 万平方米的现货市场用房，信息技术应用也很普遍。新企业、新商业模式、新成就每年都层出不穷。

近些年，仓储业发展速度加快。2012 年全国仓储业投资额 3120 亿元，相当于 2003 年到 2008 年仓储业五年资产的增加额。2013 年 1—9 月，仓储业投资 3009 亿元，增速 38.7%。由此推算，全国每年增加 1 亿 ~1.5 亿平方米的库房。仓储业的发展呈以下趋势：一是网络化。大型企业，尤其是电商、专线运输、物流地产业都在进行网络化布局。有的企业已拥有 120 家物流中心，有统一的品牌、统一的流程、统一的标准、统一的信息系统，最容易得到国际企业的信赖。二是机械化。存货品种结构、批量、频次都在发生重大变化，作业机械化已成当务之急。受人力不足、工资上涨等因素影响，

① 成立于 1962 年，全称为国家经委物资管理总局储运管理局；1986 年更名为中国物资储运总公司；2017 年完成公司制改制。

装卸搬运、分拣包装等作业机械化水平大幅提高。三是信息化。仓储业交接程序多、物品多、科目多，急需实现信息化。不仅要实现业务管理信息化、办公信息化，还要实现与外部环境沟通的信息化。企业要适应互联网、物联网、大数据时代的要求，适应电子商务的要求。四是创新。要根据产品生命周期理论，不断创新产品和提高服务意识，实现服务标准化、标准产品化、产品可视化。

回顾往事，我也有不少遗憾，例如，没能在低价时多拿一些地，为企业留下发展空间；2006年海外收购未获成功，使我们失去了成为自贸区先行者的机会；没能培育好运输业务，失去了进行货运改革的机会；等等。在经济的大舞台上，既有仓储企业产生，也有仓储企业退出，但仓储业会持续发展。

（本节选自笔者2013年的随笔）

# 第二节　中储发展战略研究

随着社会主义市场经济的建立和发展，中国物资储运总公司面临着确立、寻找新的发展目标、发展动力和发展机遇等问题。本节试图通过对中储内外部环境条件的分析，提出中储未来10年的发展战略框架，供关心和致力于中储发展的人们参考。

## 一、发展是中储的首要问题

### （一）中储的历史使命

中储的前身是国家经委物资管理总局储运管理局，担负着国有大中型生产企业当年生产的物资准备任务，于1986年改为中国物资储运总公司。

尽管中储成立多年，但是我们必须清醒地看到，中储的发展还存在一些问题，比如，经营网点过于分散，各自为战，盲目竞争，形不成集团规模经营；争货源，争市场，同室操戈，竞相抬价或压价，甚至出现几个经营部门同时到一个单位订货的情况；经营单一，绝大部分单位把钢材，主要是建筑用材，作为唯一的经营品种；管理松懈，一些单位的经营活动无章可循或有章不循，经营方式粗放，对经营人员的考核只看交了多少利润，不看其经营行为是否合法，经济纠纷不断增多，造成了一定的损失；投资盲目，效率低，一些单位缺乏长远规划和经营战略，设点布局缺乏科学论证，这就加剧了资金紧张；实业开发不足，缺乏高科技高附加值产品；对外贸易进展不大，进出口贸易额在销售额中的份额不足 1%；等等。这些问题不解决，中储便不能获得新的发展动力，就有可能被市场经济甩在后头。中储必须在更广阔的领域以更快的速度发展，否则便不能适应社会主义市场经济的需要。中储作为一个拥有 7 亿元资产、近 2 万名职工的大型国有企业，其目标绝不仅仅是自我生存，而应该成为社会化大生产的有机组成部分，在功能和职责方面真正完成由行政机关到企业的转变。而应该成为生产与消费的中介和桥梁，成为物资流通的血脉，这才是中储的历史使命。

### （二）中储发展的含义和应遵循的原则

#### 1. 中储发展的含义

在我国的经济学界，一般把经济增长定义为国民收入或人均国民收入的增加，而把经济发展定义为国民收入的增加和经济结构的改善。中储的发展，应包含这两个方面的内容。

自从人类社会有了剩余产品，社会便有了仓储和运输的需求。仓储保存了商品或物品的使用价值，而运输则将使用价值送到交货或消费场所，使商品的价值和使用价值得以实现。随着商品经济的发展，商品从生产端走向消费端的路途中出现了许多新的环节：金融、保险、海关、订货、销售、加工、包装、配送等。专业化分工使得流通领域变得越来越复杂和广阔。中储发展的内涵之一就在于它的功能的拓展和完善，在于它将所有的资源进行科学合理的配置，不断调整自己的产业结构，使之适应社会经济发展的需要。中储发展的内涵之二在于各项经济指标的增长和综合经济效益的提高，它不但是完善功能和调整结构的基础，而且是对付通胀，减少"人头"压力和增强竞争力的主要手段。改革能否成功，关键在于能否创造一个宽松的环境。效益低下，连吃饭的钱都不够，是不可能承受任何改革的。中储发展的内涵之三在于培养一支忠于企业、勇于开拓的职工队伍和建立一个灵活高效、政令统一的运转机制。历史上的许多企业改革都是因为缺少具有统一理念、统一意志的队伍而告失败。心不齐则谤议生，谤议生则政令不通。为此，必须将队伍建设作为重要问题来抓。

#### 2. 中储发展应遵循的原则

在马克思主义经济学指导下，经济学家们在许多方面论述过经济发展问题，如资本积累是扩大再生产的源泉；人口过剩对资本主义经济发展的作用；资本循环和资本周转对于剩余价值的影响；社会总资本的再生产理论；社会主义计划经济理论；经济部类按比例发展理论；等等。

在西方经济学中，一些经济学家认为经济发展的进程是自然的进程。比如随着生产力的发展，国家农业经济的比重逐渐降低，工业经济的比重逐渐提高。发展到一定阶段，第三产业的比重渐渐高于第一、第二产业经济的比重。农业人口向工业劳动人口转化，向第三产业人口转化。人们总收入中生活必需品的消费比例相对减少，而耐用消费品的消费比例相对增加等。另一些经济学家则认为，经济发展是静态均衡状态的突破。例如，熊彼特认为，突破的力量来自经济活动自身内部，这就是"创新"。创新是生产要素的重要组成部分，包括五个方面的内容：引入新产品；采用新的生产方式；开辟新的市场；获得原料或半成品的新的供给来源；实行新的企业组织形式。创新活动的实践者才能被称为企业家，而墨守成规者只能是普通的经营管理者。一般来说，企业家出于以下动机而创新：对超额利润的追求；冒险精神；发展私人"商业王国"的愿望；征服困难的意志和对发挥自己才能带来满足的追求。在这样的动机之下，企业家才能有一种战斗的冲动，一种非物质的企业家精神。

要进行创新，必须具有新的技术和一定规模的信贷。增加投资，掌握新技术、生产新产品就能获得超额利润，超额利润又刺激其他企业模仿。在竞争中，一些有创新能力和适应能力的企业投入了新的资本，而竞争能力差的企业被淘汰了，因此，经济发展达到新的水平。创新是一种有创造性的"破坏"活动，它推动了经济发展，也完善了旧体制。社会经济在不断创新中发展，在不断创新中生存。

20世纪40年代，美国的哈罗德和多马在凯恩斯理论的基础上，提出了他们的经济发展理论。他们认为要维持一国的国民收入和就业量不至于下降，必须补偿当年已消耗的资本量，为了维持某一时期的生产能力，必须增加投资以提高有效需求，但因投资的增加所增加的生产能力，将在下一时期提供比前一时期更多的产出，从而会使就业量减少。为了保证下一时期的充分就业，必须进一步扩大投资。可见，投资的不断增加是经济发展的重要因素。

20世纪60年代之后，经济发展问题引发了人们更多的关注，甚至形成了一门学问。发展中国家的经济发展更是热门问题，人们普遍认为应从各国的实际出发，建立适合本国国情的发展模式。同时要从多方面研究影响经济发展的因素，如所有制、人口、金融、财政、技术，并由重视单纯的经济增长，转向重视公平分配、经济稳定、资源利用、就业和环境保护问题等。

许多经济发展的理论对中储的发展战略有很大的指导意义，我认为中储发展应遵循以下原则。

（1）企业发展必须遵循客观经济发展规律，企业战略目标的制定必须建立在对企业内外部环境条件的了解之上，既不能脱离实际地超越，又不可因循守旧，慢慢爬行。这里，人的主观因素亦不可忽视。发展目标正确与否，战略部署和实施是否合理有效，直接关系着企业的成败。

（2）企业的发展依赖于创新，依赖于企业家和广大职工的创新精神。中储功能的开发、机构的重组、企业文化的培养、企业的联合等都是创新行为，应精心组织、精心策划，使创新活动实现最大效益。

（3）要注重资本投入和使用效率，没有积累就没有发展的手段。对中储来说，尤其要增加科学技术和机器设备的投入。这是因为，几十年来，中储几乎没有摆脱人力占主导地位的局面，要实现物流现代化，必然先实现装备机械化和办公自动化。

（4）中储的发展要与社会的发展相结合。中储不能脱离社会而存在，相反，要千方百计地注重社会效益，不断完善社会功能，为社会服务才能成为社会的组成部分，才能得到社会的认可与支持。

## （三）中储发展的战略目标

根据中储的历史使命和发展原则，可以确定未来十年中储的战略目标是：建立以信息为导向，以物流为中心，以金融为依托，集生产、贸易、信贷、服务功能为一体的大型综合商社，成为社会大生产中最方便、最可靠、最直接的中介机构。

### 1. 占领大市场

中储的市场份额目前较小，未能实现规模经营，流通成本较大，这对未来的发展是极为不利的。所以，中储要努力开拓国际、国内两个市场，注重全球大市场战略，不计较一城一池的得失，不拘泥于一时一事的盈亏，促进国际、国内的商品流通。货不畅其流，不能真正反映社会需求。中储要在已有网络的基础上，积聚力量建设20～30个布局合理的大型物资集散中心，扩大覆盖面，提高市场占有率。同时，在海外建立数十个分支机构，以拓展国际市场。

### 2. 面向大行业

就目前的情况看，中储服务的行业面较窄，已有的经营规模很小，且不成体系。必须迅速扩展服务领域，在生产和消费之间建起通畅的渠道。上接资源，下连用户，把进出口、报关、检验、仓储、集散、包装、商情、供销、信贷、开发等环节，组成一个连续、和谐、运转高效的服务系统，为大行业提供优质服务。

### 3. 发展大科技

科学技术是第一生产力在生产领域已经得到公认，但在流通领域还没有达成共识。中储要在信息的收集、整理和发送，物资的集散、运输和加工，财务结算，保险，交易等方面使用先进的技术装备，使现代化的物流与现代化的生产相匹配。

### 4. 开拓大实业

中储的实业开发近年来颇有进展，但也存在比重较小、附加值低等问题。除继续引资、合作和依靠积累发展实业外，还必须采取多种形式发展联合：前向联合原材料产业，后向联合加工制造业，横向联合金融、保险、信息和其他服务业，形成生产、流通、金融密切结合的格局。经过 10 年左右的时间，中储的经营规模和实力应达到下列指标：

——总资产 160 亿元；

——销售额 600 亿元；

——进出口额 15 亿美元；

——国外建立十数个分支机构；

——物资吞吐量 6000 万吨。

## 二、中储发展战略的依据和思考

制定和实施中储发展战略，依赖于我们对形势的分析和自身条件的判断。

### （一）宏观和微观

#### 1. 发展经济成为世界主流

冷战结束后，东西方的势力格局发生了巨大变化，和平竞赛、发展经济成为主流。一些实行高度计划经济的国家，突然发现自己的经济是如此脆弱：部门结构严重失调、消费品不足、通货膨胀严重、失业率增高、资金短缺等。更为严重的是，人们的思想观念不能适应市场经济的需要，无法面对这纷繁复杂的世界。在经过一段时间的混乱之后，这些国家已在重整自己的经济，努力使自己赶上国际经济发展的步伐。华约组织的解体，标志着两大集团对抗的时代已经结束，战争的危险虽然存在，但不像之前那样紧张。不论是发达国家还是发展中国家，都把抓住和平的有利时机来发展本国经济当作头等大事来抓。

中国不失时机地抓住了这一历史性机遇，较早地进行了一系列经济改革，从承包制到商品经济，再到发展社会主义市场经济，国民经济的发展得到了持续的动力。中国的改革引来了世界各国的瞩目，中国的经济正在汇入复杂多变、迅速发展的世界经济体系。1994 年，国家在金融、财税、投资、外汇、外贸、价格和流通等方面实施了全方位的改革，其力度之大、领域之广、影响之深都是前所未有的。这就给中国的企业提供了前所未有的宽松环境和施展才华的舞台。

几十年来，世界经济中心在不断转移：人类社会有过古巴比伦、古埃及的辉煌，也有过中国汉、唐的强盛；西班牙、葡萄牙的航船曾在 14 世纪、15 世纪横行全球，300 年后却不得不把"日不落"的称号让给大英帝国；美国在两次世界大战中迅速发展，成为首屈一指的强国，近年却成为世界最大的债务国，日本变成最大的债权国。

国际舆论认为，下一个世纪将成为环太平洋地区的世纪，成为中国和东南亚地区国家的世纪。一项调查表明，美国企业界对华投资的信心增强，98％的被访美国企业将中国列为最理想的投资对象国。

**2. 国际市场对中国市场的钳制作用加大，同时也有助于中国特色社会主义市场经济的发展和完善**

改革开放使国内市场和国际市场日益密切地联系在一起，中国要进入国际市场，就必须遵守国际市场规则；中国要复关，就必须减让关税、降低非关税壁垒，提高国内市场的开放度和透明度。国际市场对中国的钳制作用表现在以下三个方面：一是价格钳制。中国出口产品，不能享有政府的价格补贴，这就使我国新兴工业的产品受到国际低廉价格的冲击。二是关税钳制。国外产品进入中国，不能征收较高关税。三是规模钳制。中国数以千万计的企业将受到国外大财团、大企业的冲击和压力。美国希尔斯公司年销售额高达450亿美元，而我国物资流通王牌企业的年销售收入只有140亿元。

面对国际市场的压力，中储必须加快改革步伐。一是抓紧综合商社的建设，迅速扩大经营规模，没有规模就没有竞争力；二是加快进行流通设施的改造，采用先进技术和先进设备，提高劳动生产率；三是加大涉外业务，在国外设立分支机构，学习国外的先进管理办法，按国际惯例规范经营活动，成为联系国内、国际市场的桥梁。

**3. 供求规律的作用日渐加强，市场调节在国民经济中起主要作用**

目前，国家计划生产和流通的物资已不足10％，国家的调控手段主要是货币政策和财政政策，行政手段只在特定的条件下加以运用。物资流通呈现三个主要特点：一是流通规模在逐渐扩大。1992年物资销售总额为13480亿元，1993年为17000亿元，增长26％以上。二是多经济成分、多流通渠道、多经营方式的多元化格局正在形成。在社会物资总销售中，原物资系统约占30％，生产企业直销占50％～60％，其他系统和集体、个体约占10％～20％。三是生产资料价格随行就市，受市场左右的程度加大。随着经营行为进一步市场化和规范化，物资分配的特权迅速消失，千军万马抓物资，生产资料流通中的无序状态将被供求规律强制理顺。卖方市场逐渐变为买方市场，暴利正在变成微利，歧视性交易正在变成公平交易。

通过以上分析，可以看到国际、国内的经济环境给中储带来了历史性机遇。30多年来，中储还没有过今天这样好的发展条件。国家减少了行政对企业的干预，并千方百计落实企业自主经营权；出台了一系列的法规，保障企业的权益；削减政府的专业管理部门及其权限，让企业成为市场经济的主体；等等。中储应及时抓住这个有利时机，迅速打破部门和地区的封锁，采用兼并、联合、股份等多种形式，加快综合商社的构筑，增强实力，占领市场，完成自己的历史使命。

### 4. 资源向西部、北部转移的趋势明显

发展中国家的经济发展，在很大程度上依赖于农业资源、矿产资源和能源资源的数量、质量和分布状况。我国的耕地面积共有 14.5 亿亩，仅占国土资源面积的 10% 左右，勉强维持现有人口对农作物的需求。随着人口的增加和生活水平的提高，必须不断开拓新的耕地。可供开垦的土地主要集中在黑龙江、内蒙古和新疆地区。我国的金属矿产资源和能源资源也大部分集中在北部和西部。随着冶金工业的发展和能源消耗的日益增加，东部油田、煤田日益枯竭，能源和矿产基地正向新疆、陕北、内蒙古、晋北转移。这就意味着，我国西部、北部地区将进行大规模的建设，经济的重心将由南向北、由东向西迅速转移。伴随着转移的是：物资流通的方向由西北向东南辐射状展开，铁路运输、公路运输、内河运输量将成倍增长。

陕、晋、内蒙古三地的年运煤量远不及我国的年产原煤量。运往江南、西南的煤炭除经铁路外，还将取道沿海和长江。同时，西北地区建设所需的各种机器设备、日用品的运输量也会大大增加。中储将货代和运输列为主要产业，正是基于对上述情况的分析。沿长江线、陇海线的中储分支机构和太原公司，应该在货物的集散、运输和配送业务上大做文章。

### 5. 经济区域的划分和产业结构的调整

经过几十年的发展，我国逐步形成了三个经济发达地区：一是珠江三角洲地区；二是长江三角洲地区；三是环渤海地区。这三个经济发达地区的形成，一方面是由于实行改革开放较早，另一方面是这些地区兼有海洋、陆地两大资源。三个经济发达地区各具特色，珠江三角洲的发展主要依靠政策和金融优势。该地区政策宽松，吸引了大量的投资，且依靠香港这个国际金融中心，十几年来一直处于发展前列。但该地区资源较少，运输不便，其产业结构以轻型为主，并伴之以相当比重的第三产业。长江三角洲的发展靠的是科技和加工业、服务业。上海浦东新区建立之后，国际金融机构和国际知名大企业陆续在上海建立分支机构。国务院决定以浦东开发为龙头，进一步开发长江沿岸城市，尽快把上海建成国际经济、金融和贸易中心，带动长三角洲以及整个长江流域地区的经济腾飞。环渤海地区的发展靠的是资源优势和加工业优势，该地区的主要港口货物吞吐量占全国港口货物吞吐量的比重较大。

根据上述情况，可以看出中储自 1990 年实施的发展沿海、搞活内陆、紧缩三线的战略是有远见的。同时，应当以此来确定中储今后的产业结构。

（1）将销售、仓储归入贸易，并作为主要产业来发展，以仓储、运输促进贸易，以贸易带动仓储、运输、货代的发展。实践证明，依托仓储运输搞贸易，要比单做贸易可靠得多，容易赢得用户的信任，并能为用户提供全方位的服务，增加贸易的附

加值。

（2）大力发展信息产业。为众多的客户和合作伙伴提供市场行情、商品供求和咨询服务，能够减少交易的盲目性。

（3）加强开发业务。一方面有利于为中储广开稳定的收入来源，另一方面有利于加强流通企业与生产企业的联合。当前，许多生产企业陷入困境，主要原因是不知道社会下一个时期需要什么，需要多少。项目开发的功能在于研究需求的发展趋势，为生产企业提供发展的导向。

（4）加强金融功能，与银行和非银行金融机构密切合作，采取参股、融合、担保等多种形式，为中储及合作伙伴提供金融和信贷、结算服务。

**6. 竞争促进了物流企业的发展**

生产、交换、分配、消费是社会生产过程中密不可分的四个环节。储运业是国民经济中必不可少的生产性服务行业。市场经济越发展，就越离不开这个行业。生产资本的不可分割性和社会需求的多样性、分散性，决定了物流企业必然存在。钢铁企业、汽车制造企业是资本密集企业，必须大规模集中生产，而它们的产品都要分销到全国各地，这就要有储运业沟通其与用户的联系。储运业的生产性在于它保存和运送了商品的使用价值，而储运业的服务性在于它帮助生产者实现了商品的价值。

长期以来，储运业没有得到人们的重视，从而也没有充分发挥其功能。储运与销售，储运与金融、保险、进出口被人为地割裂，严重阻碍了物流的发展，从而阻断了生产与消费的渠道。近年来，本来已经十分脆弱的物流企业又面临激烈的竞争。一是同行业的竞争，二是生产企业的竞争。在同行业竞争中，粮食、商业、外贸、地方、乡镇自成体系，盲目发展，盲目竞争，"诸侯混战"，炒买炒卖，官司迭出。在与生产企业的竞争中，生产企业自设网点、自办销售的趋势越来越明显。1994年1—6月，生产企业的物资销售份额占全社会销售总额的比例从上年的43.6%上升到63%。生产企业直销发展迅速的主要原因有以下几点。

（1）前一阶段物资销售利润较高，生产企业要分享商业利润。在向市场经济过渡的过程中，生产资料价格实行双轨制，计划内价格与计划外价格差额很大。同时，由于物资市场长期求大于供，谁垄断资源谁就稳获利润，促使生产企业自办流通系统。

（2）生产企业不断改进生产技术，所需的劳动相对减少，致使生产企业人员冗余，自办流通系统。

（3）流通环节"官商"作风严重，养成了不愿吃"辛苦饭、市场饭"的惰性，造成了物流不畅。同时，物流企业对市场供求形势不甚了了，盲目经营，亏损严重，便主动放弃市场。

尽管存在激烈的竞争，物流企业还是大有可为的。这是因为生产企业自办流通系统的弊端很多，诸如，资金占用增加，资金周转缓慢；重复投资，重复建设，浪费严重；各自为政、盲目竞争；流通费用大，贷款分散，拖欠严重等。从长远的发展看，生产企业的直销只适用于大宗的交易，多数的生产资料必须通过专门设备、专门技术、专门渠道来完成。物流企业要生存和发展，必须彻底与官商脱钩，在较短时间内完成经营机制的转变，迅速完善功能，建立新的流通渠道、流通体系和网络，担当起大流通的责任。以最少的环节、最低的价格、最快捷的服务赢得客户，赢得生产企业的信任和合作。

## （二）矛盾

### 1. 经济自主与经济集权的矛盾

这对矛盾不独是中储改革中遇到的矛盾，也是国家经济运行中的矛盾，只不过具体表现为中央和地方的矛盾、政府与企业的矛盾罢了。这对矛盾古今普遍存在。早在18世纪，英国古典经济学家亚当·斯密就主张用"看不见的手"，即市场经济机制来调节经济活动，国家不必干预。法国的柯尔贝尔、蒙克莱田也主张国家要积极干预经济生活。20世纪30年代，美国的经济学家凯恩斯重提国家干预，主张用积极的财政手段增加有效需求调控经济活动。经济集权与经济自由的争论由来已久。我认为，在经济活动中绝对的经济自由与绝对的经济集权都是不存在的，存在的只是它们的混合体。邓小平同志1992年的南方谈话更是明确提出，计划与市场是调节经济的两个手段，资本主义也有计划，社会主义也有市场，这是对传统的计划经济理论的重大突破。完全的经济自由会造成盲目竞争，浪费社会资源，必然产生经济危机；而完全的国家干预则会束缚企业积极性，行政决策的失误会造成更大的经济危机。我们的责任是寻找经济集权和经济自由的最佳结合点，形成既有企业经营积极性又有政府宏观调控的经济运行机制。

中储的发展战略不能回避这样一个事实：中储系统的各成员单位存在自己的小团体利益，甚至于每个职工都有自己的利益，如何将职工利益和企业利益、中储利益和国家利益有机地结合在一起，是我们制定战略时所要考虑的首要问题。

我们必须承认个人利益和小团体利益的存在，在市场经济中，"民之于利也，若水于下也，四旁无择也"，与其四处堵截，不如因势利导。我们必须重视企业的整体利益和整体战略的实现。这是因为社会化大生产需要规模经济，只有联合起来，才能创造更多的财富。与其大家蝇营狗苟、争夺小利，不如联合起来制造更大更多的"蛋糕"。在激烈的市场竞争中，小团体和个人是无法抗拒竞争的压力的。

资本主义的基本矛盾表现为单个企业生产的有组织状态和整个社会生产的无政府状态，这正是我们在组织集团经营中所极力避免的现象。

### 2. 组建中储商社与地方封锁、部门垄断的矛盾

组建综合商社，需要不同产业、不同行业、不同地区、不同部门企业的联合，但现有的体制和隶属关系把这些本来应该联合成一体的企业分割成彼此孤立的企业。甚至于同行业、同类型的企业也"鸡犬之声相闻，老死不相往来"。金融、外贸、铁路、港口的垄断，更使企业联合难以进行。从现有的经济联合体来看，企业集团、股份制企业的成功率很低，各成员企业之间貌合神离，无法形成集团规模效益。其主要原因在于企业的行政隶属关系还没有彻底割断，某些政府部门还在通过各种渠道和手段控制企业的经营活动。产权关系还没有理顺，经济法规严重滞后。

同时，我国的干部人事制度、劳动工资制度还没有进行实质性变革，能上能下、能进能出的机制还没有形成，开除一名违纪工人或干部带来的社会压力不比创办一个新企业小。

将中储系统改造成一个具有统一意志、统一指挥、统一行为的集团公司，相对地说困难较小，但要吸收众多的相关企业进入商社，联合若干大企业加盟，其困难之大是很显然的。

## （三）制约因素

### 1. 资金的制约

经济落后国家的经济发展大都受到资金的制约。这是因为，经济落后国家的国民收入较少，用于消费的国民收入相对比例要大（消费和工资收入的刚性作用），用于积累和发展再生产的国民收入相对比例较少，投资规模、生产速度不可能扩大和加快，由此而形成恶性循环。一般来说，国家和企业用于发展的资金来源有三条：一是自身积累，二是引进外资，三是增加银行信贷。从积累看，我国每年用于扩大再生产的投资金额只占国民收入的20%左右，只能勉强用于重点工程和公共工程项目。银行信贷规模有限。规模过大，只能加速通货膨胀，影响社会稳定。而且银行贷款大多只能作为流动资金，对固定资产贷款严格控制。中储的发展需要重建、改建、维修基础设施，包括场地硬化、库房建设、设备添置等，还需要引进先进的物流技术和装备。同时，中储流动资金先天不足，全系统只有7800万元。为保证经营需要，常年举债达11亿元以上，仅付利息就需要1.2亿元以上。如果将这笔钱用于发展，则每年可够1700台运输车辆投入使用，或建设三个拥有大型集装箱的集散中心。

### 2. 人才的制约

中储的发展需要大批高级专门人才，首先需要的是一大批头脑清楚、有现代意识、懂经营会管理的职业经理。其次是需要各类型的专业技术人才，如外贸专家、金融专家、理财专家、运输专家等。最后是需要一大批专业知识丰富、技术熟练的员工。而

这些正是中储的弱项。

经济竞争的实质是人才的竞争，没有人才，一切战略都是空中楼阁。中储现有员工 18000 余人，且不说上述人员的含金量还需要在实践中加以检验，单从数量上来说，已经不能适应中储发展的需要了。

中储的发展，还要考虑人员比例的因素。据我的调查，人员老化、年龄结构集中的情况相当严重。20 世纪 60 年代建库时招收的职工，现在已近退休年龄，其生活费、医疗费、保险费的开支占很大的比重，这是费用率降不下来的一个主要原因，也是国有物流企业无法与乡镇企业、个人企业进行公平竞争的主要原因。

### 3. 观念的制约

战略的制定和实施都是由人来完成的，中储要良性发展很大程度上取决于人们的观念是否一致。领导与被领导者之间、企业与企业之间、人群与人群之间，无不存在观念的差异，而这些差异又往往是导致决议不能形成、决策不能贯彻的关键。中储的战略发展触及每个人的利益和每个企业的利益，因此，观念的统一、企业精神和企业文化的统一是至关重要的。

## 三、实施方案

实现中储的发展战略目标，需要制定周到的实施方案。这是一个庞大的系统工程，它包括竞争战略、营销战略、跨国经营战略、组织战略以及信息战略。各分支战略必须统筹谋划、环环相扣、严格实施、及时反馈并不断修订，才能最终实现战略目标。

## （一）竞争战略

竞争规律是大自然的永恒规律，从自然界的优胜劣汰，到人类社会的发展进化，竞争无不在强制地发挥着作用。中国的市场经济充满朝气，充满了竞争。在市场竞争中，只有生产商品的个别劳动小于社会必要劳动，企业才能获得超额利润，才能更快地发展。竞争的力量是巨大的，它迫使人们采用先进的科学技术，从而促进了社会生产力的发展；它调节着社会资源的分配，使供求趋于平衡；它是一部巨大而灵巧的机器，推动社会的进步。中国经济处在起飞前夕，资源的紧缺、积累的匮乏、资金的短缺，使得谋求生存的竞争残酷而又激烈。乡镇经济和个体经济凭借低廉的劳动力、优惠的税收政策、灵活的用工制度和拥有土地使用权、所有权等优势，以较低的成本进入仓储、运输和销售领域。上述这些不利因素，迫使中储必须准确地制定自己的竞争战略。我认为，中储应当在价格、服务、规模三方面增强竞争力，以弥补自己的不足。

### 1. 价格竞争

中储作为一个大型企业集团，应采取稳定价格、低价进入的战略。如果随行就市，牟取暴利，容易失去用户和合作者的信任。稳定的价格能够吸引稳定的用户，对于用户来说，稳定的价格使自己的成本不至于波动太大，有利于正常的企业管理。

中储要保持稳定的价格，必须做到以下几点。

（1）加强中长期价格预测。要专门设立机构、配备人员，研究影响价格变动的各种因素及其作用程度的大小。比如，国民经济发展速度，社会政治变革程度，国内国际供求数量，国家的产业政策、货币政策、财政政策的变动以及通货膨胀等。以钢材为例，若想预测来年的价格走势，就必须了解来年的国内生产总值和钢材消耗系数，了解轻重工业比重的变化、固定资产投资的规模和进展速度等，从而大致估算出钢材的需求量。同时，还要了解国内钢材的生产量、规格、生产成本、铁焦产量、运费及生活资料价格指数，估算出钢材的出厂价格。了解进口钢材的数量和进口渠道、国别等。只有当这些情况基本清楚了，才能确定中储销售的基本价格和基准价格。

（2）利用中储系统的网络优势，进行统进分销，争取批量进货的优惠价格。国外的连锁店、超级市场无不采取这种方式。超级市场的商品价格比零售店价格低，主要得益于批量进货。乡镇企业和个体企业虽有自己的有利因素，但它们是一个个彼此分割的、孤立的经济单位，无法组织统一的行动。中储网络系统开通之后，可以将它们吸引在自己周围，为我所用，形成中储的外围网点。石家庄、成都的公司周围就有这样一批外围成员，加快了销售速度和扩大了服务对象。

（3）实行薄利多销。与其卖 1 吨钢材赚 300 元，不如卖 10 吨赚 400 元。即使卖 10 吨同样赚 300 元，也能提高市场占有率，增强竞争力。稳定的价格战略并不是意味着价格不变，随着供求关系的变动和生产成本的变化，价格亦可做出适当调整。但调整价格时要注意同行业竞争对手价格的变动情况，以及对方可能采取的行动。

### 2. 服务竞争

服务竞争是高层次竞争，是市场竞争发展到一定水平的必然产物。价格竞争的结果往往是两败俱伤，竞争对手不得不结成价格同盟以减少损失。服务竞争是特色竞争，中储应采取差异战略。

中储应制定自己独特的全行业服务标准和服务规范，并在全系统强制推行。标准化服务是现代化的重要标志，也是形成企业特色的重要方面。麦当劳在全世界的所有分店都执行同一个服务标准，卖同等质量的产品。不论顾客在哪个国家的哪个分店，服务员都能保证在 5 分钟之内将快餐送到顾客面前。麦当劳规章制度极严极多，连卫生纸的摆放都有规定。中储推行标准化服务是有基础的，在 30 多年的历史中，中储已经有了一套操作流程和服务标准，职工受过产业纪律的训练和熏陶。但这些与标准化、科学化服务还相差很远，推行起来尚有很多困难。例如，惰性因素使规范的执行不能善始善终，人情因素使违反规则者不能受到应有的惩戒，"铁饭碗"使规章制度缺乏应有的约束力，等等。再加上市场法规的不健全不完善，物资包装不规范，作业也很难规范，这就要求我们的规范既要有"硬性"的要求，又要有"软性"的要求，尤其是要用企业文化、团队精神，用激励和强制力量，多管齐下、持之以恒训练队伍，形成良好风气。

中储南京无锡公司在仓储业务中形成了一套严密而科学的操作规范，收货、验票、装卸、搬运、堆放、保管、发货都有严格的工作标准，成为仓储业的一面旗帜，赢得了客户的信赖。中储西安六维公司制定了钢材销售服务规范，实行24小时营业、365天破捆拆包、零割零卖、包退包换、送货上门等服务措施，成为西安地区的第一销售大户。这些成功的典范说明了服务竞争是一种非常有效的竞争方式，使企业赢得客户信赖，这种差异性是其他企业的进入障碍。

**3. 规模经营**

规模经营在竞争中有两层含义：一是将规模扩大到足够领先的地步，使其他企业无力进入，以减少竞争对手；二是联合已有的竞争对手，使得他们不至于采取敌对行为或报复性行为。中储应不失时机地提高市场占有率，在公众中树立某一领域的王者形象。必须指出，以利润为中心的观念只是在特定的阶段才有效。对于中储的发展来讲，应该牢固地树立以规模为中心、以市场占有率为中心的观念。企业有了长足发展之后，还要树立以社会为中心的观念。日本企业往往采取低价进入、战略布点、迅速提高市场占有率的方式进入一个新的市场，先以低价，甚至以低于成本的价格将产品大规模推向市场，待市场占有率提高后，其生产规模扩大，工人的劳动熟练程度提高，劳动生产率迅速提高，使得分摊在每个产品上的固定成本和变动成本迅速下降，待低到市场价格以下，企业便有较大的盈利。这样做"一箭双雕"，既排挤了竞争对手，又能获得大量利润。中储要参与竞争，必须对竞争对手有比较清楚的了解，知己知彼，百战不殆。要了解竞争者的实力、竞争者的目标、竞争者的管理水平和能力，甚至竞争企业领导人的习惯、爱好、与下属的关系，以及潜在的竞争者在哪里等。竞争是残酷的，中储职工及其领导者，要有良好的心理素质和承受能力，不因对手的强大而退缩，不因暂时的失利而灰心，这也是竞争战略能实现的重要因素。

## （二）营销战略

营销是促进和完善交换活动的行为。因为它不是简单的商品销售，而是满足消费者有效需求的一系列管理活动。销售是从商家的角度出发，卖出商品，换回货币，而营销则是从消费者的角度出发，尽可能使自己的商品满足消费者的需求。这一差别至关重要，它反映了管理哲学的进步和市场机制的完善。

**1. 市场分析**

对外开放的市场经济给中储带来了很多市场机会，如果每个机会都要试一试，则会使力量分散、投资分散，形不成"拳头产品"和经营特色。

钢材和汽车是中储的主要产品线，这是因为中储的经营对象一直以钢材为主，与生产企业和钢厂建立了密切的合作关系。中储的设施、装备、铁路专用线、堆放场地、大型切割设备等，适于进行钢材营销。钢铁工业是发达国家的夕阳产业，但在发展中国家确实为朝阳产业：一方面是国家的基本建设和国民经济技术装备的发展，需要大量的钢铁；另一方面是发达国家为保护环境和能源资源，纷纷将钢铁工业转移到了发展中国家。中国的钢产量自 1991 年突破 7000 万吨大关之后，每年以约 1000 万吨的速度递增。首钢、鞍钢、武钢、宝钢都想做钢铁行业的"大哥大"，各自提出了要在 1995 年实现产钢 1000 万吨的规划。生产规模是刚性的，一旦规模扩大，就不容易缩小，因为限产的结果会造成设备闲置、工人失业等问题的出现。之前国务院决定削减 600 万纱锭，这是一个十分痛苦的选择。钢铁工业也是如此，即使限产，也只能是微调。约 1吨钢要在国内外分销，要运输、储存、配送，这就使中储成为钢厂天然的合作伙伴。同时，钢铁厂所需要的铁矿石、焦炭、耐火材料等，都可以纳入中储的业务范围。如果中储每年能销售 1000 吨钢材，便可形成两三百亿元的销售额和 5 亿元以上的毛利润。

汽车工业已被确定为我国的支柱产业，中储应该把汽车作为自己营销的产品之一。据了解，中国的汽车市场已经结束了缓慢增长。实证表明，GDP 总量每增长 1%，汽车保有量就增长 1.3%，未来 15 年，我国经济总规模的迅速扩大和人均收入水平的大幅度提高将使汽车市场容量迅速扩张。汽车需求量将以年均 9% 的速度递增，2000 年达250 万辆，2010 年达 550 万辆。中储若能占据 1/10 的市场，将有 500 亿~800 亿元的销售额，再加上汽车维修、汽车保养和零部件销售，其营收总额和利润是很可观的。

在两条主要产品线的基础上，可以衍生出许多分支产品线。比如，汽车的维修、保养、改制；汽车配件的销售；生产资料的配送、加工，半成品的制造；货物的运输保管、保险；交易的结算等。其中一些服务项目将在以后述及。

中储的优势集中在两点：一是有较大的仓储面积和众多的设施，二是有较为广泛的网络系统。营销战略应围绕这两个优势展开。有优势无统筹规划，有优势不能充分利用，就不是真正的优势。抓住以钢材为主的生产资料，以及汽车及其配件，就能够充分地运用这些优势。这不仅是因为这两种产品都是集中生产、分散销售的，还因为这两种产业都规模巨大，无论是在世界企业排名榜，还是在中国企业排名榜，汽车、钢铁、石油三个行业的企业均排在前列。

### 2. 营销战略是核心

营销过程的一个重要环节是实体分配，即指商品的实物流通。20世纪60年代，日本称之为物流，后为我国所用。随着市场营销的发展，实体分配的作用越来越重要。储存满足了物品供求平衡和生产节奏的存量需要，而运输则满足了商品转移至销售地、消费地的需要，解决了产销地理上的分离问题。对于中储来说，储存的功能基本俱全，有适宜生产资料存储的库房、场地、设备，有经过专业训练的工作人员，有一套工作制度等，但运输的功能远远不能满足需要。

中储的陆路长途运输工具是73节自备列车和2节轿车专用列车，绝大部分货物需要向铁路部门申请，这就迫使中储必须受铁路的制约。海运工具是青岛公司与香港合作购买的两艘货轮，载重吨位不到2万吨。陆路短途运输车辆主要是汽车，还有一部分拖拉机，共计2500辆左右，平均每个库有37辆，除去保养、维修的车辆，每个库能正常运营的只有25辆左右。

在"储"与"运"的比例上，"运"是短线，应大力加强，但中储发展运输业务有一些现实的困难：一是铁路车皮计划难以申请；二是道路状况不好，交通拥挤，堵车、关卡、收费等使汽车运输受限；三是内河航运、海运受投资规模过大、港口垄断的限制过多等因素的影响。

针对上述情况，拟采取以下对策。

（1）加强同铁路部门的联合，以便更好地运用铁路运力。铁路需要中储仓库的协助，疏站、存货等工作都是中储的分内之事。重庆公司渠县仓库拥有3台机车，经常为渠县火车站牵引列车，同时也揽来了车皮和货源；太原公司筹资修建铁路专用线，也有利于铁路收入的增长。这些做法大大加强了中储与铁路部门之间的联系。

（2）各中心城市公司应当组建运输车队，负责本地区的配送运输和中转运输。一方面要充分利用自有车辆，提高出车率；另一方面要将零散的个体运输车辆组织起来，作为自有车队的补充。统一承揽货源，尽可能减少空载。可以采取避开高峰夜间运货等措施克服道路拥挤的困难，也可以雇用地方车辆，分担行车风险。

（3）采取引资、合资、联营等方式，增加各种运输工具，包括海运、河运、空运工具。

（4）中储总部设运输部，负责协调全系统的运输业务。研究并制定运输战略，以保证实体分配的需要；研究并选择最佳运输路线，减少或消除物资对流、倒流、迂回、重复运输等现象以缩短运输里程、降低流通费用，减少运输中间环节等。运输部应该负责全系统的运输公司、货代公司、船务公司业务，综合调度使用运力，提高整体经济效益。

### 3. 调查客户、服务客户

生产资料消费属于中间性消费，对产品的质量、性能、品种、规格、成分、适用性等的要求较高，价格和售前售后服务也是影响生产资料营销的重要因素。只有以客户为中心，全面组织整个营销活动，才会取得满意的成果。

（1）调查客户首先要调查用户群体，要对市场区划范围内的客户进行广泛的调查访问，要了解客户需要什么生产资料、需要多少、什么时候需要，还要了解客户以前的生产资料来源、使用成本及使用后的效益。只有通过这些调查和分析，才能确定中储能为客户做些什么。其次要调查生产资料的供方，了解供方产品的生产能力、成本、效益，以及有无替代用品等。调查客户是一项艰苦持久的工作，但非做不可。在买方市场已经形成的情况下，中储必须走出仓库，扎扎实实地做一些联系客户的工作。

（2）服务客户。任何生产企业都有供销问题。过去供销问题的解决全靠企业自己派人员四处奔波，耗费了人力、财力、物力。短缺经济下的企业大多存在生产资料囤积的问题，为保证生产的稳定、均衡运行而不得不储备几个月乃至几年的生产资料，挤占了资金，加重了短缺。在生产资料供应充足的情况下，就需要有专门的机构为其服务，完成采购、销售、保管、运输的任务。中储要想为客户提供良好的服务，就必须建立客户档案，其主要内容包括企业名称，注册资金，法人代表姓名，经营范围，隶属关系和企业性质，经营效益，销售额，主要产品产量、成本、价格，生产资料分类消耗的数量、品种、规格，供货渠道，结算方式，资信，与中储的关系与合作情况，纠纷，需要服务的项目，特殊需求等。客户档案的建立和管理要有专人负责，作为企业的机密资料，该类档案需要分级管理，总部要掌握5000家以上资料，并按生产企业、流通企业、金融保险企业、三资企业、乡镇企业、国外企业等进行分类并编号。

需要注意的是，客户档案应当是"活的"而不是"死的"，因为企业总是在变化之中，昨天资信良好，今天就可能债台高筑，万不可掉以轻心。

**4. 建立批零管理系统**

对于生产资料的批发业务，近年来颇有微词，也有人认为在当前市场经济的条件下，批发商的功能会大大萎缩。其实，这只是过渡时期的暂时现象。计划经济下存在批发企业级数过多、环节过多和批零分割的现象，存在部门、地方割据的弊端。市场经济要求减少环节，打破封锁，但并没有削弱批发功能。

新型的生产资料批发商，应该具有生产资料的集散功能、信息情报的收集和发布功能、交易标准化和推动企业发展的功能。批发商为客户寻找质量可靠、价格合理、运输方便、保证供应的货源并负责供应，能为客户提出产品改进的建议，提供优质的服务。根据自身的特点，中储应建立批零结合的体制。

（1）建立区域性物资配送中心。根据需要建立比较稳定的专业型或综合型的配送中心。中储有场地、设备、网点、运输、储存等优势，开展配送大有可为。英国沃克钢材销售中心就是由储运转向加工，提供24小时配送服务，平均每天有3万笔业务，一年的销售额为 6 亿英镑。沃克钢材销售中心拥有现代化的加工设备，如 200 米/分钟的剪裁机、激光切割机等，50% 的货物为自运，绝大部分客户与该中心是固定的配送关系。该中心时刻注意市场的变化，及时与客户交换信息，不断调整供货的数量和品种。总部与 50 个分库实行电脑联系，及时掌握库存和客户情况。中储西安分公司自 1987 年起开展配送业务，虽受到用户的好评，但配送业务还没有在全系统充分展开。当前需要解决的是，中储各分支机构应调整布局，划分服务范围，尽可能靠近用户。总部应建立灵敏有效的指挥系统，编制科学的配送业务流程，协调全国的配送业务。

（2）开展代销、代理业务。中储自 20 世纪 90 年代初开展代销业务，为一些生产企业代销钢材、水泥等生产资料。1993 年下半年，中央实施宏观调整政策，代销业务急剧增加。一些钢厂把存储的钢材委托中储出售，销售利润两家分成。到了 1994 年上半年，销售额可达 10 多亿元，成为一种委托经营形式。代销的主要形式有：经纪人，为买主和卖主牵线搭桥，并收取一定的佣金；包销，由生产厂商授权中储销售其产品，中储自负盈亏并承担风险。当前中储的代销业务方兴未艾，总部应及时总结经验，制定交易规范预防交易风险。

代理业务稍微有些复杂，因为代理需要有法定的权利和义务，代理人需要得到授权人的授权，才可按授权人的意志行事。代理业务可以替买家做，也可以替卖家做，但不拥有产品的所有权。经授权人授权，代理可以在价格、销售条件、公告推销等方面拥有自主权。中储的代理业务并不十分规范，这与法制的不健全有相当大的关系。随着市场经济的规范化，代理将是中储的一项主要业务。

（3）建立交易市场。生产资料的有形市场交易本属落后交易行为，但对于所需品种规格较多的生产资料的用户来说，到生产资料交易市场上购买可能比较方便。前期市场建设较多，但经营好的不多，主要原因是空头交易过多，市场通信、服务设施不足，管理失控。中储已有大小交易市场 20 多个，由于有充足可靠的货源，经营情况不错，但也应该防患于未然，将市场交易与代理、代销、批发、零售结合起来，充分发挥市场的作用。

.（4）建立中心控制体系，负责协调批量关系，进行大宗货物的订货与调度。如果没有控制体系，各分销机构就会各自为战，自相竞争，批零系统的运转就成为一句空话。

## （三）跨国经营战略

根据国际贸易的雁行产业发展理论和产品的国际转移理论，中国经济需要走上国际化的轨道。改革开放以来，中国的进出口贸易总额每年以 15% ~20% 的速度递增。这成为中储进入国际市场的大好机会。

中储开展跨国经营，主要目的是充分了解和利用国际市场，将国内市场与国际市场结合起来，扩大销售规模，扩大服务领域和服务范围。中储的海外机构将提供经济信息，招引货源，寻找国外客户、组织国际贸易和为国内引进资金。

当前，中储的跨国经营还很薄弱。在国外虽设立了网点但无合适的人去经营，进出口贸易做了一些但并不多。因此，中储应大力招揽人才，拨出专门经费去建立网点，在北美、日本、欧洲、东南亚打上几个"楔子"，大力开展进出口贸易，争取联合几个外贸企业，或在国外收购几个公司，以期迅速扩大国外销售额，使国外销售额占整个销售额的比例达到25％以上。

### （四）组织战略

中储未来的组织设计是至关重要的，因为它涉及利益分配、业务开展、资产调度、企业重组、人员安排等一系列敏感问题。中储应实行股份制，否则便不能聚集足够的资本，也不能联合生产企业、外贸企业和金融业，形成综合商社的基本框架。鉴于现有的企业集团是由行政组合在一起的，尚未有一个取得成功。中储应先自我改造，理顺中储系统内部的产权关系、利益关系和组织结构，然后以公司制的形式逐步改造分支机构和总部机构，并向外扩张，用"滚雪球"的形式发展自己。要实现中储发展战略，就必须改变目前的多级法人制，对目前的全资下属公司来说，应拟定两级法人制，这样可以聚集核心力量，减少管理层次，并为推动股份制打下基础。

两级法人体制的方案有二。

方案一：现有的二级公司改为地区事业部，由总公司授权其代表总公司行使管理权。同时，总公司视业务开展情况成立若干专门事业部，负责对外贸易、项目开发、运输等，以协调各地区的专门事务。

地区事业部部长参加总部经营管理委员会，并按管委会议制度议事。总部设管委会常务机构，负责日常工作。各仓库成为总部直属的全资子公司，按区域归地区事业部管理。现二级公司所设法人单位，该撤的撤该并的并，专门性公司归总部专门事业部管理。

总公司对全资子公司行使下列权利：按照章程，决定或批准全资子公司的管理体制，任免公司的管理者，并对其进行考核；依照国家规定，决定或批准全资子公司的资产经营方式，以及子公司的设立、合并、分立和破产；依照国家规定和章程，决定和批准全资子公司的分配方案。总公司应掌握一定的上缴利润和基金，用于全系统的布局调整和项目开发，总公司和地区事业部对全资子公司的经营情况和财务状况进行监控和宏观指导。

方案二：将二级公司改成全资子公司，取消仓库一级的法人资格。总公司同子公司的关系同方案一。该方案扩大了现二级公司的权限，优点是有利于本地区的统筹经营，缺点是容易形成"尾大不掉"的局面。

孙效良同志提出"用股份制的办法改造二级公司或三级公司，总公司成为其控股公司"，该办法有其可行性，但也有一些困难。一是一个一个地改造费时费力，招股较为困难；二是二级公司因资产过大和过于分散，一步到位改成股份制的可能性不大；三是公司数目众多，会因管理幅度过大而失控，且易遭到二级公司的抵制。

在上述两个方案中，总部的职能在于：代表国家对所属国有资产进行管理，包括改组、出租、发包、拍卖、持股、资产结构的调整和资源优化配置；研究国家方针政策，以及这些方针政策对中储的影响；制定行业发展政策，并贯彻实施；协调各事业部的活动，并对所属子公司之间的纠纷进行调解和仲裁；提供政治、经济及其他必要的信息；负责国外网点的布局和调整，开设并管理海外子公司。

人事管理是总公司调控子公司行为的重要手段，除对子公司法人代表进行考核任命外，还要对其班子成员进行正常考核。当前，中储子公司班子成员的年龄偏大，且集中于同一年龄段的现象比较严重，急需进行结构性调整。为了实现中储目标，中储必须建立一支观念一致、同心同德的管理队伍，培养一大批懂经营、会管理的经理。要有计划、有针对性地对现职总经理、副总经理和后备干部进行培训，建立一个中储的"黄埔军校"。培训应以企业精神、企业方针政策、企业管理为主，着重通过培训来贯彻总公司意图，研究企业发展，考核并发现人才。每年培训人员约100名，3年内即可大致对仓库领导干部和现二级公司中层以上干部进行一次全面考核和培训。中储的发展离不开这样的骨干队伍。另外，还要招聘各类专业人才，对于那些忠于企业，有才干、有上进心的年轻人，公司可以送他们到国外去培训。

## （五）信息战略

信息是企业存在和发展的必要条件，中储要发展成综合商社，必须有自己独特的信息战略。在市场竞争中，中储的各级管理者每天都需要了解大量的信息：客户的需要，产品的成本和价格，国家的产业政策、财政政策和货币政策，国际市场行情，通货膨胀，本企业和外企业的产销状况等，这些信息决定着企业的成败和荣辱。中储不仅要广泛收集信息，还要科学地加工和运用。一条公开发布的某种钢材紧缺的信息，可能会使许多家供货商去组织货源，盲目竞争的结果就是导致这种钢材供过于求，造成企业的亏损。

中储要建立自己的信息中心，就需要掌握四个方面的信息：一是政府部门的决策信息，包括各部委已制定的政策、法规和规定，并研究这些信息对中储的影响；二是国民经济发展信息和国际国内市场行情信息，如世界经济发展趋势、有关国家地区的国民经济状况、国民经济指数变动情况、供给与需求、通胀与就业等；三是系统内的信息，包括企业的生产能力、经营状况、人员素质、市场占有率和经济效益等；四是客户情况，包括客户的产品产量、资信、效益、知名度等。

中储的信息系统要有灵敏性、准确性、独特性。灵敏性要求对大量的信息有敏锐的观察力，并能从大量的信息中捕捉有用的信息。信息的收集与传递速度要快才能出奇制胜。准确性要求获得的信息要可靠，最好是一手信息，要格外重视信息的来源和收集信息的方法。独特性要求抓独家信息，这样才能增强竞争力。

中储的信息中心要装备现代化的信息工具和设备要培养有敏锐观察力的信息人员。通信卫星、公用数据网、现代化的信息处理设备是信息战略的"硬件"，而反应敏捷、思维清楚的信息人员则是信息战略的"软件"。

## 四、战略实施中的几个问题

战略的制定、执行与控制是一个庞大的复杂的系统工程，必须有一个周密的实施计划，分步实施，循序到位。

### （一）开展发展战略研讨，以统一思想完善方案

中储系统队伍庞大，长期分散经营，相互沟通少，加之地区不同、习惯不同、开放程度不同、知识水平和结构不同，造成了人与人之间的思维方式存在差异，这种差异会直接影响对总部战略意图的理解和执行。参与执行的人如果不能认识发展战略的意义和实质，就不能进行有效而主动的配合。因此，要确保发展战略的完善和顺利实施，一要通过研讨统一思想、统一观念，增强企业的凝聚力，形成企业精神；二要在保证整体战略不变的情况下，提出结合本单位实际情况的具体执行办法；三要通过研讨对利益触动较大的企业、部门、人员，做好说服教育工作，要他们自觉服从改革大局。

但战略研讨绝不能成为讨价还价的工具，在制定战略时，要充分考虑权利与义务因素，必要时可制定分期方案，逐步过渡。

### （二）理顺产权关系，改组公司结构

中储系统现有资产全部属国有资产，总部应成为经营性国有资产控股公司，受国家主管部门委托管理国有资产，并使之保值增值。各子公司均为总公司的全资子公司，其产权登记在总公司。总公司可拥有法人财产权，在总部许可的范围内，可以让其他企业参股，形成股份有限公司，并按公司法的规定组建股份公司组织结构。

总部的组织机构也要依法改组，建立相应的权力机构、监督机构、运营机构和议事办事规则等。

## （三）组建海外直属公司，发展跨国经营，将内贸、外贸有机结合起来

总部在两年内招聘或吸收外贸工作人员，组建进出口业务部，分期分批派驻国外。如有合适的外贸机构，也可联合或参股。

海外公司的功能主要在于收集信息和寻找贸易机会，既可以收集派驻国的供求情况、行情涨落、政策变动等信息，在国内或第三国组织货源，也可为国内客户代理进口所需物资，还可以直接在当地投资，进行生产经营活动。

## （四）将战略目标分解细化，落实到各分公司和部门，形成年度计划、5 年计划和 10 年计划

在具体执行过程中，总公司应组织强有力的指挥班子进行协调和指挥。制订计划要细致、要民主，执行计划要坚决、要集权。中储发展战略的实施可在两条战线上进行。

第一，在已有的市场中，努力进行市场渗透，扩大市场份额。其中，主要是争取那些潜在的客户，巩固发展与老客户的关系。不断增加服务项目，提升服务质量，提供延伸服务，将市场占足占够。

第二，努力开拓市场。从地域上说，要将业务扩展到新的地区，如甘肃、新疆、黑龙江、福建、内蒙古、浙江、云南等地；从产品和服务上说，要努力开发新产品和新的服务项目。

在产品和服务两方面促进联合，横向联合同类企业，如地方物资储运和销售企业，纵向联合社会各环节，前向联系客户，后向联系生产资料供应商，中间联系金融、保险、海关等部门。

## （五）反馈修订

任何战略决策都是在假定影响企业行为的某些因素不变、另一些因素变化时做出的。但随着时间的推移，设想为不变的因素往往会发生意想不到的变化。发展战略实施的周期很长，其间肯定需要修订甚至修改战略目标。因此，在战略实施过程中必须不断地反馈信息，使战略更加适应变化了的情况。

（本节选自笔者 1994 年的研究报告）

# 第三节　2004 年仓储业发展回顾与 2005 年展望

本节主要参考中储40个仓库和中国物资储运协会10个仓库的资料。这些仓库位于20个省会城市，具有一定的代表性。

## 一、2004 年仓储业的发展

2004 年仓储业得到迅速发展，主要有以下几个特点。

### （一）业务量增长，业务收入增长速度较快

总的来看，仓储业业务量增长，主要表现在：货物吞吐量增长了 20% 左右，储运业务收入平均增长 20%。至此，储运业务收入增长率已连续 3 年超过 GDP 增长率。经济的发展提高了对仓储业的需求，这在主要的经济区域和城市表现尤为突出。

在市场对仓储业需求增长的同时，客户优化供应链意识的提高也促进仓储业务结构发生了较大的变化。以降低成本、提高效率为宗旨的各种增值服务在业务收入结构中所占比例不断提高，收入增长较快，其中装卸搬运收入增长 20%，配送收入增长 19%，现货市场收入增长 56%，加工业务收入增长 100%。

### （二）货物平均库存量增长，周转速度明显加快

由于市场变化的不确定性和生产流通的周期性，以及货物总量的增长，进入仓储、保管、分拨环节的货物总量在增加。货物平均库存量增长 10%，煤炭、钢材的库存量分别比上年增长 66% 和 14%，吞吐量分别增长 37% 和 21%，家电的吞吐量比上年增长 34%。

在众多的客户企业通过物流外包等方式提高物流专业化水平、仓储企业软硬件设施逐步改善的环境下，整个物流系统包括仓储环节的效率明显提高，一定程度上缓解了客户企业在产前、产中、产后诸多环节中，原材料、半成品和产成品的资金占用过多的情况。库存货物平均周转次数为 13.6 次，而上年的平均周转次数为 10.6 次。其中，有色金属的年周转次数为 25.3 次，黑色金属的年周转次数为 20 次，家用电器的年周转次数为 13.6 次，饲料的年周转次数为 8 次。

### （三）仓储设施作为物流节点的作用越来越重要

主要表现为：一些大型的生产和流通企业，纷纷选择租用或自建区域配送中心，作为自己货物的集散地；大型运输企业投资建设货运场站，货物分拣中心支撑着零担货运企业的业务发展；众多国际企业在保税区自建或租用大型仓储设施，作为货物分拨的物流平台。沃尔玛在上海外高桥保税区拟建 40 万平方米采购分拨中心；世天威在上海建造 10 万平方米的仓库；中远物流在全国的仓库达 300 多个，面积为 580 万平方米；武钢投资 10 亿元建造 200 公顷的物流中心；苏宁、物美、海尔等知名企业建立数个配送中心。更有一批专业仓储设施在建，如纸品物流中心、医药物流配送中心、图书物流中心等。继 2004 年宝供物流在上海、顺德的物流基地奠基之后，宝供物流已完成了广州、苏州、合肥的一期工程，此外，顺德、上海、北京、南京、沈阳、天津、苏州的二期工程即将启动；华宇物流已在全国建立多个分拣中心；雀巢公司在上海、成都、武汉建立了华东、西南、中南地区物流中心；日本物流企业在中国设立的企业和分支机构已达 320 多家，其中有 50 多家为仓储企业。归结起来，仓储设施在满足运输配送、适时供货、集散分拨、保税、降低流通成本等方面需求起着越来越重要的作用。

### （四）物流地产的概念正在被越来越多的人认识，建库出租成为一种时尚

城乡接合部的农民建库出租，库房收入远远高于种地收入，收益率在 5%～8% 左右，虽然收入较低，但稳定，风险不大。这种仓库在某些地区已经具有一定的规模，加剧了区域物流市场的竞争。在沈阳，二环路外崛起了几十个仓库，形成了一个仓储企业群；北京的东、南、西三个方向也出现了许多仓储企业；在郑州，这种仓库有几十家。此类仓库一般规模小，业务手续简单，成本比较低，具有一定的竞争力，但是也存在着设备简陋、运营商信誉低、库存货物安全性差的问题。有资金实力的企业也纷纷购地建库，宝湾物流公司一次就建了 7 万多平方米的门式轻钢结构库房，全部租给外资企业使用。一些地方为吸引外商投资，规定外商购地价格只为国内企业的 1/10 至 1/2，吸引一批物流地产商投资仓储业。普洛斯在中国的物流设施出租率在 90% 以上。

### （五）新式库房中，货架、托盘、叉车组合成为主流

新建库房一般为门式轻钢结构，使货架、托盘、叉车组合得到很好的推广。货架技术发展很快，倍深式货架、驶入式货架、后推式货架及阁楼式货架均被普遍使用。与之配套，叉车的品种和功能越来越多，重点企业叉车生产量和销售量近两年均以

50%以上的速度增长。另外，冷库的需求也在增长。先进仓储设施设备不但降低了人工成本，提高了劳动效率，还直接提升了物流过程的精细化水平。但整体上来讲，库房老化，技术装置落后，不符合客户的特定要求，运行成本太高等问题仍然存在，造成近30%的仓库不能满足客户的需求。这种状况将在一段时期内成为提高客户满意度的主要障碍。

自动立体库偏少，这主要与我国货物包装标准化程度不高有关。自动分拣系统的使用率也不高，在邮件和包裹中使用多，在其他货品中不多见。

### （六）大客户在多个城市租库，对储存货品的多点查询需求越来越迫切

这代表着仓储业的两个趋势：一是大客户不仅需要运输网络，还需要仓储网络，通过覆盖全国的仓储网络，形成厂家、区域物流中心、配送中心三级的快速高效的分销渠道；二是需要提升计算机管理技术，建立一个统一的数据平台，提高客户企业的库存管理水平，实现库存货物的及时查询、及时补货等功能，为其生产经营决策提供依据。

### （七）依托于仓储企业的质押监管融资业务迅速增长

这项业务模式被评为十大物流业务创新之首。经过一年的宣传和实践，各大银行普遍接受了这一业务模式。中储2004年的质押监管融资额增长40%以上，达40亿元。异地质押、多点质押、买方信贷质押等模式被普遍采用。

在此项业务中，仓储企业成为独立公正的融资中介，为银行监管货物，为质押人执行货物担保贷款，使三赢业务有力地促进了流通。

### （八）清理整顿物流园区不会妨碍仓储业的发展

清理整顿物流园区是国家宏观调控的重要手段之一，对节约土地资源、防止盲目投资有着重要的作用。现在看来，这一措施没有影响仓储业的发展，这主要因为进驻前一段时间兴起的物流园区的企业中，货运中心和房地产企业居多，真正的仓储企业很少，所以对现有仓储企业的影响不太大。但具有战略意义的物流园区也因其作为2004年宏观调控中重点清理的项目之一，其资金、土地审批受到严格控制，建设进度一度放缓。这将影响仓储用地的批准，从而使新征地建库的门槛提高。

产生上述特点的主要原因如下：一是国家经济总量增长，货物流通总量在增加；二是国内加工业、房地产业、冶金工业发展迅速，对原材料的需求增多；三是客户规

模扩大，集中度提高，对仓储、分拨的需求增加；四是物流技术的发展，使得仓储企业采用更高效的装备和技术；五是煤炭供不应求，在库时间缩短，使煤炭吞吐量和周转次数大幅度提高；六是仓储企业加快向综合物流企业转变，服务功能不断丰富，开创了延伸业务发展的新天地。

## 二、2005 年展望

### （一）仓储业在 2005 年仍将保持快速增长的势头，估计在 10% ~ 15%

主要原因在于我国正处在工业化、城市化的发展阶段，消费需求的拉动，进出口总额的快速增长、加工工业的发展，均要求国内生产总值快速增长，预计将保持 8.5% 的速度，而仓储业务增长一般要高于其 3 ~ 4 个百分点。再加上能源供应继续紧张，运输瓶颈依然无明显好转，增长 10% 应该有把握。但也应看到，仓储业的竞争也更加激烈，保持增长需要付出更多努力。

### （二）仓储业将向精细化、国际化方向发展

随着客户需求的增加和仓储企业自身的发展，仓储业精细化程度将大幅度提高。国际企业进入中国之后，将把物流需求的标准提高到一个新的档次，将有一批仓库走向货物自动分拣、称重、包装的全自动化作业；全过程计算机管理，计算机控制整个流水线，实现高效率、精细化的仓库运作；自动识别技术的使用更为普通。客户满意度、单证准确率和响应及时率等指标将成为评价仓储企业绩效的重要指标。

### （三）真正用于物流的园区将被政府重新提起

发展物流业，除发展"线"，即道路运输线路，最重要的就是发展"节点"，即物流中心。综合型的物流中心作为进出货物的集散地和为大型厂商采购与分销提供的物流平台，具有内陆口岸功能、货物集散功能、配送功能、流通加工功能、商品检验功能、物流信息服务功能、仓储功能、运输功能，以及市场交易功能、展示展览功能、信息网络功能、电子商务功能等高级功能，是发展地区经济的基础，没有功能齐全、吞吐能力强、交通便利的物流中心，发展现代物流就是一句空话。将加快以城市为服务对象的物流中心和以货物中转为主要功能的枢纽设施的规划和建设步伐，这是不以人的意志为转移的必然趋势。目前，经过市场的重新洗牌，一批布局合理、功能完善的物流中心已经发展起来。北京空港物流园区和通州物流园区正

进行道路及配套市政工程建设，北京良乡物流园区公路枢纽部分正进行场地"三通一平"。武汉拟建四大物流基地中，舵落口和阳逻两大物流中心已投入运营。上海外高桥保税区依托得天独厚的地理优势、"长三角"地区的经济优势以及保税区的政策优势，进出口额屡创新高。

### （四）随着最严格的土地政策的推行，原有的大型仓库成为稀缺资源

从中国国情出发，抓好物流资源的社会化整合和现代化改造，根据新的需要对现有设施进行改造，提升技术和服务水平，将是一条投资少、见效快的路子。库房改造和新建将成为来年的新特点。在 2004 年的新增库房中，存在着布点散乱、规模偏小、库区规划不合理等问题。建库者往往利用小块空余土地随意兴建，库区内道路狭窄、无回转场地、缺装卸平台，货场吞吐受到很大限制。许多仓库面积只有几百平方米，无法产生规模效益。有的为节约成本，缺少必要的消防设施，存在安全隐患。因此应注意重新规划库区，建设库房要符合物流流程和规律。

（本节选自笔者 2005 年的报告）

# 第四节　2005 年仓储业发展回顾与 2006 年展望

本节主要以 51 个大型仓储企业所提供的资料为样本。这些企业分布于全国 28 个城市，其中有 18 个位于直辖市和省会城市，具有一定的代表性。同时，笔者也参考了新闻媒体和其他部门的资料。

## 一、2005 年仓储业的发展

### （一）仓储业稳定增长，速度较上年放慢

样本企业显示，货物吞吐量同比增长 10%，而上年比前年增长 20% 左右，回落了约 10 个百分点；储运业务收入同比增长 19%，上年比前年增长 20%，回落了 1 个百分点。在储运业务中，仓储保管业务收入增长 16%，有所回落；运输配送业务收入增长 69%；现货市场出租收入增长了 30%，上年比前年增长 56%，回落了 26 个百分点；而进出装卸收入只增长了 5%，下降了 15 个百分点。

根据国家统计局数据，2005 年我国 GDP 增长 11.4%，这样储运业务收入已连续 4 年超过 GDP 的增长率，其主要原因是：样本企业从事的业务 64% 与能源和原材料有关。煤炭、钢材、化工等货物的周转量增大，运输配送业务增长速度较快；生产资料现货市场模式继续得到社会承认，并且成了市场价格、供销信息集中发布地，其进驻客商交易预计可突破 1000 亿元；仓储企业向综合物流企业转变速度加快，保管业务收入占储运业务总收入的比重从上年的 29% 下降到 27% 左右。

相对而言，具有保税功能的仓储业务发展速度更快。青岛保税区在前 3 季度，入库货物总量 52.16 万吨，同比增长 103.96%；出库货物总量 49.14 万吨，同比增长 89.24%；库存货物总量 10.51 万吨，同比增长 80.49%。深圳保税区保税仓储转口货物进出口贸易额达 111 亿美元，占进出口贸易总额的 51.2%，所占比重大幅提高 19.5 个百分点。在此情况下，仓储企业纷纷申请保税库资格。深圳保税区内包括国际物流企业和企业集团的跨国采购配送中心在内的仓储企业达 116 家；宁波保税区仓储企业已达到 20 家，其中 2005 年新增 3 家，在建 3 家，总仓储面积已超过 30 万平方米，全国首家区港合一的保税物流园区也正处于建设中。天津已经形成了由北辰公共保税仓、大田物流公共保税仓、保华公共保税仓、泰达公共保税仓、一商公共保税仓、外运公共保税仓等构成的覆盖全市的保税仓储物流网点。大型物流企业，如招商局物流、中外运等都加大了在保税区设点建库的力度。保税仓的大量出现与我国进出口贸易、国际分拨业务、出口退税功能关联度较大，说明仓储业正在走向国际化。

## （二）货物平均库存量增加，周转速度放缓

2005 年货物平均库存量同比增长 16%，是近年来库存最多的一年。其中黑色金属库存量增加 61.6%，煤炭同比增加 20%，家电同比增加 29.7%，食品同比下降 13.9%。说明钢铁产量过剩，价格下跌，家电销售不旺，导致库存量增加。库存量的增加应引起有关方面的高度重视。

2005 年货物周转速度放缓，周转次数为 11.45 次，比上年的 13.6 次下降了 2.15 次，平均周转天数为 32 天；其中黑色金属的周转次数为 15.3 次，比上年减少了 4.7 次，平均周转天数为 23.8 天；有色金属的周转次数为 26.2 次，比上年增加了 0.9 次，平均周转天数为 13.9 天。

## （三）各种物流中心风起云涌，专业化发展趋势明显

2005 年是物流中心大量涌现的一年，港口物流中心、空港物流中心和城市物流园区的发展引人注目。外资物流企业不甘于只做管理型物流企业，而是利用资金和技术

优势建造物流中心。沃尔玛、UPS、FedEx、TNT 纷纷采取新建、收购、扩建等方式拥有大型物流中心，普洛斯更是计划在未来 5~7 年内，投资 20 亿美元建仓储网络，其在上海临港产业区的 7 万平方米新库房已经建成招商；民营物流企业，如宝供物流继苏州、合肥、广州之后，又在上海投资建设一个占地约 20 万平方米的现代化的物流中心；中远、中海、中外运也在加快陆路建设步伐，完善自己的物流中心网络。一些大型零售企业把部分外包业务收回，对企业物流加大了投资力度。比如，苏宁在北京、南京、杭州建成了信息化程度很高的物流中心，负责采购、仓储、运输等业务，并可让家电厂商将产品直接储放在物流中心。

新建物流中心更加趋于专业化。华南物流钢铁交易中心的储货量达 150 万吨，年深加工能力达 280 万吨（钢铁产品），还设立了 20 万吨总储存量的公共保税仓，使钢铁交易市场从"地摊"走向了"电子超市"。此外，中石化佛山东日塑料物流基地、杭州库容量达 8 万吨的大型冷库、郑州的烟草配送中心、长沙的医药食品仓库等一批专业化的物流中心均在 2005 年开始建设或投入运营。

地方政府和企业也把建设物流中心作为发展物流产业的重要举措，有 300 多家物流园区正在规划和建设之中。天津市滨海新区和上海临港产业区已分别规划上百平方公里的物流区与保税区，空港、海港物流区更是投资巨大。白云机场计划投资 20 亿~30 亿元建机场物流中心。这些物流园区中很大一部分促进了当地经济的发展，如北京顺义空港物流园区已吸引入区企业 130 余家，前 10 月实现税收 6.01 亿元，2005 年与 2004 年同期相比实现了翻番。物流中心的涌现充分说明物流节点的作用日益显现。

## （四）严厉的土地政策没有阻挡仓库建设的步伐，租地建库成为风潮

2005 年，国家有关部门又下令清理整顿物流园区，但这并不影响各地建设仓库的风潮。一是因为中国确实缺乏符合现代物流要求的仓库，20 世纪六七十年代的低矮小库房已经不能适应当代货物储存的要求。国内外大客户对库房的高度、安全条件、装卸条件及通风、保湿、保温都有严格要求。二是土地政策只规定出让土地必须经过"招、拍、挂"程序，并不限制农民出租集体土地建库。北京东、东南、西南方向到处可见无政府规划的仓库，郑州、西安、沈阳等地大型仓储设施或现货市场的周围，这样的仓库已经具有一定规模。三是正规途径得到的出让地，价格昂贵，根本无法用物流收入来抵补土地成本。

上述三种情况既有利于仓储业的发展，又严重影响仓储业的长远发展。有利之处在于更多的仓储企业参与竞争，会使仓储企业充满活力；不利之处在于造成秩序混乱。物流地产业兴起，但物流地产并不是物流，简单出租库房无法提升物流企业的操作能

力和经营水平，同时造成了低价格、低水平的激烈竞争。据了解，北京的仓储价格普遍下降，与 2003 年相比，大约下降了 20%。

被调查的 51 家仓储企业，2005 年共新建库房 5.5 万平方米，较 2004 年的 7.9 万平方米减少了 2.4 万平方米，其中的主要原因是正规途径建库成本高，规划费、消防费、城建费等费用约占建筑成本的 1/4，而未经过正式规划批准的仓库则不交上述费用，成本大大降低，更有竞争力。

### （五）仓储企业装备水平进一步提升

计算机物流管理水平不断提高。在仓储、配送、加工、现货市场、质押监管等业务中，计算机管理得到普遍采用。中储总公司的所有仓库作业均实现全程计算机管理，条码技术和自动识别技术的应用更加广泛；现场作业设备的自动传输系统的应用，使物流指挥调度和现场作业实现无缝连接，大大提高了物流作业速度；自动办公系统也普遍使用，使得差错率大大降低。货架的应用也得到进一步发展。由于土地昂贵，样本企业不得不向空中发展。2005 年新增货架货位 3 万个，比上年增长了 3 倍，新购叉车数量增加了 70%。在一些发达地区，船舶式仓储配送设施已经出现。船舶已不单单是运输工具，而被赋予了仓储与运输结合的功能。值得一提的是，随着散粮和液体货物的大量增加，罐式仓库的需求旺盛，一些沿海、沿江码头，急需建造大批的罐式仓库，液体化工库、危化品仓库的需求也在攀升。比如，厦门总的危化品周转量为 14 万吨，但 3 个危化品专用仓库总建筑面积仅为 4000 多平方米，储存量为 14000 吨，现有储存容量仅为总量的十分之一。解决此类需求缺口不仅需要大量的投资，同时还需要更先进的技术以确保其安全性。随着我国对石油资源需求的增加，特种仓库已经上升到国家安全的角度被重新认识。

## 二、2006 年仓储业的展望

根据国家经济发展的速度和物流产业结构的变化，2006 年仓储业仍将保持稳步发展的势头，但速度可能放缓。

### （一）仓储企业将在资源类货物和消费品货物中寻求更多货源

煤炭、矿砂、黑色金属和有色金属、石油及制品的需求强劲，据估计，2006 年将有 4 亿吨钢产量，由此将促使矿砂、煤炭的物流量仍然有较高的增长率。虽然国家在耗能高的产业中采取了控制政策，但绝对量仍在增加。2005 年中储新港公司的货物吞吐量超过了 1000 万吨，主要是因为煤炭吞吐量大幅度增加。在居民消费中，房产仍然是花费最高的需求，建筑材料、装修装饰材料的物流量仍会保持较高水平。同时，快速消费品的物流也会占有较大的比重。

## （二）仓储业将面临更为激烈的竞争，并可能重新洗牌，仓储管理公司将重新获得发展机遇

前面已述及，外资、民营、集体及国有仓储企业大量涌现，更为激烈的竞争已不可避免。初级的价格竞争依然是最有效的竞争手段之一，但综合服务尤其是金融物流的竞争仍然是优秀企业的王牌。经过几年的宣传和实践，质押监管融资已被银行普遍接受，有的银行质押贷款规模已超过 1000 亿元。仓储业是天然适于开展质押融资业务的行业，预计有实力的仓储企业的此项业务会有较大发展。

由于土地价格昂贵和租地建库现象的发展，仓储管理公司有较大的发展空间，可以采取租用仓库的方式发展仓储及物流业务。据了解，在家电、汽车及零部件、医药等行业，都有一批仓储管理公司在租库经营，有的已租仓库达 100 万平方米以上。

## （三）仓储企业的行业自律和规范运作将被高度重视

2005 年发生了几起"仓储企业私吞货主货物""货运公司收取定金后'人间蒸发'"的事件，引起了物流业的震动。这引发了一系列的问题：仓储业的诚信机制如何建立？仓储业要不要建立准入制度？谁来对仓储企业的违规行为负管理责任？谁来建立有约束力的行业规范？到目前为止，还找不到一家负责任的主管单位。各式各样的评级不少，但评级者并不对企业的行为负责。这就需要仓储业行动起来，通过制定行业标准来规范自己的行为，也希望国家有关部门制定相应的行业准入政策，对于达不到标准的企业，不允许其从事仓储业务。

## （四）物流设施规划将被普遍重视

一些地方政府以 1 万~2 万元的价格从农民手中征收土地，"三通一平"之后，再以 20 万~70 万元的价格出让给物流企业，几十倍的差价使地方政府赚取了大量的资金。这些资金往往被用作市政建设，而市政建设的好坏往往是地方领导政绩考核的指标之一。一些物流园区就是在这样的"指导思想"下规划出来的，结果不是选址有误，就是进园的物流企业发展不起来，物流园区也迟迟不能实现良性循环，留下了大大小小的"鸡肋"。某些项目更是盲目追求大规模、大投资、高标准，使物流园区建设与当地经济发展水平脱节，造成物流园区大面积荒废。目前，国内物流园区的平均空置率已达 60%。

鉴于此，仓储及工业用地应该从一次出让土地向租用土地发展，这样可以缓解企业土地成本一次性付出的压力。企业可以通过自己每年的运营收入来支付租金。例如，企业购买一亩地，需一次性支付 50 万元，使用 50 年，每年摊销 1 万元。如果改为每年付租金 1 万元，同样支付 50 万元，但由于是从运营收入中支付，便大大减轻了企业的压力，节约了资金的时间成本，也可以有效避免某些地方政府借出让土地敛财的短期行为。

此外，消防和绿地的规定也应放宽。目前，库房 3000 平方米就必须建造消防隔断，容易对物流作业产生不利影响，是否可以放宽到 5000 ~ 10000 平方米？自动喷淋设施成本过高，约占库房建造成本的 16%，加重了仓储企业的负担，是否可以寻求其他对策？有的地方规定了仓储和工业用地的 20% ~ 30% 必须用于绿化，同样加大了仓储企业的成本，并且不利于土地的集约使用，是否可以降低绿化率？综上所述，这些将是相关管理部门在 2006 年需要关注的问题。

(本节选自笔者 2006 年的报告)

# 第五节　2006 年仓储业发展回顾与 2007 年展望

## 一、2006 年仓储业的发展

2006 年年底，我们对 56 家大型仓储企业进行了调查，结果正如我们预期的一样，2006 年的仓储业稳定发展，几项主要指标的增长速度都超过了 17%，取得了较好的业绩。

### (一) 主营业务收入快速增长

2006 年，样本企业实现主营业务收入 101 亿元，比上年增长 23.2%。其中，仓储业务收入增长 17%，运输配送业务收入增长 17.2%，商品销售业务收入增长 25%，质押监管业务收入增长 183%，现货市场业务收入增长 14.2%。

推动业务收入增长的因素主要有：一是仓储需求增大。除了生产和贸易向大企业集中，需要更多的仓储设施之外，在中国的跨国公司需要更多的物流中心为之服务。沃尔玛、家乐福、欧尚、麦德龙等零售业的扩张，推动了物流中心业务的增长。二是中国经济增长速度加快。2006 年，中国 GDP 增长 10.7%，进出口总额比上年增长近

24%，资源性原材料进口和加工制成商品出口，都需要仓储物流中心作为节点支撑。

### （二）基于仓储业的物流增加值增长较快

如果将保管业务作为仓储业的基础业务，那么配送、包装、组装、加工、现货市场、信息服务、质押监管业务就是仓储业的增值服务。除了加工业务因进入门槛低、竞争激烈而下降34%之外，其他业务都取得了17%以上的增长速度。56家样本企业中的仓储企业只有2家亏损，亏损面为3.6%，盈利企业盈利增加，最高的1家仓储企业盈利2800万元以上。基本上盈利企业的业务形态都实现了综合化，实现了物流增加值的增长，从仓储业所能展开的多种业务前景看，综合物流仍然有较大的成长空间。

### （三）货物吞吐量增长，货物周转速度加快

56家企业实现货物吞吐量7443万吨，比上年的5916万吨增长了25.8%。货物周转速度13.9次/年，比上年增加2.45次，主要原因是煤炭周转速度加快了。其中黑色金属11.7次，家电6.7次，家电等产品供大于求，压库现象较为普遍。

### （四）能源及重要生产资源的仓储设施建设速度加快

随着能源及资源短缺情况的加剧以及石油价格的上涨，国家和社会对能源及重要生产资源的仓储设施的投资加大。各大港口附近兴建了大批的储油罐，内地的炼油厂、油品经销商都在扩大储罐投资。国家已在浙江和青岛建了3个国家级储油基地。广东、大连、上海、日照、黄骅等地的储油基地也都在迅速扩张。

### （五）物流园区的规划与建设进一步趋于理性，盲目发展物流园区的势头有所遏制

主要表现为：一是物流园区的规划更为合理，加强了对物流量和流向的研究分析，加强了可行性论证的科学性；二是随着更为严格的土地控制政策出台，地方政府提高了仓储业的用地门槛，提高了投资强度和进园企业的审批标准；三是一些地方政府调整了物流园区的规模，减少了物流用地的审批。

### （六）国外基金机构投资中国物流地产，从事物流地产的企业增加，物流地产供给量增加

以普洛斯为代表的物流地产企业，在过去的一年中得到长远发展。到目前为止，已建成100万平方米的库房并被客户租用。新加坡淡马锡旗下的丰树集团也在上海、

沈阳、天津等地购置了大量物流地产。仲量联行进入中国后，不仅深入研究中国仓储业情况，还协助物流地产商大量收购物流地产。

### （七）物流金融业务仍然是 2006 年关注的焦点

2006 年，几乎所有的银行都在研究开发物流金融产品。中储的质押监管业务增长高达 180% 以上，与 200 多家银行分支机构开展监管业务，监管点达 400 多个，质押贷款额超过 150 亿元。中远物流、中外运的该项业务发展速度也很快，三家国有物流公司成为该项业务的第一方阵。

### （八）政府出台了一系列土地政策，严厉制止以租代征、土地出让金收支纳入财务预算以及新增建设用地、大幅提高土地使用费等，这将对仓储业的发展产生重要影响

主要影响有三点：一是制止以租代征遏制了农村绕过政府控制建库的行为，对抑制仓储业的过度竞争和节约土地大有益处；二是削弱了政府出让土地的内在冲动，但也有可能减少仓储用地；三是取得土地的成本可能会大幅提高。据了解，仓储用地的价格比上年增加了 30% ~ 50%，有的成倍增长。由于征地不易和土地昂贵，一些新建库房不得不设计为楼库。中储、普洛斯等企业都增加了楼库的建设。

### （九）保税仓库的发展势头依然不减

上海、天津、大连设立保税港区，另有宁波等 8 个港口实现区港联动。

## 二、2007 年仓储业的展望

展望 2007 年的仓储业，我们有理由充满继续发展的信心，因为仓储业是和国家经济乃至世界经济的发展连在一起的。

### （一）仓储业将向着综合化、专业化、国际化的方向发展

一是仓储增值业务水平将进一步提高，综合功能集成将使仓储企业的收入和盈利都增长，虽然样本企业的业务收入利润率只有 1.9%，但增值业务的利润率在大幅提高，发展基于仓储的综合物流业务，将是仓储业的主要方向；二是业务流程将进一步和国际接轨，流程的优化和改革将大大提高仓储业的效率，扩大服务的对象；三是向立体化扩大仓容，库房会进一步增高，立体仓库、货架的增长速度将会更快；四是物流中心的专业化更为明显，冷库、液体库、危化品库的需求进一步增加；五是仓储管

理公司将有更多的发展机遇。库房供给增多，促使样本企业的外租库面积从上一年的
18 万平方米增加到 26 万平方米，增长了 44%。2007 年将会进一步增长。

## （二）品牌仓储企业将成为客户的首选对象

因为品牌仓储企业经验丰富、信誉良好、抗风险能力强、研发能力强，能够满足
越来越多客户的功能需求。样本企业 2006 年的客户数量比上年增长 8.4%，业务收入
增长 17%，优质客户在向品牌仓储企业集中。

## （三）仓储业将与运输业日益密切结合

随着公共仓库的发展，仓库成为重要的货源地和货物集散中心，中小运输企业将
在这里找到合适的配载货物。同时，较大的运输企业、物流企业也在加快自有物流中
心的建设。一些生产厂家也纷纷建立集中管理的物流基地，整合成以仓库为核心的、
区域性的、辐射状的物流网络。

## （四）严格的国土政策将对仓储业产生重大影响，仓库基础设施建设将向集约化方向发展

国家出台一系列严格的土地政策，旨在增加土地的取得、使用和保有成本，城镇
土地使用税将大幅提高，这就增加了仓储企业的运营成本，新增建设用地将更难取得，
这就给新设仓储企业征地和原有仓储企业用地置换带来了困难。可以预见，仓储企业
选址将去离城区更远的地方，沿海、沿江、滩涂等闲置建设用地都在热选之列。此外，
物流园区也会得到进一步发展，因为它是仓储业的主要载体。

所谓集约化，就是在有限的土地上建设功能更加齐全、运营更加有效、产出更高
的物流中心。库房的建筑密度提高、道路通行能力加强、站台库数量增加、起重设备
更加先进、调度更为科学将是仓储企业追求的目标。将有更多的仓储企业关注仓储物
流的技术问题，尤其是信息技术的先进性与适用性，价格的合理性，仓储业的信息系
统与客户信息系统的对接，公共仓储信息平台的建立等问题。

政府层面对仓储物流非常关注，在绿化率、库房设计规定、仓储企业重置中的税
收扣缴基数计算等方面给了很多优惠条件，这对我国仓储业的发展起到了很大的推动
作用。在新的一年里，我们建议政府有关部门研究进一步解决仓储业困难的政策：比
如，降低对仓储企业的投资强度要求标准，降低仓储企业营业税率，出台鼓励仓储企
业进行资产置换（出让在市区的土地，在更适于做仓储的地方重建）的政策，鼓励仓
储企业重组与联合，等等。

（本节选自笔者 2007 年的报告）

# 第六节　中国仓储业基本状况

## ——2006 年全国经济普查仓储业数据解读

2005 年 12 月 16 日，国务院第一次全国经济普查领导小组办公室发布了第三号数据公报，第一次公布了仓储业的基本数据，从这组数据中我们可以看到中国仓储业的基本状况以及其在整个经济中的作用。

## 一、全国仓储业的主要数据

2004 年，我国仓储业共有企业 10177 个，就业人员 39.9 万人，仓储业资产总额为 2578.0 亿元，负债为 1791.4 亿元，所有者权益为 786.6 亿元。主营业务收入为 897.0 亿元，利润总额为 23.6 亿元（见表 1-1）。

| 表 1-1 | | | | 2006 年我国物流主体行业普查数据 | | | |
|---|---|---|---|---|---|---|---|
| 物流主体行业 | 法人单位（个） | 就业人员（万人） | 资产（亿元） | 负债（亿元） | 所有者权益（亿元） | 主营业务收入（亿元） | 利润（亿元） |
| 铁路运输业 | 182 | 172.5 | 9972.5 | 2656.7 | 7315.8 | 2126.1 | 77.4 |
| 道路运输业 | 30356 | 203.1 | 9181.3 | 5190.4 | 3990.9 | 2481.0 | 309.3 |
| 城市公共交通业 | 5759 | 123.5 | 1864.1 | 1006.0 | 858.1 | 647.3 | 25.8 |
| 水上运输业 | 4700 | 69.0 | 4736.4 | 2451.6 | 2284.8 | 2048.8 | 372.2 |
| 航空运输业 | 459 | 20.6 | 3771.4 | 2369.8 | 1401.6 | 1406.3 | 98.4 |
| 管道运输业 | 39 | 1.6 | 662.1 | 341.3 | 320.8 | 101.2 | 15.8 |
| 装卸搬运和其他运输业 | 19247 | 63.0 | 1729.0 | 931.2 | 797.8 | 1389.5 | 110.9 |
| 仓储业 | 10177 | 39.9 | 2578.0 | 1791.4 | 786.6 | 897.0 | 23.6 |
| 邮政业 | 1834 | 67.5 | 1268.4 | 311.6 | 956.8 | 563.8 | -11.0 |
| 合计 | 72753 | 760.7 | 35763.2 | 17050.0 | 18713.2 | 11661.0 | 1022.4 |

与物流主体行业有关的法人单位个数为 72753 个，就业人员为 760.7 万人。其中，仓储业的企业数量占总体的 14.0%①，就业人数占总体的 5.3%，资产占总体的 7.2%，所有者权益占总体的 4.2%，主营业务收入占总体的 7.7%，利润占总体的 2.3%。

## 二、仓储业的经济指标分析

### （一）仓储业平均规模偏小

物流主体行业中，平均每个法人单位拥有 105 人，而仓储业平均每个法人单位仅有 39 人，仅高于装卸搬运和其他运输业的 33 人。物流主体行业中，平均每个法人单位占有资产 4915.7 万元，仓储企业平均每个法人单位占有资产仅为 2533.2 万元。

### （二）仓储业经济效益偏低

物流主体行业中，平均主营业务收入利润率为 8.8%，仓储业仅为 2.6%，远低于道路运输业的 12.5%，水上运输业的 18.2%，管道运输业的 15.6%，甚至低于装卸搬运和其他运输业的 8.0%。从平均资产利润率来看，物流主体行业为 2.9%，仓储业仅为 0.92%，低于道路运输业的 3.4%，水上运输业的 7.9%，装卸搬运和其他运输业的 6.4%。

### （三）仓储业资产负债率最高

物流主体行业平均资产负债率为 47.7%，而仓储业则高达 69.5%，高于道路运输业（56.5%）13 个百分点，高于水上运输业（51.8%）17.7 个百分点。

以上情况表明，相比其他行业，仓储业在物流市场中的竞争力较弱。原因有四点：一是无垄断性资源，企业数目较多，任何一个企业都无法产生价格影响力；二是负债较多，债务及利息压力较大，无力进行积累并用于扩大再生产；三是仓储业平均规模偏小，不能满足现代物流的大规模进出货需求，不能产生规模效益，缺少为大客户、跨国客户服务的能力；四是创利能力差，仓储业人均业务收入为 22.5 万元，处于中等地位，但人均利润为 0.6 万元，提名靠后。

## 三、部分省（市）仓储业情况

以下为 19 个省（市）发布的仓储业的调查结果（见表 1-2）。

---

① 本书中计算所得数存在修约情况，不一一标明。

（1）仓储业的企业数量最多的省（市）为上海，有 1420 个法人单位，其他部分省（市）的仓储业法人单位数量为：天津 651 个，江苏 629 个，北京 620 个，辽宁 596 个，河南 560 个，浙江 396 个，黑龙江 374 个，吉林 228 个，安徽 222 个，福建 210 个，广西 183 个，四川 175 个，江西 166 个，湖北 164 个，湖南 133 个，新疆 98 个，海南 16 个。

（2）仓储业平均就业人数。其中，吉林 108 人，黑龙江 101 人，湖南 59 人，湖北 58 人，江西 50 人，河南 47 人，安徽 45 人，新疆 36 人，广西 36 人，上海 34 人，四川 33 人，辽宁 32 人，福建 32 人，天津 30 人，江苏 28 人，北京 26 人，浙江 21 人。

（3）资产负债率。吉林的仓储业资产负债率最高，达 94.0%，而其他省（市）的资产负债率为：黑龙江 92.3%，江西 88.0%、河南 85.3%，安徽 83.4%，新疆 81.6%，湖南 76.7%，广西 73.3%，四川 73.1%，湖北 68.8%，江苏 64.4%，山东 60.0%，天津 57.2%，福建 56.8%，北京 52.7%，浙江 51.1%，上海 48.0%，海南 31.9%。

（4）仓储业利润最高的是上海，达 14.42 亿元，其他过 1 亿元的分别是山东 5.3 亿元，江苏 3.4 亿元，浙江 3.22 亿元，福建 1.82 亿元，天津 1.17 亿元，河南 1.05 亿元。另外，亏损的省（市）包括黑龙江亏损 4.55 亿元，吉林亏损超 2.79 亿元，辽宁亏损 1.4 亿元，江西亏损 1.23 亿元，湖南亏损 0.19 亿元，北京亏损 0.18 亿元。

资产利润率最高的是上海，为 5.7%，其次是山东 3.9%，福建 3.5%，江苏 3.0%，浙江 2.7%，海南 1.3%，安徽 1.0%，河南、天津、广西、新疆的资产利润率在 0.81% ~ 0.84% 不等。

（5）主营业务收入是企业规模的体现。上海仓储业的收入规模最高，为 128.71 亿元，其次是辽宁 74.28 亿元，天津 64.52 亿元，山东 63 亿元，黑龙江 62.6 亿元，江苏 48.82 亿元，河南 46.64 亿元，吉林 40 亿元，浙江 37.64 亿元，北京 31.54 亿元，安徽 23.5 亿元，其他的小于 20 亿元。

单个企业的平均收入规模：全国为 881 万元，吉林 1754 万元，黑龙江 1674 万元，辽宁 1246 万元，安徽 1059 万元，天津 991 万元，湖南 959 万元，浙江 951 万元，上海 906 万元，河南 833 万元，江西 807 万元，江苏 776 万元，湖北 750 万元，广西 728 万元，新疆 704 万元，福建 618 万元，四川 581 万元，北京 509 万元，海南 394 万元。

表 1-2　　　　　　　　2006 年我国部分省（市）仓储普查数据

| 省（市） | 法人单位（个） | 就业人员（人） | 资产（亿元） | 负债（亿元） | 所有者权益（亿元） | 主营业务收入（亿元） | 利润（亿元） |
|---|---|---|---|---|---|---|---|
| 江苏 | 629 | 17754 | 112.86 | 72.67 | 40.19 | 48.82 | 3.4 |
| 河南 | 560 | 26100 | 124.63 | 106.35 | 18.28 | 46.64 | 1.05 |
| 天津 | 651 | 19700 | 144.55 | 82.75 | 61.8 | 64.52 | 1.17 |

（续表）

| 省（市） | 法人单位（个） | 就业人员（人） | 资产（亿元） | 负债（亿元） | 所有者权益（亿元） | 主营业务收入（亿元） | 利润（亿元） |
|---|---|---|---|---|---|---|---|
| 北京 | 620 | 15800 | 121 | 63.8 | 34.78 | 31.54 | -0.18 |
| 上海 | 1420 | 48000 | 255 | 122.3 | 132.9 | 128.71 | 14.42 |
| 浙江 | 396 | 8200 | 117.32 | 60 | 57.25 | 37.64 | 3.22 |
| 广西 | 183 | 6500 | 52.51 | 38.48 | 14.03 | 13.33 | 0.44 |
| 黑龙江 | 374 | 37800 | 260 | 240 | 20.68 | 62.6 | -4.55 |
| 江西 | 166 | 8254 | 49.2 | 43.3 | 5.9 | 13.4 | -1.23 |
| 安徽 | 222 | 10000 | 72.2 | 60.2 | 12 | 23.5 | 0.7 |
| 福建 | 210 | 6800 | 51.8 | 29.4 | 22 | 12.97 | 1.82 |
| 新疆 | 98 | 3501 | 31.5 | 25.7 | 5.78 | 6.9 | 0.2609 |
| 海南 | 16 | 270 | 2.38 | 0.76 | 1.62 | 0.63 | 0.03 |
| 山东 |  |  | 134.6 | 80.8 | 53.8 | 63 | 5.3 |
| 吉林 | 228 | 24586 | 101.67 | 95.6 | 6 | 40 | -2.7929 |
| 辽宁 | 596 | 19000 | 258.3 |  |  | 74.28 | -1.4 |
| 四川 | 175 | 5800 | 44.6 | 32.6 | 11.99 | 10.17 | 0.15 |
| 湖北 | 164 | 9500 | 63.1 | 43.4 | 19.7 | 12.3 |  |
| 湖南 | 133 | 7800 | 50.23 | 38.53 | 11.7 | 12.75 | -0.19 |

由于缺乏具体的统计指标说明，尚不能解释东北三省仓储企业平均收入较高的原因，但东北三省仓储企业全部总体亏损，似乎有相同的原因，如负债过高、人员负担重，等等。另外，也可能与统计口径和业务收入构成有关。

相比于天津、江苏、浙江、上海，北京的仓储企业过剩。每万元中，北京的资产营业额为 2600 元，低于全行业水平，江苏为 4269 元，天津为 4463.5 元，上海为 5047 元，浙江为 3208 元，全国平均为 3479 元。在北京的四个主要物流区内，通州区有 29 家仓储企业，资产为 8477 万元，负债 1235 万元，实收资本 8707 万元，主营业务收入 1154 万元，亏损 722 万元；丰台区有 124 家仓储企业，资产为 16.29 亿元，负债 11.14 亿元，实收资本 4.2 亿元，主营业务收入 2.47 亿元，利润 2918 万元；大兴区有 71 家仓储企业，就业人员 1315 人，资产为 8.55 亿元，负债 5.39 亿元，实收资本 2.29 亿元，主营业务收入 1.68 亿元，利润不足计量单位；顺义区有 55 家仓储企业，从业人员 1067 人，资产为 1.8 亿元，负债 1.2 亿元，主营业务收入 2.68 亿元，亏损 727 万元。

（本节选自笔者 2007 年的报告）

# 第七节 2007 年仓储业发展回顾与 2008 年展望

## 一、2007 年仓储业的发展

2007 年，仓储业与其他物流行业一样，经历了许多考验，也取得了较快发展。中国物资储运协会对全国 27 个省、自治区、直辖市的 63 个大型仓储企业的经营情况进行了调查。调查表明，样本企业于 2007 年保持了良好的发展态势：主营业务收入实现 166 亿元，比上年增长 64%，其中经销业务收入 149.5 亿元，比上年增长 86.8%；物流业务收入 16.5 亿元，比上年增长 17.5%；实现利润总额 2.78 亿元，比上年增长 39%。

### （一）2007 年影响仓储业的重大事件

仓储业是社会经济中的一个小行业，但跌宕起伏的经济事件同样对其有着重大的影响。

#### 1. 土地使用税的调整

2007 年 1 月 1 日起，新的土地使用税税率大幅度调整，普遍提高了 1~3 倍。但在执行过程中，由于地方有着较大的裁定权，通过提高土地等级，重新确定土地使用性质等方式，使部分地区的土地使用税提高了 3~10 倍不等。这使刚刚从低谷中走出来的仓储企业遭受了严重的打击。仓储业是占地较大而产出较低的行业，土地使用税的提高使得仓储企业的经营成本加大。据估计，63 家企业将因此增加 6000 万元以上的成本。

#### 2. 国民经济增长和国家的宏观调控

2007 年，GDP 增长速度高达 11.4%，为仓储业的发展提供了良好的环境。货物的流量增大，使社会对仓储设施的需求增大，库房需求量、运输配送需求量也都大幅增加。据统计，63 家企业全年库房空置率为 3%~5%，其中 12 月的库房空置率只有 2.4%，这远远低于业界公认的 20% 的正常空置率的指标，而外租库房空置率增长了 33%。货物吞吐量达到 7934 万吨，比上年增长 10%，这是在基本设施没有增加的基础上的增长幅度，也是趋于饱和的增长速度。

随着国内生产总值的增长和进出口量的增加，仓储企业的业务量也随之增加，物流业务收入比上年增长 17.5%，连续第六年超过 GDP 增长速度。但是随着国家调控的效果日益显著，黑色金属的平均库存相比上年增加 16%。货物的平均周转次数为 12.9 次，比上年降低了 1 次，其中生产资料周转 14 次，黑色金属周转 11.7 次，比上年减少 0.6 次，生活资料周转 8.25 次，其中家电周转 7.36 次，比上年增加 0.66 次。

### 3. 资源约束的影响日益增大

（1）土地资源的约束。严格的土地政策导致土地的供应相应减少，仓储用地很难得到满足，主要原因为：一是地方政府提高投资强度要求，使得仓储业的投资强度低于工业，仓储用地难以获得批准；二是土地取得成本提高幅度大。

（2）资金的约束。央行六次加息，十次上调准备金，贷款规模从紧，国际市场油价突破每桶 100 美元，这给中国敲响了资源警钟，柴油短缺，道路货运也会大受影响。

## （二）仓储业的新发展

### 1. 基于仓储功能的增值服务继续快速发展

2007 年，虽然受到油价上涨因素的影响，63 家企业的运输配送业务收入仍达到了 27% 的增长速度。许多企业利用铁路专用线的优势，大力发展铁路中转货物的业务，使公路运输和铁路运输紧密结合；物流加工业务在经历了 2006 年的下跌之后，2007 年大幅回升 48%，全年加工钢材收入达 1100 多万元；现货市场摊位数增长了 21%，客户交易额大幅度上升，现货市场业务收入增长了 10%；质押监管融资业务充分发挥了仓储企业控货能力强的优势，先后与 400 多家银行分支机构合作，融资额超过了 350 亿元，比上年增长 131%；经销业务中的原材料贸易增长较快，由国内贸易扩展到国际贸易，贸易利润对企业利润总额的贡献率达 45% 左右，成为支撑仓储企业生存和发展的重要支柱。相对而言，传统的仓储保管业务增长缓慢，全年增长率只有 4%，这是因为保管业务的资源利用率已经趋于饱和。在仓储收费不能大幅度提高的情况下，仓储企业谋求综合业务和增值业务的发展，从而保证了整体盈利能力的提高。

### 2. 仓储设施建设受到各方面的重视

物流园区进一步发展，首先，在合理规划的基础上，许多省、市、县规划了自己的物流园区。在土地严控的形势下，一些地方政府注重改造原有仓储设施和转产企业的厂房、土地，相对增强了仓储能力；一些新规划的园区在企业准入方面做了限制，只准许物流企业入园；一些民营的物流园区增加了仓储、货运中心、现货市场的功能。由于大城市的土地价格高且土地紧缺，仓储企业开始在大城市的周边地区建设物流中心，如上海周边的昆山、太仓、嘉兴等市有不少物流中心在建，其中大部分是外资企业。物流园区的发展是健康的、有希望的。但也有一些物流园区由于规划不当、选址不准、土地价格过高，现在已经转变了用途，或者是由于无企业进驻，造成了一些浪费。仓储设施的建设应该吸取这些教训。

其次，沿海和内河港口物流中心有较大发展。2007 年交通部发布了沿海港口规划、内河航道与港口布局规划和道路运输枢纽布局规划，对港口物流园区的建设有较大的推动作用。由于水路运输较便宜，港口码头建设成为投资的重点领域，大量货物从码头集散，使得港口物流中心兴起，由此也推动了沿海、沿江经济带的形成。

再次，国家石油储备中心的建立标志着国家储备体系的健全和重点的转移。仓储业的储备功能在增强，然而在 14 亿人的巨大需求面前，在 GDP 连续多年超 10% 增长的情况下，我们的储备功能仍然十分脆弱。

最后，仓储企业新技术的使用有所增加，自动化立体仓库增加，如伊利、蒙牛两家企业的自动立体库都运转良好。此外，样本企业中的计算机管理率达到了 68.8%，相比上年增长了 3 个百分点，条码技术使用率为 21.7%。

**3. 外资企业投资建造物流中心的项目增加**

普洛斯的工业地产项目继续扩张，其中，沈阳物流园区占地约 31 万平方米，建筑面积将达 19 万平方米；DHL 在各主要机场建设货运中心；法国的 FM 公司在太仓和燕郊建立两个物流中心；沃尔玛在天津、深圳、昆山、嘉兴建立四个物流基地；新加坡泰山石化在南沙建立成品油基地；等等。

# 二、2008 年仓储业的展望

2008 年对仓储业来说是困难与机遇并存的一年。总体来讲，仓储业务仍然会保持较高的增长速度，综合化、专业化、国际化趋势更为明显，但前进的道路上仍会有曲折和困难。

## （一）经济形势中的一些因素会直接作用于仓储业

（1）从紧的货币政策会使仓储企业的经销业务和质押监管融资业务受到影响。7% 以上的贷款利率提高了资金使用成本；贷款增速放缓会使企业感到资金不足；控制投资的增长速度会使建设项目相对减少，从而钢材、水泥等生产资料的流通总额增速会相对降低，影响到仓储业的进出库收入和现货市场收入。

（2）通货膨胀和劳动合同法的实施，会使仓储业的人工成本、财务成本、管理成本加大，从而影响企业的盈利能力。

（3）严格的土地政策和土地使用税的提高，使仓储企业获得土地和占用土地的成本进一步上升。地方政府在权衡有限的土地指标分配时，会更多地将土地分配给那些投资大、产值高、效益好、税收多的行业，而对仓储业用地有所控制。

## （二）受供求因素的影响，仓储资源将出现短缺

仓储价格将有所上升，以消化不断上升的成本；仓储设施集约化的运营程度将进一步提高，单位面积产出会增加；城市的扩张和土地价格的上升会迫使一部分老仓储企业迁址，但新的仓储用地的取得较难，且运营成本会大幅增加，所以新购土地建库的企业，一般都会经历较长的亏损时期。这种情况下一部分仓储企业会退出这个行业。63 家样本企业中，已经有 2 家企业面临这样的选择。

## （三）仓储的储备功能将继续增强

在经济高速发展和资源短缺的双重因素的影响下，仓储已经被提高到国家安全的高度。2007 年的太湖污染事件几乎使一个城市瘫痪；国际石油价格的上升，粮食、猪肉等食品价格的快速上升，使得仓储业的储存和储备功能并重成为必然趋势。对于一个拥有 14 亿人口的大国来说，国家建立一定数量的直属储备库是必要的，但不能忽视社会仓库的储备作用。过去国家实行代储仓库的做法是有效的，曾经出现的一些问题主要是管理不到位造成的。因此，研究建立储存和储备相结合的储备体系是当务之急。

## （四）物流园区将成为仓储、运输企业的聚集地，物流园区正在国际化

在已经规划、建设、运营的 300 多个规模化的物流园区内，聚集着一流的物流企业，其中北京空港物流园区、上海洋山临港物流园区、天津滨海新区的多个物流园区等都吸引了大批国内国际物流企业进驻。国内的大型物流枢纽城市一般都规划了 3 ~ 9 个物流园区。其中，天津规划了 9 个物流园区，成都规划了 3 个物流园区，深圳规划了 6 个，南昌规划了 5 个，广西规划了 8 个特色园区。值得注意的是，境外企业进入境内的"扎堆"现象，更是吸引了与之相关的物流企业"扎堆"进入该物流园区。例如，太仓的德企、昆山的台企、山东的韩企、天津的意企、大连的日企都在相应的工业物流园区聚集。同时，一些专业的物流园区也将得到进一步的发展，如汽车物流园、塑料物流园、工业品物流园、农产品农资物流园、货运中转中心等，把商贸、交易信息与物流紧密联系在一起。

值得一提的是，外国的物流园区也在发展之中，荷兰、意大利、比利时、西班牙、匈牙利等国家都在鼓励发展工业物流园区，政府在用地、税收、劳工等方面给予了政策支持。

2008 年，仓储业的一些老问题将逐步得到解决。例如，仓储企业用地置换中的减免所得税问题已经由税务总局发文解决。新的问题，如仓储用地指标和用地价格过高、

土地使用税过高等，我们已经通过协会渠道向有关部门反映。在国家大力发展现代服务业的政策指导下，作为现代物流的核心组成部分，仓储物流一定会保持较高的增长速度，不断调整自己的增长方式，稳定健康地向前发展。

（本节选自笔者 2008 年的报告）

# 第八节　2008 年仓储业发展回顾与 2009 年展望

## 一、2008 年仓储业的发展

### （一）仓储业总体发展良好，经受住了重大灾害和全球经济衰退的严峻考验

根据中国物资储运协会对全国 27 个省、自治区、直辖市的 69 个大型仓储企业经营情况的调查，2008 年绝大多数企业的基本面良好，主营业务收入实现 209 亿元，比上年增长 25% 以上，增速回落了近 40 个百分点。实现利润总额 3.2 亿元，比上年增长 15%，增速回落 24 个百分点。货物吞吐量 8596 万吨，比上年增长 8%，增速回落 2 个百分点，货物平均周转次数 9.5 次，比上年降低 3.4 次。

2008 年，一系列重大事件的突发对我国仓储业影响巨大。

1. 考验了仓储业的灾害应急能力

2008 年年初的雨雪冰冻和汶川大地震，影响到仓储物资的安全、仓储企业的经营活动。在道路不通、库房损坏、电力中断、通信不畅的极端恶劣环境下，仓储业的广大从业人员克服困难、不顾危险、坚守岗位，保证了货物和企业的安全。在地震灾害发生之后，灾区的仓储企业能够主动请缨，利用铁路发运、公路分拨的优势，把仓库变为救灾物资的中转配送中心，组织车队赴灾区救援。灾区之外的仓储企业组织为灾区捐款，免费为灾区运送救灾物资。这充分展现了一方有难、八方支援的精神风貌。

2. 考验了仓储业对经济衰退的应变能力

由美国金融危机引发的全球经济衰退对仓储业产生了严重的直接和间接影响。主要体现在运输配送业务萎缩、社会库存先是爆满后是骤减、大宗商品价格急跌、质押监管业务风险增大等方面。仓储业在中央的统一部署下，沉着应对，化解了许多重大的风险。

## （二）2008 年仓储业的发展主要呈现以下特点

### 1. 全球性经济衰退对仓储业的负面影响逐步加深

金融危机冲击了进出口企业，致使订单下降、出口减少、汇兑损失增加。进出口贸易量的降低，影响到为之服务的货运业、货运代理业和仓储业的业务量。前 10 个月的宏观调控虽然使物价水平降低，但也影响了国内企业的投资、订货、贸易和实物流通。这双重的压力使仓储业的各项指标从 10 月开始下滑。到 12 月底，仓储业的贸易业务量降幅为 27.5%，现货市场业务下降 10%，仓储业务收入下降 16%。

### 2. 从全年看，仓储资源相对不足

69 家企业库房的使用率为 97%，也就是说空仓率仅为 3%。虽然在 12 月空仓率达到 4%，但距正常空仓率还有较大差距。仓储资源相对不足的主要原因在于：一是物流总额扩大，货物总要在仓储设施上进行集结、分拨、选拣、加工；二是货物的流动更多依赖第三方仓储企业，因为生产贸易企业不可能在全国到处建库；三是城市的扩张使一部分仓储企业退出仓储行业；四是仓储设施的结构不能适应仓储物流的需求。

### 3. 新型物流中心、物流园区建设增势不减

根据中国物流与采购联合会、中国物流学会的调查，全国建成、在建、规划的物流园区有 475 个，比两年前的调查增加了 268 个。其中已经运营的园区为 122 个，在建的为 219 个，规划中的为 134 个。

在物流园区和物流中心的建设中，外资的规模不容忽视。国际快递业的三大巨头纷纷在中国建设自己的物流基地。其中，UPS 在上海和深圳各建一个物流中心，分别占地 9.6 万平方米和 13 万平方米；FedEx 在广州建物流中心，占地 100 多万平方米；DHL 在浦东建亚太转运中心，投资为 1.75 亿美元。美国普洛斯公司在全国 20 多个城市建设了 60 多个物流中心和物流园，已建成运营的仓储面积为 165 万平方米，同时有 117 万平方米的在建项目。12 月 24 日，新加坡政府投资公司宣布，该公司收购了普洛斯在中国的资产，包括上述物流地产以及 347 万平方米的储备用地。这样，新加坡政府投资公司已经超过中国任何一家仓储企业的规模，在库房拥有量上位居中国第一。

### 4. 仓储业务收入中，传统的保管业务收入比重降低，增值服务的收入比重提高

对 69 家企业的调查显示，在仓储物流业务收入中，保管和装卸业务收入约占 41%，而增值服务收入约占 59%。这充分表明，传统仓储业正在向现代物流业转变，其速度越来越快。

### 5. 仓储行业的经营风险在增大

在正常的经济环境中，仓储行业也有风险，但规模小、频次低，容易被化解。在经济衰退的环境中，风险出现的频次迅速增加，规模也超出我们的预想。一是业务收

入下降幅度较大，如果继续下去，有可能造成企业亏损，甚至无力支付规费和人工、税收成本。二是各种案件增多，包括盗抢货物、串谋诈骗、虚假仓单、伪造提单、违约、毁约、弃单等，发生在天津的"中盛粮油诈骗案"案值高达 10 亿元。三是仓储企业经营本身的风险在加大，比如，在采购、投资、管理、安全等方面，稍有不慎就会造成重大损失。

### （三）仓储业发展中存在的问题

#### 1. 仓储物流整体水平需进一步提升

近年来，仓储行业在采用先进管理技术和装备方面有了较大的进展，主要表现在库房、货场、道路、供排水、电子、消防、装卸设施设备方面，但仍然不能满足现代物流的需求。

（1）对供应链的认知程度不够，对仓储在供应链上的重要作用重视不够，不能从整体上对仓储功能进行统筹规划，业务单一，服务标准低，不能承担高端业务。北京奥运会最终选择了 UPS 作为物流服务商，充分说明了中国物流业的水平仍与国际水平存在差距。

（2）仓储设施的整体水平仍然较低，不能满足国际客户的需要。仓储的技术水平实际显示了一个国家的国力水平，仓储行业先进与落后并存。我们拥有较先进的现代化的自动立体仓库，但很少有仓储企业能保证其盈利。

（3）缺少完整的仓储标准体系或物流标准体系，导致已有的先进设施不能充分发挥作用；缺少基础性标准，导致库房、站台、包装、托盘不统一和不通用；缺少服务标准，导致仓储企业没有标杆，迷失方向；缺少监管标准，导致一些人违法乱纪，出现社会问题。

#### 2. 计算机管理及信息平台建设滞后

一是代码不统一，无法实现信息及数据的交换和使用，服务代码、物流代码的混乱使得同一项服务和同一种货物的表达方式多种多样，因而无法实现信息一致和共享。二是业务流程不统一，业务科目不统一，无法像财务软件那样统一推广和大规模生产，从而不能降低软件的开发和使用成本。三是缺乏大型的物流信息平台。

## 二、2009 年仓储业的展望

2009 年对中国仓储业而言将是十分艰难的一年，但也充满机遇。中央确定的保增长、扩内需、调结构的方针是完全正确的，仓储业在这个大的环境中一定会审时度势、"强身健体"、较快发展。

## （一）仓储业的经营环境中困难与机遇并存

2008年年底，制造业和商贸业的状况并未显著好转，如果中央政策能迅速落实，预计2009年第三季度开始逐步好转。作为服务业的仓储行业，也将随之出现转机。我们通过调查得知，仓储企业普遍对未来充满信心。这种信心表现为：一是看好中国经济的发展，对政府的信任度高，相信政府会举全国之力渡过难关；二是看好本企业，认为经历过20世纪90年代以来的几次危机，积累了较丰富的应对经验，同时经过几年的快速发展，企业实力较以前大有提高，有应对危机的"本钱"；三是认为存在投资和业务发展的机遇，从较长时期看，仓储业处在一个上升通道之中，整合、置换、更新、改造，有发展空间。

## （二）抓住当前难得的机遇，加强业务、制度、流程和管理的整顿，提升企业质量，提升行业水平

在前几年的快速发展过程中仓储业暴露出了不少薄弱环节。比如战略目标不清晰、服务能力和水平有待提高、标准化程度不高、业务复制能力差、缺乏国际竞争力、信息化水平低等，应该在发展速度降下来的时期苦练内功，为今后的发展打好基础。

## （三）仓储业的应急物流功能将进一步增强

在2007年的专家论坛上，我们曾就此问题做过阐述。2008年的救灾活动充分验证了储存与储备结合的重要性。期望有关部门的领导充分认识仓储业的重要地位，把仓储业提升到国家安全的高度。一是选择一部分骨干仓储企业作为平时储存、"战"时储备的国家级仓库，在紧急状态下，可以随时征用为应急物流的集散地；二是对这些仓库的设施设备出资进行必要的改造，保证铁路专用线的畅通，储存必要的救灾物资，保证应急时有物可流，迅速响应；三是在征用这些仓库应急时给予一定的经济补偿；四是保持仓储网络的畅通。如果不采取这种方式作为救灾物资储备仓库的重要补充，就不能满足应急需求。

## （四）供应链金融服务将获重视

展望2009年，供应链金融服务的发展可能有以下趋势。

### 1. 需求与风险并存

一方面，对供应链金融服务有强烈的需求，加工制造业、贸易流通业、基础设施业需要大量的资金支持才能恢复正常状态，尤其是中小企业，资金的需求量更大；另一方面，这些企业中许多已经历了大的风暴，资信状况极差，启动速度缓慢，会造成

银行贷款的呆滞，影响通货的流动性。当这些企业的生存受到威胁时，有可能采取铤而走险的方式，逃债、弃债、赖债等情况也可能出现。

### 2. 贸易监管融资业务会受到青睐

贸易监管融资业务是对贸易中的商品进行全程监管，以这些质押监管的商品做担保而贷款的业务。由于 2008 年的产品价格下跌较多，故市场价格对其价值的偏离度趋于稳定，只要质物选择得当、监管措施到位，这项业务的前景还是相当广阔的。2008 年，中储的监管业务比上年增长 131%，明年仍有增长势头。

### 3. 供应链金融服务将更加理性化、规范化、科学化

经过危机的洗礼，无论是金融机构还是借款人和监管人，都会更加理性地看待供应链金融业务，不会盲目冲动地"次贷"，业务的发展更加规范，各方的权利责任更加明晰，并会严格按规则办事。产品设计和操作过程更加科学，减少漏洞和模糊约定。

### 4. 供应链金融服务的形式将更加多样

鉴于国家支持中小企业融资担保公司的发展，供应链金融服务的形式会更加多样。或者说，质押监管融资业务会受到其他担保形式的冲击，不过由于中国的市场足够大，而能够提供监管业务的企业较少，所以质押监管融资业务仍有大的发展空间。

（本节选自笔者 2009 年的报告）

# 第九节　迎接挑战，力谋发展

2009 年对仓储物流企业来说是充满艰难和挑战的一年：国际经济动荡不安，金融危机不断加深；旧的矛盾尚未消除，新的矛盾不断出现。在这个大背景下，中储积极谋求对策，争取在艰难的条件下有所发展。

## 一、认真研究宏观经济和行业的发展变化，提高决策的科学性和准确性

风起于青蘋之末，任何风暴事先都有不少预兆，就看企业的领导人能否及时发现，准确研判风暴的起因、发生的时间及地点、强弱以及影响的路线。2008 年，中储发现了

一些不正常的情况，如中小企业资金紧张、生产资料价格飞涨、涉外企业订单减少等，预见到经济可能有大幅波动，遂抓紧上半年的有利时机，扩大业务量，使各项经营指标突破历史最高水平，下半年采取收缩措施，使主要业务没有受到损失，但对美国金融危机的突然爆发及其对世界经济的影响程度缺乏足够的认识，致使小部分业务受到挫折。这个教训使我们认识到必须把一个行业放到世界经济的大背景下去把握，才能掌握主动权。

## 二、建立完善的内部控制机制，有效防范各种风险

在动荡的经济背景下，风险因素成倍增大。中储开展贸易、质押监管、仓储配送等业务，也会面临巨大的风险，但我们也应该看到，这些风险只要能及早发现，准确判断，都是可以控制的。2009 年中储会在风险识别、判断、评估及控制上狠下功夫，力求回避风险、控制风险。

（1）提高风险防范的意识，全员上下都要高度重视防范风险的工作。一线的员工是最早接触风险预兆的人员，发现异常应及时沟通；决策层要对风险及时做出判断，采取措施化解风险。

（2）建立配套的内部控制机制，包括操作、监管、反馈、整改等。企业面对的是整个社会，应向社会各面伸出触角，触角后面就是企业应对风险的整个机制。

（3）苦练内功，优化各项业务流程，优化企业的各项规章制度。利用当前的时机积蓄发展力量。

## 三、全力维护仓储物流市场，创新服务模式，赢得客户信任

在动荡的经济环境下，客户的支付能力脆弱，如果不做好服务，就会流失客户、失去市场。中储仍将客户利益放在第一位，在服务项目、服务水平、服务质量上精益求精。同时节约不必要的开支，过紧日子，节支并不等于降低员工收入，而是要求在节约"公共"开支上下功夫。积极发展质押监管融资业务，配合国家宽松的货币政策，为中小企业融资服务；配合国家重点工程项目，在供应、配送、货代业务上投入更多的资源。

## 四、加快信息化建设，推进电子商务发展

在经济动荡的时期，各行业都在节约成本，电子商务可能面临重大的发展机遇。中储要建立两个电子交易平台：一是分（子）公司内部平台，使主要业务信息、单证、

管理一体化；二是对外的电子交易平台，使客户实现网上交易、远程查询、网上追踪、网上结算等。

（本节选自笔者 2009 年的报告）

# 第十节　仓储管理与技术应用

仓储业是现代物流的重要组成部分，集中体现了当代科学技术的应用水平。近年来，随着我国社会经济和物流业的发展，仓储管理和技术应用得到了长足的发展，与发达国家的差距进一步缩小，产生了一些质的飞跃。

## 一、仓储管理与技术应用现状

自 20 世纪 90 年代以来，我国的仓储管理和技术应用水平提升主要体现在以下几个方面。

### （一）仓储基础设施建设水平大幅提高

仓储业的基础设施主要有库房、货场、道路、供排水、电力、消防、防雷等设施，其中变化最大的是库房、货场和消防设施。近年来，新建仓库库房一般都采用轻钢结构，下弦高度在 8 米以上，有的库房高达 20～30 米，主要用于自动化立体仓库。单库面积越来越大，一般都在 5000～10000 平方米，最大的单体库达 6 万平方米。这种库房的优点是建设速度快，结构牢固；跨度大，易于作业；仓容大，节约使用土地；建筑材料大都可以重复使用。这些新式库房一般配有装卸平台和调节板，方便物流作业。库房内通常配有采光板和灯光照明设施，提高了仓库的安全系数。根据消防部门的要求，配备了自动喷淋设施。仓库内地面采用耐磨材料，避免了地面扬尘和运输过程中的震动。仓库门根据存货的要求加强了防尘功能。

**1. 自动化立体仓库的数量在迅速增加**

自动化立体仓库目前有 160 多个，年增长率超过 30%，应用于医药、家电、食品、汽车零配件、润滑油、计算机整机及零部件等物品的保管。基本上实现了快速选拣、自动分配货位、优化存储能力的功能。

### 2. 特种仓库发展迅速

冷库、危化品仓库因其技术要求较高,被称为特种仓库,以区别于普通仓库。冷库分为冷藏和冷冻两种。冷藏库温度一般在0℃至10℃,冷冻库在-18℃至0℃,深冷库可达-30℃至-60℃。冷库主要用于食品、药品的储藏保管。目前我国的冷库总容量超过1000万吨,但仍然不能满足社会需求。

危化品仓库是我国严格管理的仓库,因为所存物资有易燃易爆、易泄漏、毒性大的特性。虽然在技术要求上越来越严格,装备水平越来越高,但因投资巨大,总量上供不应求,使得一些存货人违规将危险物资存入普通仓库,不断发生事故。值得提及的是,石油及产品油的储备储存设施需求急剧增长,油库建设发展迅速,辽宁、大连、山东、青岛、天津、上海、宁波、广东、广西等地出现了成片的油库群,最大的单体油罐可达20万吨。

由于我国近年来实行了严厉的土地管理政策,土地取得成本和占用成本都大幅度提高,楼库建设方兴未艾,楼库的建造技术和成本都在不断提高。除了冷库因受能源节约因素制约必须建在楼库之外,普通货物仓库也建起了两层至五层的库房。

### (二)仓库选址和规划更加理性、科学

建设一座仓库需要考虑许多因素,其中最主要的是:物流的流量和流向、网络布局定位、交通条件和自然地质条件。仓库规划服从于当地经济发展的需要,减少行政因素的影响。但2008年的雪灾和汶川地震的发生警示我们应该考虑紧急状态和灾害救援的因素来确定仓库的布局和作用。

### (三)仓储作业机械化、自动化程度提高

主要体现在叉车、吊车、货梯、输送机、堆垛机的广泛使用。近年来,我国叉车产量和使用量都在以超过40%的速度递增。叉车的品种日益丰富,大致分为正面式叉车、侧面式叉车和转叉式叉车,其中以正面式叉车最为普遍。随着仓库集装箱作业量的增大,大吨位的集装箱叉车使用率将越来越高。

吊车分为用于货场作业的门式起重机、用于库房内作业的桥式起重机以及移动灵活的轮胎式起重机。在通用仓库中,吊车的吊装吨位越来越大,已经有1000吨的门式起重机出现。货梯主要用于楼库,使货物垂直运动。货梯早已有之,但随着新一轮的楼库建设,货梯的结构和功能日益完善,使用率不断提升。输送机是一种库内搬运机械,在散装、箱装货物的运送中广泛使用。堆垛机在立体仓库中使用,用于较高货位货物的存取,最高作业高度可达40米。

伴随着仓储作业机械化、自动化程度的提高,物品的包装标准化、集装化、托盘

化水平和编码技术也不断提高。为了最大限度地使用空间，许多仓库使用了货架。货架技术的发展要求货物包装必须标准化和托盘化，否则进不了货位，或造成空间浪费。为了迅速准确地查找货物，必须对货位和货物进行编码。这是一个系统工程，涉及技术和管理两方面。比如包装标准的统一与推行、托盘标准的统一与使用、编码规则的确定和信息存取系统的建立等。

### （四）仓储信息系统有所发展

仓储信息系统是一个更为复杂的管理和技术问题。目前一些规模较大的仓储企业都在实行计算机管理。据中国物资储运协会的调查，其70%以上的会员单位在保管业务中都使用了计算机。少数先进企业还建造了管理信息平台，将业务管理、财务管理、人力资源管理、办公系统及决策系统整合于同一个平台。

条码系统被广泛地用于家电、日用品等货物的存取业务中，但射频系统只在少数先进企业中使用。运输配送是仓储业的重要业务之一，在这项业务中GPS定位及配送业务管理软件成为重要的工具。它确保了送货的准确性、安全性，满足了客户随时了解货物情况的需求。监视系统被广泛使用，它能使管理者随时看到仓库各部门、场地的工作情况，也能将信号传递至存货人，使其能实时看到所存货物的状况，同时有效地防止盗窃。仓储管理的计算机系统还能实现与仓储物流各方关联人的计算机系统对接，实现信息数据共享、无纸化运行及实时监控。存货人、提货人、承运人、海关、商检、港口码头、贸易商、供应商都可以通过大型的电子平台完成自己的工作。

## 二、仓储管理与技术应用存在的问题

与发达国家的差距仍然很大，计算机管理及信息平台建设滞后，仓储管理总体上看还比较粗放。我们参观过英国、日本、美国的一些仓储企业，发现它们的共同点是：管理制度完善而且被严格执行；不断改革、改善服务，并降低成本；以人为本，注重企业文化建设，采取多种方式激励员工。

## 三、仓储管理与技术应用前景

仓储是社会经济中的重要环节，随着我国经济的发展，仓储业的现代化程度将会迅速提高。未来我国的仓储管理和技术应用将呈现以下特点。

### （一）第三方仓储业的发展要求仓储网络管理技术水平提高

相对于生产企业仓储而言，第三方仓储将有较大的增长需求，这是因为生产企业规模越来越大，供应链越来越长，采购、生产及销售的覆盖区域越来越多，不可能投巨资在各地建设仓储设施，货物的集散功能将更多地由第三方仓储企业来承担。因此，仓储企业必须实现网络化经营才能满足跨国公司的需要，网络管理技术在仓储设施布局、选址、建设和运营方面将被广泛使用。这里涉及更加科学的预测分析方法和工具，也涉及采购、运输、制造、存储、加工等领域的优化技术以及安全、即时、准确的服务。

## （二）仓储基础设施水平、机械化作业水平将更大幅度提高

由于环境保护的因素，库房的技术含量进一步提高，节能减排要求仓储业在采光、保暖、制冷等方面采用新的材料和新的技术，砖木结构、钢混结构库房的比例进一步下降，太阳能的使用会降低电、煤的消耗，以及冷库有害气体的排放。网络化运营使汽车空载率进一步降低，降低噪声及二氧化碳排放量。由于人工成本急剧上升，仓储企业会更多地采用机械化作业，从而带动相关制造业的发展。

## （三）信息管理和技术应用向标准化、通用化发展

仓储是物流信息的集中地，信息的采集、整理、分析、发布和利用是与仓储有关的各行业所关心的焦点，也是仓储业运营的核心因素。仓储信息系统涉及货物收发的准确、货物周转速度的提高；客户对货物的跟踪、调拨和单证的传递、费用结算；仓储企业及物流企业的决策；等等。因此，未来的仓储信息系统应能支持仓储物流业务的全过程管理，支持各种业务模块的集成，支持与客户软件系统的对接，支持公共信息平台的建设。自动识别、分拣，无线网络，手持终端等技术会广泛应用。问题的关键仍然是各企业强调特殊性而使仓储软件缺乏通用性，从而影响到信息的汇总和使用。

## （四）仓储管理技术将进一步精细化和国际化

与发达国家相比，我国的仓储管理技术与方法仍显落后，需要继续引进、消化和推广库存管理、看板管理、六西格玛管理、标杆管理、绩效管理等管理方法，向国际标准看齐。

新技术的采用应符合社会需求，符合仓储企业的经营要求，如果脱离实际盲目追求高科技，会使企业陷入亏损泥潭。例如，建设自动化仓库一定要根据实力和需求慎重决定。我们曾在新加坡看到一家仓库正在拆除建好的立体库，原因是利用率不够，长期亏损。

仓储业是一个很特殊的行业，服务模式简单，却是高新技术广泛应用的行业，机械技术、电气技术、信息技术、通信技术、安全技术、网络技术等都能在仓储业得到应用和推广。我们相信，再经过 10 年，我国的仓储管理与技术应用将有更大的提升。

（本节选自笔者 2009 年的报告）

# 第十一节　2009年仓储业发展回顾与2010年展望

## 一、2009年仓储业的发展

2009年仓储业的主要指标正如2008年预测的一样，走出了一个U形线路，年初下滑，年中回升，年底基本恢复到金融危机爆发前的水平。这主要得益于中央刺激经济的政策和企业的努力。

### （一）主要指标

根据中国物资储运协会对全国65个大型仓储企业的调查，58家企业盈利，7家亏损，亏损面为10.8%，亏损额略有降低。实现主营业务收入185亿元，比上年下降11.5%；实现利润3.41亿元，比上年增长6.6%；完成货物吞吐量8458万吨，比上年降低1.6%；期末社会库存457万吨，比上年增加30.2%；货物平均周转次数9.25次，基本与上年持平。

上述指标中，期末社会库存量的增加令人担忧，它意味着客户销售不畅、商品积压，市场并未恢复良性循环。

### （二）仓储业应对金融危机的主要措施

面对突如其来的金融危机，仓储企业有过震惊和担忧，但很快稳定了精神状态，积极采取措施，确保了行业的稳定和发展。

**1. 增加服务功能，提高服务质量**

在仓储保管业务的基础上，加大了运输配送、贸易、加工、动产监管、期货交割库和电子商务交割库、入厂物流等综合业务的业务量。中储浦东分公司进入上海船厂，利用船厂资源提供船板仓储管理和配送服务，成为第三方物流与制造业联动的范例。

**2. 维护客户资源，稳定仓储市场**

在危机到来时，仓储企业与客户共处一条船上，只有同心协力才能渡过难关。仓储企业采取了降低价格、改善环境、提高信息服务水平等措施，客户数量不仅没有减少，反而增加了4%。库房空仓率进一步降低，全年为3%。

**3. 苦练企业内功，有效控制风险**

金融危机刚刚袭来时，各种风险骤升，弃单、弃库、弃厂事件频频发生。最典型的例子是常熟科弘经营高管一夜失踪，留下 50 多亿元的债务。中储监管的货物高达 10 亿元，有被哄抢和查封的风险。企业领导据理力争，加上基础工作扎实，使得法院认可了中储的权利，避免了一场灭顶之灾。在这一年里，仓储企业加强风险分析和控制，使案发率大大下降。

## （三）仓储业发展的新特点

**1. 物流园区逆市增长**

在国家振兴规划的引领下，物流业获得了新的发展机遇，最突出的表现是物流园区的发展。在 2008 年全国有 475 个物流园区的基础上，2009 年又新增近 200 个规划、在建和建成的物流园区，规划占地面积 43134 万平方米。根据中国物流与采购联合会收集到的 10 个省会城市、3 个直辖市的数据，13 个城市拥有 132 个物流园区，占地 113.4 平方公里。物流园区迅速增长的原因是政府把园区经济作为增加 GDP 的重要抓手。在新增园区中绝大部分为市场型物流园区，其目的就是聚拢人气、聚拢税源、聚拢物流要素。成都传化物流基地投资 15 亿元，占地 1150 亩，建有 8 万平方米的信息大楼、货运场站、司机之家等，是一座现代化的公路港，解决了出川货车没有基地的问题。

**2. 仓储面积保有量继续增长**

13 个城市拥有仓储面积 5456.6 万平方米，平均每个城市近 420 万平方米，按照仓储面积与占地面积 1∶2 的比例计算，13 个城市的仓储占地面积约为 10913 万平方米。货运站 717 个，占地面积 1135 万平方米，平均每个城市拥有货运站 55 个，平均每个货运站占地面积 1.58 万平方米。

**3. 物流强度增大**

13 个城市拥有仓储、货运站、物流园区的总占地面积为 182 平方公里，平均每个城市为 14 平方公里。平均每平方公里每年支持的货运量（类似物流强度）为 1787.7 万吨。拥有港口水运城市的物流强度较大，而内陆城市的物流强度明显较小，约为 700 万~900 万吨。

**4. 特种仓储面积需求增长**

主要表现在危化品库、液体库、冷藏库的需求增长较大。上述 13 个城市拥有特种库房 328 万平方米，约占整个仓储面积的 6%，平均每个城市特种库房拥有量为 25.2 万平方米，不能满足需求。首先，冷库缺口大。目前，我国大约有冷库容积 1500 万立方米，年增长 11% 左右，人均冷库容量是美国的 1/4。其次，石油储备库

缺口大。目前我国国家级石油储备库增长很快，一期工程 4 个库投产，储备量 1640
万立方米，二期工程已经开始，总容量 2680 万立方米，但不足以保证国家的石油安
全，因为我国每天的原油消耗为 153 万吨左右。最后，危化品库需求量大。环保因
素使得危化品库无处安身。民营的危化品库绕过安检大量出现，使得隐患增加。

### 5. 期货交割库和电子商务交割库需求增大

随着经济的发展，期货交易机构的交易品种迅速增加，有色金属、黑色金属、粮
食、塑料、石油的交易量在迅速增长，这就需要有足够的交割库。同时，由于互联网、
物联网的发展，电子商务公司如雨后春笋般涌现，对实体仓库的需求也在增加。阿里
巴巴、当当、易趣、卓越等公司都建立了自己的物流中心和配送中心。交割库成为期
货交易和电子交易的关键环节，没有可靠的足够的交割库，交易的风险会急剧增大。

### 6. 仓储物流的技术水平在不断提高

由于土地紧缺和土地价格的攀升，仓库建设在向空中发展，上海、广州、厦门、
深圳等大城市出现了大批的楼库，有的已达六层，这就加大了仓库运营成本。自动化
立体仓库大量涌现，信息化、机械化和自动化水平有较大提高。

### 7. 物流地产有新进展

普洛斯在中国的资产被收购之后，仍然继续发展物流地产业务。其他国外物流地
产商也在加快征地建库的步伐。物流地产业的发展前提是：土地紧缺，土地价格持续
上涨；有足够的客户和运营收入；有充足的资金来源。这几个条件将在 20 年之内持续
存在，因此，物流地产行业仍有较好的发展前景。

### 8. 质押监管业务增速放缓

累计融资额比上年增长 20%，主要原因是该项业务风险增大和监管人进行业务调
整，同时监管费率下调幅度达 15% 以上。在地方保护和利益的驱动下，金融机构和出
质人会联合起来，向监管方追偿，出现纠纷后，法庭判决往往不利于监管方，这是因
为有关法律体系尚不完善，把监管视同担保和保管。

### 9. 政府部门对物流中心的支持力度增大

国家发展改革委、财政部、商务部、工信部从不同角度支持物流中心和物流聚集区
的发展，分别出台贴息、补助、示范、引导等政策措施，让仓储业得到国家振兴措施的
实惠。证监会放宽了 IPO 的限制，使上市公司在资本市场上募集资金的渠道更加畅通。

## 二、仓储业发展中存在的问题

### （一）国家缺少对仓储业的管理

截至 2009 年，仓储业没有国家层面的主管部门，缺少对仓储业的整体规划和规则制

订，也缺少信息渠道和完整的统计体系，致使企业难以把握政府发展仓储业的政策导向和仓储业发展的方向。

### （二）仓储业的税率过重

《物流业调整和振兴规划》的发布曾给我们带来巨大惊喜，但税率过重的问题仍然没有解决。土地使用税有增无减，5%的营业税的不合理的状况仍未改变。

### （三）仓储业的区域规划有点乱

物流园区中大部分是仓储物流设施，园区规划混乱会造成资源的大量浪费和相对过剩。此外，仓储业整体装备水平不高、信息化建设滞后、仓储业服务标准未与世界接轨等仍无明显改善。

## 三、2010 年仓储业的展望

仓储业界普遍对 2010 年的发展充满信心，估计主要指标会增长 10% 以上。但也有一些担忧，主要是经济环境发生变化、仓储设施供需变化较大等。

### （一）仓储业将受到国内国际经济的影响

这次金融危机对世界的影响是极其深远的。

（1）影响了世界产业布局。欧美国家民众的消费观念发生了变化，提高了储蓄率，放慢了奢侈品的消费速度，就近采购商品和安排生产，物流线路、物流数量、集结地点有可能发生变化，从而影响到我国出口商品的结构、数量以及港口物流中心业务量。

（2）我国经济结构调整和发展方式转变。高污染企业，高耗能、高耗水的行业受到限制，而物流业以其现代服务业的鲜明特征被多地政府当作支柱产业，物流园区尤其是贸易型的物流园区被推为首选。

（3）发展低碳经济的要求越来越紧迫。布局科学合理的物流园区、物流中心有助于减少碳排放量，主要表现在减少货物的迂回运输、减少车辆的空载、发展多式联运等。

### （二）仓储资源将出现拐点，普通库房供大于求不可避免

经过多年的宣传，物流产业的重要性逐渐被各级政府认识，各级政府出台了一系列支持物流发展的政策，确定了当地现代物流业发展的规划。所有的规划都涉及仓储设施的建设。物流园区、物流中心的增长速度很快，一般来说，省会城市规划的物流

园区面积都在 10 平方公里以上，有的高达几十平方公里。这些仓储设施一旦建成，将大幅度提高库房供给量，由此将会出现空仓率增加、租金下降的现象。

### （三）仓储业务综合化、精细化成为仓储业竞争的主要手段

在供大于求的情况下，单纯地出租库房或只提供简单服务，将在竞争中处于劣势。自 2004 年以来，中储协会一直倡导仓储业务综合化，即在仓储保管的基础上，大力发展增值服务，如开办市场，开展加工、包装、配送、质押监管等业务。2009 年，在营业收入的构成中，传统的保管业务收入只占 43%，而综合业务收入占 57%，比上年略有下降。所谓精细化，就是引入新的管理理念，为客户量身定做业务模式、业务流程，裁减冗余环节，节约成本，只有这样，才能处于优势位置。

### （四）一些物流园区的运营出现困难

主要原因：一是部分园区将土地切块卖掉了，自己手上没留任何可以出租或运营的资产，收入来源短缺；二是保税物流园区过大，保税货物的量不足以支撑保税物流园区的支出；三是一次性投资过大，入园企业少，成本无法回收。这就要求我们在规划园区时精心策划，要有财务测算，否则便会陷入困境。

（本节选自笔者 2010 年的报告）

# 第十二节　2010 年仓储业发展回顾与 2011 年展望

## 一、2010 年仓储业的发展

2010 年的仓储业延续了 2009 年下半年的回升势头。在全国经济增长的大背景下，仓储业的各项经济指标均取得较快的增长速度。根据中国物资储运协会对全国 60 个大型仓储企业的调查，54 家企业盈利，6 家企业亏损，亏损面 10%，亏损额减少。实现主营业务收入 234.5 亿元，比上年的 192 亿元增长 22.1%；实现利润总额 4.69 亿元，比上年的 3.83 亿元增长 22.5%，收入利润率为 2%，比上年略有增加；完成货物吞吐量 8430 万吨，比上年的 8582 万吨降低 1.8%；期末社会库存 438 万吨，比上年的 483 万吨减少 45 万吨；货物周转次数 9.6 次，比上年的 9.25 次增加 0.35 次。

2010 年仓储业具有以下特点。

## （一）仓储业与宏观经济增长关联性增强

（1）宏观经济走势影响仓储业务量。随着制造业、流通业、农业经济的增长，货物流通量增长，仓储业的货物吞吐量也增长。2008 年的金融危机使样本企业 2009 年的业务收入下降 11.5%。而 2010 年 GDP 的增长使其业务收入增长了 22.1%，样本中平均每个企业主营业务收入 3.9 亿元。

（2）经济结构的调整和发展方式的转变影响仓储业务结构。2010 年国家加大了对节能减排和低碳经济的管理力度，钢材、有色金属的库存分别比去年年初下降 17% 和 10%。随着煤炭资源的西移、南移和煤炭企业的调整，煤炭仓储物流的节点发生了较大变化。在功能方面，煤炭仓储的洗、选、配功能增强，其布局在向港口、火车货运站集中。

（3）随着《物流业调整和振兴规划》的发布，金融系统普遍加强了与仓储企业的合作，主要体现在增加固定资产贷款和开展质押监管融资业务等方面。在样本企业中，65% 的企业开展了金融物流业务。

## （二）仓储基地和物流园区的建设速度加快

各级政府高度重视物流基地建设，其中主要是仓储基地建设。

（1）以码头为依托的仓储设施增长速度快。环渤海地区建成、在建和规划的码头有 1500 多座，其后方均规划了相当数量的仓库区和货场区。

（2）以原有仓库群为基础，重新规划物流园区。提升改造原有的仓储设施。

（3）部分城市调整了物流园区的规划，将规模小、分布散的物流园区重新规划为较大规模的物流园区。如厦门市将象屿、保税、空港、东渡等物流基础设施合并为厦门现代物流园区，规划面积达 9 平方公里。福建省有关部门确定了全省的重点物流园区，并给予规划、政策方面的支持。

（4）新规划的园区中，商贸型、综合型物流园区数量增加。有的地方政府甚至将物流园区改为现货市场。

（5）部分企业走出园门，在园外投资建设综合物流设施，如天津泰达在埃及投资建设集展示、仓储、报关报检、租船订舱、融资等多功能的商贸园。诚通集团在莫斯科建设集保税、销售、展示、仓储为一体的商贸城，投资达 3.5 亿美元。

（6）外资企业加大在中国的物流中心建设。TNT 公司宣布将对天地华宇投资 15 亿元，用于建设物流中心。

## （三）铁路物流中心建设速度快，目前已有 9 个建成营业

铁路部门规划的 18 个铁路集装箱中心站（更名为"铁路物流中心"），以其占地面

积大、联运能力强的巨大优势，成为新的物流枢纽，一大批仓储和物流企业，包括海关、检验检疫等部门聚集在其周边，形成新的物流基地。此外，铁路货运场站的布局调整也在进行之中。

## （四）物流地产持续发展

2010年10月18日，新加坡政府投资公司（GIC）旗下的普洛斯公司在新加坡上市，发行11.7亿股，募集资金39亿新元（约199亿元人民币），中国社保基金、阿里巴巴、中投公司都认购了股份。中资10家公司占总股份13.8%。普洛斯公司的此次募资主要用于投资中国的物流地产业。至此，该公司稳居中国物流地产第一的位置。普洛斯公司自2003年进入中国，短短7年发展成最大的物流地产商，说明物流地产在中国仍有较大的需求，同时，也可以看出金融资产的巨大力量。

## （五）冷库建设快速发展

国家发展改革委《农产品冷链物流发展规划》发布前后，全国兴起了冷库建设的热潮。各省市都规划和动工建设了一批冷库项目，主要涉及肉类加工、果品加工、蔬菜储运、医药、茶叶等行业。各省市所规划的物流重点项目中，66%是冷库项目。规划确立了从2010年至2015年，新增冷库容量1000万吨的目标，届时，我国的冷藏库容将可达2500万吨。

## （六）电子商务的发展要求物流中心具备新功能

据估计，2010年电子商务交易额突破5万亿元。网络购物、网上支付、移动电子商务的数量急剧增加，对仓储和配送企业提出了新的要求：一是要求仓储企业能够适应小批量、多品种、多客户、快进快出的需要，仓储设施、货架、装卸与拣选设备要满足相关需求；二是仓储企业的IT系统和作业流程要随电子商务的发展而变化，能实现IT对接、订单跟踪以及在线管理、查询、退货等功能，能具备快速拣选、盘点、越库操作的能力；三是电子商务有全球性交易的特点，要求仓储企业网络化，能实现一个商务网站下的统一操作和多个商务网站的同时操作。总之，电子商务的深入发展将会给仓储业带来革命性的变化。

## （七）金融物流业务增速依然放缓

2010年中国物资储运协会的成员企业的该项业务的增幅为29.6%，比上年增加了9.6个百分点，但与以前年度100%以上的增长相比，这个增幅大大降低，其主要原因是质押监管的风险加大，一些不法之徒瞄上了这项业务，以假充真，以次充好，强制提货，收买贿赂有关人员，侵害银行和监管人利益。同时，该项业务的收入比例逐年下降，竞争日益激烈，也是增速放缓的原因。

## （八）物资储运行业变化巨大

（1）改变了传统仓储的形象，向现代物流发展。综合物流业务取得进展。从 2005 年到 2010 年，主营业务收入增长 181%，利润总额增长 380%，货物吞吐量增长 35%。收入结构中，创新业务收入的比例占 58%。

（2）信息化、机械化水平有所提高。

## 二、仓储业存在的问题

（1）面对高速增长的物流需求，仓储业的能力相对不足。主要表现在对高档消费品、工业制成品、大型连锁企业的服务能力不足。一是仓储业的投资能力有限，面对急剧增长的仓储需求，新型库房数量短缺，配送车辆、集装技术、拣选技术、信息技术等急需提升和改造。二是业务流程和服务标准不能和制造业、连锁商业实现对接。仓储业与上述行业的融合速度太慢。三是企业综合素质不能很快与国际接轨。现代仓储的理念与国际水平还有一定差距。

（2）国家缺乏仓储业的全面资料，从而缺乏对行业的管理和指导。一是缺少仓储行业的统计指标体系和统计制度，导致目前的仓储业数据失真、零散和不完整，例如占地面积、库房面积、作业设备水平均无精确的统计数据；二是缺乏对仓储业发展和管理的指导意见，导致这样一个与银行业同等重要的行业长期游离于政府指导体系之外。

（3）仓储业税负过重的情况没有改变。

（4）城市和道路规划迫使仓储企业迁址，严格的土地管理政策使仓储企业取得土地的难度加大，土地取得成本和使用成本较高。同时，铁路专用线消失的速度在加快。

## 三、2011 年仓储业展望

2011 年是国家"十二五"规划的开局之年。中共中央的"十二五"规划对国内外的形势做了详尽的分析，指出我国处在工业化、信息化、城镇化、市场化、国际化的阶段，但也存在着不平衡、不协调、不可持续的突出问题。在这个大背景下，仓储业也会面临新的形势和新的发展机遇。

## （一）仓储业面临大力发展生产性服务业和生活性服务业的机遇

仓储业是这两大类服务业的核心组成部分，任何服务都需要仓储。仅就制造业来说，其增加值每年有 40 多万亿元，原材料的采购、产成品的销售都离不开仓储环节。尤其是在生产企业推行零库存的时代，原材料、零部件的库存大量被转移到供应商那里，而大量的中小供应商是无法独立建立存储系统的，必须集合在一起建立存储体系。例如，宝供福田物流公司在福田汽车供应商集中地区丹阳建设一个集货中心，统一存储供应商的产品，统一安排福田汽车零配件的运输业务。在生活性服务中，日常生活用品的仓储配送占有重要地位，科学合理的配送中心，就好像城市运转的蓄水池，龙头打开时，生活必需品会像自来水一样流到超市、专营店等各类市场。

## （二）仓储业将进入合理分布、功能扩展、服务规范、平稳发展的新时期

合理分布是指仓储设施的布局要科学，符合物流的规律。其中，仓储设施的选址、规模、定位、功能的确定是重中之重。功能扩展是指仓储的概念、仓储的服务项目、仓储的服务对象要扩展。仓储不再是简单的保管场所，而是增值服务的载体。仓储的服务项目要向加工、组装、包装、分拣、配送、代收货款、信息服务、金融物流扩展。服务规范是指仓储企业要有统一的服务流程、服务标准和服务质量要求，要有诚信，成为各方信赖的中介。平稳发展是指仓储业的发展不能急涨急落。那种盲目占地、盲目建库、盲目膨胀的现象将会减少。这是因为国家的土地政策将更加严格，会出台限制物流用地的有关政策。

## （三）仓储企业的运营成本会进一步提高

（1）土地取得成本和使用成本提高。一些地区的仓储用地挂牌价比上年上涨了 30%～50%。土地使用税保持在较高的水平上。以某大型仓储企业为例，该企业于 2009 年在仓储、装卸、租赁上的收入为 104723 万元，扣除直接费用之后的主营业务利润为 15708 万元。缴纳营业税 4487 万元、土地使用税 4486 万元、房产税 1741 万元，三项合计 10714 万元。

（2）库房建造成本增大。随着钢材、水泥、铝型材、防火设备价格的增加，库房建造成本比 2009 年约增长 15%。

（3）人工成本增长。最低工资限制、三险一金的交付以及农工荒的出现，使仓储企业人工成本迅速增长。根据中国物资储运协会的调查，企业平均人工成本较上年增

长 20%。以上成本的增加会压缩仓储企业的利润空间，迫使企业提高机械化、自动化作业水平，减少人工的使用数量。2004 年，全国仓储企业平均职工人数为 39 人，2008 年平均人数为 29 人，下降了 25.6%。

### （四）期货交割库、电子商务交割库以及网购物流中心的需求继续增长

在联合会召开的重点企业座谈会上，汽车物流公司提出需要整车中转仓库，尤其是与铁路运输相连的仓库。第三方物流公司需要增加仓储面积和网点，快递企业爆仓，现有仓库容积不能满足其 40% 以上的业务增长速度；期货交易的品种和数量都在增加，交割量和现货交易量的增长需要更多的标准仓库。

（本节选自笔者 2011 年的报告）

# 第十三节　2011 年仓储业发展回顾与 2012 年展望

## 一、2011 年仓储业的发展

### （一）仓储企业运营情况调查

根据中国物资储运协会对 60 个大型会员单位的统计，2011 年样本仓储企业生产经营状况基本良好，但也有一些不稳定因素。

#### 1. 主要经营指标完成情况

主营业务收入 285 亿元，比上年增长 21.5%，利润 5.46 亿元，比上年增长 16.4%。货物吞吐量 8006 万吨，比上年减少 424 万吨，下降 5.0%，期末社会库存 470 万吨，比上年增加 32 万吨；货物周转次数 8.52 次，比上年下降 1.08 次，库房空置率 1.5%，比上半年增加 1.2 个百分点，现货市场席位出租率 89%，下降 7 个百分点。

#### 2. 仓储企业生产经营的主要特点

一是下半年业务量下降幅度较大。制造业增速下滑和货币政策偏紧的影响，致使采购数量下滑，加上大宗商品价格上涨和波幅过大，于是许多贸易商在等待观望，直接影响到生产资料如钢材、有色金属、塑料等的流通量。尤其在 8 月之后，库存物资明显减少。上海、广州等沿海地区，货物吞吐量下降幅度高达 22%。

二是货物周转次数降低。2011 年为 8.52 次，比 2008 年的 9.5 次、2009 年的 9.25

次、2010 年的 9.6 次分别低了 0.98 次、0.73 次和 1.08 次。这意味着货物流通放慢、在库时间延长和资金周转不灵活。

三是仓储企业业务构成和收入构成发生了重大变化。增值服务成为利润的主要来源，需要特别提及的是，各业务板块的收入利润率均有大幅下降，说明竞争在加剧，市场在分割，成本在增加。库房业务收入超过货场业务收入，比上年增长 26%，而货场业务收入出现负增长。说明客户对库房的需求增加，对露天货场的需求减少。这或许会成为一个转折点。

四是铁路运输业务收入增长 43%，大大高于以往年份。在公路运输受道路通行费、油耗、乱罚款等因素的影响下，越来越多的客户选择了铁路运输。但也有一些企业反映，铁路部门的运力申请依然很难得到批准，取送车费逐年增高，影响企业使用铁路的积极性。

五是电子商务物流、电视购物物流对仓储的需求增长。一些仓储企业已在与京东等电商企业合作，提供电商物流服务。中储沈阳公司为辽宁电视购物提供仓储配送服务，平均每天分发 1.2 万件商品。

六是金融物流业务增长 38%，虽然比 2010 年的增幅高，但低于往年的增长速度，不过依然属高速增长。2011 年该项业务尚未出现大的风险事件，主要得益于管理力度的加大和客户选择的优化。

## （二）2011 年仓储业的政策影响与发展特点

### 1. 政策影响

国务院办公厅印发的《国务院办公厅关于促进物流业健康发展政策措施的意见》中多处条文与仓储业有关。主要包括：结合增值税改革试点，尽快研究解决仓储、配送和货运代理等环节与运输环节营业税税率不统一的问题；研究完善大宗商品仓储设施用地的土地使用税政策，既要促进物流企业集约使用土地，又要满足大宗商品实际物流的需要；加大对物流业的土地政策支持力度，科学制定全国物流园区发展专项规划，对纳入规划的物流园区用地给予重点保障；明确物流业类别；整合物流设施资源；加大对物流业的投入；加快推动适合物流企业特点的金融产品和服务方式创新、积极探索抵押或质押等多种贷款担保方式，进一步提高对物流企业的金融服务水平。这些将对我国仓储业的发展产生重要影响。

### 2. 城市驱赶仓库的速度加快

几乎所有大中城市都在扩容，以城市总体规划变更、组建新区或经济区等方式扩大城市规模，各省会城市、重要节点城市都在进行新城新区建设。其主要原因是人口聚集、产业转移、经济发展的速度快，原有土地已经无法容纳社会和经济发展规模，也有政绩考核、政绩工程、土地财政的驱使。这就使大批仓库被规划掉，在此情形下，一部分仓储企业改行，将土地开发了事；一部分仓储企业被迫外迁，而外迁又没有足够的仓储用地供给，或者因为土地价格连年攀升而无力重建，这使物流企业很无奈。据中国物资储运协会调查，大约有40%的企业已经或将遇到搬迁问题。可以预计，仓储设施结构性短缺仍将存在。

**3. 集约节约使用土地和仓储业大量用地的矛盾更加突出**

从国家土地控制的情况看，18亿亩耕地的红线已经逼近。2008年，耕地拥有量18.257亿亩，而建设用地的需求逐年增加，2010年批准建设用地48.45万公顷，是2003年的9倍多。仓储业是占用土地较多的行业。即使建楼库，容积率也无法到0.7，因为停车场、装卸区、道路将占地一半以上。目前，许多物流园区的土地都尚在规划和等待指标之中。土地成本上涨速度快。根据国土资源部①的公报，2008年我国出让土地约16万公顷，总价约9600亿元，平均600元/平方米；而2010年出让土地29.15万公顷，总价2.71万亿元，平均近930元/平方米，价格上升50%以上。2010年工业用地平均地价为629元/平方米，合41.95万元/亩。仓储地价的升高，增高了仓储成本，从而提高了仓储租金。北京、上海、广州、深圳的高等级仓库租金分别达到1.1元/平方米、1.2元/平方米、1.3元/平方米、1.4元/平方米。

**4. 物流企业申请土地批复会更难**

物流园区建设热情高涨，但由于地方政府在容积率、投资强度、税收贡献、就业人员四个方面提出较高的要求，物流企业拿地的黄金时期已经过去。自2003年国家发出清理整顿园区的文件后，物流园区经历了空前的发展。其发展的主要原因：一是物流园区是充分综合使用土地和物流设施的形式，有客观的物流需求；二是土地稀缺、升值潜力巨大，任何业务的利润率都无法和土地升值率相比，同时，土地资本化后，企业的资产总额会成倍增加，信用等级大幅度提升；三是物流园区成为政府的抓手。30年来，各种各样的园区经济给当地政府带来了GDP增长。物流有可能成为下轮经济增长的领头羊。所以，各地政府都想把物流业规划为主导产业。在土地紧缺和GDP考核以及财政支出的压力下，政府在招商时规定了招商条件，比如投资强度每亩150万元以上、每年税收在20万元/亩以上、建设容积率大于2等。土地取得成本和使用成本高涨与仓储企业微利的矛盾突出。如果不开展增值服务，仓储业的收入利润率大约只有2.5%，能用于积累的资金很少。至此，我们就会明白仓储企业期待土地升值的愿望有多么强烈。这就是价格高也要占地的怪现象。这些条件驱使物流园区向商贸园区、总部园区方向发展。

———————————

① 2018年国务院机构改革，组建自然资源部，不再保留国土资源部。

**5. 普洛斯等国际物流地产商的经营方式转变和经营规模扩大**

2010 年 10 月 18 日在新加坡上市后，普洛斯（中国）收购深基地 19.9% 的股权，成为其第二大股东；收购了传化物流 60% 的股份、维龙物流 90% 的股权、宇培集团 49% 的股权、中国航港发展有限公司 53% 的股份，连下五城，战果颇丰。一是扩大了实物资产的份额，伸出了更多的购地触角；二是拥有一支物流运营的队伍。中国仓储业第一的位置已牢牢站稳。

**6. 仓储物流中心成为竞争的焦点之一**

京东在沈阳建东北地区总部，投资 15 亿美元建物流中心和改善技术装备。苏宁规划在广州建华南地区总部，其物流中心占地面积 18 万平方米，建筑面积 19 万平方米，拥有 30 万个货位。同时规划 60 个物流基地，其中已建成的有北京、杭州、南京、沈阳、成都、合肥、无锡 7 个，即将动工的有广州、天津、青岛、徐州、重庆、厦门、北京二期 7 个。可以看出，凡是商贸流通企业都极为关注物流基地的建设，一方面是业务扩张的需要，区域物流中心是扩张的必要条件；另一方面，现有的物流设施远远落后于大型商贸企业的需求。几年前就出现了总量 10 万平方米、单体库 2 万平方米的需求，现在又增长为总量 20 万平方米、单体库 4 万平方米的需求。目前没有一家仓储企业有此能力。

# 二、2012 年仓储业展望

## （一）仓储企业与运输配送企业的融合趋势

根据我们对 34 家 5A 级物流企业和 33 家两业联动示范企业的调查，有 64 家企业拥有自己的仓库和仓储业务。同时大型电子商务公司，如阿里巴巴、京东等都在大规模建设自有库房；快递企业和网络性运输企业也在建设自己的货物集散中心。越来越多的物流活动需要在仓库中进行，笔者曾统计过上述 67 家企业的仓储服务项目，多达 40 多项。此外，特种仓库的需求量也会增加，如医药、危化品、煤炭、食品类仓库等。

## （二）物流中心与物流园区的布局将会调整和规范

这是因为一方面我国经济结构调整和产业结构调整变化较大，中西部物流增速加快，另一方面大宗商品的流量和流向及货品结构也发生了变化，使物流设施也相应变化。但无论何种变化，都需要认真解决物流园区科学规划问题，园区规模应该与其承担的功能相匹配，物流园区的选址应该与综合运输体系结合在一起。当前最大的问题是借发展物流园区的名义"造城"，不顾实际需要盖高楼、建大厦、办市场、造酒店。

基础物流设施建设被忽视，铁路专用线已从 1.8 万条减少到 9700 条，能进行海铁联运的码头屈指可数，公路主枢纽规划落实少，令人担忧。

## （三）仓储业将进入高技术时代

一是更广泛应用信息技术，扩大计算机应用的覆盖面。二是更广泛使用机械化、自动化的装卸搬运技术和分拣技术。这是因为人力成本持续上升，必须用机械化、自动化、信息化来取代人力，同时货物的精细化要求设备和作业的精细化，以提高效率和准确度。三是引进和应用先进的仓储管理技术，如看板管理、精益管理、平衡计分卡等。当前一个时期是我国经济结构调整的关键时期，也是物流设施调整的关键时期，调整好了，会对经济有促进作用，调整不好将会拖经济的后腿。毕竟物流成本过高，物流布局不当会加大物流成本，从而会增加商品流通费用，推高物价，造成浪费。

## （四）商贸与物流的融合趋势

一是物流企业更加主动地为商贸企业服务，二是越来越多的商贸企业开始进入物流领域，比如厦门建发、象屿集团、开滦物流等，也有越来越多的物流企业开展商贸活动，如中铁物资、中储股份、厦门嘉晟等。商贸企业做物流可以增加服务功能，争取更多客户，保证货物安全。物流企业做贸易可以充分利用资源，增加信贷额度，分得商业利润。但也有专家担心，商贸与物流一体化会降低专业化的高效率。

## （五）仓储物流与制造业联动

根据国家发展改革委运行局的联动案例分析，两业联动的广度、深度都有较大进展。联动的模式主要有入厂物流、采购物流、销售物流、调达物流、加工、组装、质押融资、巡回取货、项目总包、区域总包等。有许多物流企业还与制造企业合资成立物流公司，为原厂提供专业化物流服务。

## （六）公共物流区和租地建库的模式将被重视

在广东等建设土地稀缺的地区，已出现了租地建库的趋势，即土地所有者不再将土地的 50 年使用权一次性出让给物流企业，而是采取土地租赁方式，租期一般在 20 年之内，租金每年支付。这样做的好处是土地利用灵活，适应了城市发展的需要，政府减少了对土地财政的依赖，物流企业一次性支出成本降低等，但也使物流企业的投资缺乏安全感和长期性。有关部门应研究完善公共物流区和租地建库并行的方案，即在适合建物流设施的地区规划物流园区，土地属国有，用途为物流。可以由政府出资建设，企业租用。企业也可租地建库，租期为30年，租金每月或每年支付。到期后原租地企业优先续租，并规定：土地只能用于物流活动，不允许随便改变用途，不允许转租，物流设施占地面积需超过用地面积的50%。这样做的好处是使城市拥有较为长期的物流用地和物流设施，可以减少对土地的炒买炒卖、降低物流企业的负担等。

（本节选自笔者2012年的报告）

# 第十四节　2012年仓储业发展回顾与2013年展望

## 一、仓储企业生产经营调查分析

根据中国物资储运协会对67家大型仓储企业的调查，2012年其生产经营基本稳定，实现主营业务收入318亿元，比上年的289亿元增长10.0%；货物吞吐量7127万吨，比上年的8297万吨降低14.1%；期末库存量468万吨，与上年持平；平均周转次数7.6次，比上年的7.4次增加了0.2次；利润总额减少了35.5%；亏损企业9家，亏损面13.4%。

上述企业2012年的经营呈现以下特点。

（1）受宏观经济增速放缓的影响较大。黑色金属、塑料、煤炭物流量急剧下降。货币紧缩带来的是高利贷盛行，套取骗取银行资金的不法行为让银行对钢贸企业高度戒备，甚至停止贷款。钢铁行业供大于求的现实赤裸裸地展现在市场上，击碎了一些虚幻的梦想。

（2）仓储企业应对经济下行的措施及时有效。如增加供应链业务，开展多功能服务，寻找新的货源和新的行业，发展电视购物物流、城市共同配送、核电站工程物资管理，建大客户区域物流中心，开展全过程质押监管业务，防范和化解风险。

（3）认清了自身存在的问题。如抗风险能力不强、业务开拓和创新速度缓慢、拥有土地的优势消磨了进取精神。

## 二、2012年仓储业发展回顾

2012年，仓储业的发展道路充满了艰辛，主要表现在经济下行对仓储业的负面影响较大。如果说 2008 年给我国经济造成影响的美国金融危机是外生因素的话，2012 年则是内生因素起主要作用，其中包括 2009 年的 4 万亿元投资、2011 年的货币供应紧缩和房产价格调控，这些给仓储业带来了巨大影响。

## （一）国家有关部门出台支持仓储业发展的文件

2012 年 1 月，财政部、国家税务总局发布《关于物流企业大宗商品仓储设施用地城镇土地使用税政策的通知》，对物流企业自有的大宗商品仓储设施用地土地使用税减半征收（期限三年）。2012 年 12 月，商务部发文《关于促进仓储业转型升级的指导意见》，要求仓储企业向多功能、一体化的综合物流服务商转变。2012 年 12 月 1 日，国务院印发《服务业发展"十二五"规划》，对现代物流业发展提出要求：形成一批集多功能于一体的专业化、综合性生产资料物流配送中心。完善物流基础设施和网络，统筹规划仓储设施发展，促进传统仓储企业向现代配送中心转变。支持物流园区等物流功能聚集区有序发展，规划建设一批重点物流园区。重点布局建设一批口岸商贸物流中心，促进货运枢纽向物流园区转型，促进保税物流中心向分拨中心、配送中心和采购中心发展。国家发展改革委、国务院印发相关规划，对列为重点的物流设施给予资金支持，开展"两业联动"即制造业、物流业联动示范。工业和信息化部推动"两化融合"即工业化、信息化深度融合，评出一批示范企业。

## （二）仓储企业的业务结构发生变化

生产资料仓储业务增速下降，生活品仓储业务增速提高。在经济转型的重要时期，主要生产资料如钢铁供大于求，阶段性降低增速不可避免。由于城市土地有限，无法支撑房地产业持续快速增长。2012 年生产资料类仓储量下降 30% 以上，生活资料类吞吐量增加 34%。因此，货场大量闲置，而库房缺口较大。样本企业 2012 年租用库房 98 万平方米，比上年增长 81%。此外，用于家庭储物的自助仓库也已出现。

## （三）仓储业在国民经济中的地位提高

主要表现在：2012 年仓储业投资额为 3120 亿元，比上年增长 28%，超全国固定资产投资增速 8 个百分点左右；各地方政府在制定本地发展规划时，都把物流园区规划放在重要位置，有的省市确定了物流园区的数量、规模、功能和名称；交通运输部"十二五"规划要求健全公路货运枢纽节点体系，提升物流组织能力，优化枢纽场站布局，与空、水、铁统一规划建设，与产业园区、商贸市场、口岸对接，在 196 个国家公路运输枢纽城市，建设 200 个左右的具有综合物流服务功能的物流园区公路货运枢纽；铁道部也在积极规划、改造铁路物流中心。有 5 家由铁路多经企业发展起来的物流企业通过了 5A 级物流企业评审，共同的路径是：依托铁路资源开展综合物流服务，新建、改建铁路物流节点，节点数 20～50 不等，仓储面积 307 万平方米，以铁路为网络，连成了网，成为企业发展的重要基础。据一项针对银行行长的投资意愿的调查，52% 的银行家愿意把物流作为重点投资领域，排在投资意愿第二位。

### （四）专业仓储设施建设提速

在综合物流设施发展的同时，专业仓储设施建设增长较快，主要表现在：医药、烟草、食品仓库规模大、技术新、性能好。国药集团布局了四大医药物流中心，其中湖北物流中心占地 105 亩，建筑面积 3 万平方米，设有局部自动化立体库房、自动分拣设备，采用美国温控技术和计算机软件。山西美特好超市物流中心，建于清徐县，占地 247 亩，建筑面积 5 万平方米，主要从事农产品和生鲜食品加工、储存、配送，采用的是国际超市连锁机构 SPAR 的技术。此外，电子商务企业纷纷自建物流中心，苏宁、阿里巴巴、京东都在建设或规划建设自有物流基地。安得物流运营 400 万平方米的仓库，准备建 16 个物流中心，已建成 6 个。邮政速递的南京航运中心是目前我国最大的邮件分拣中心，一期建筑面积单体库房 23 万平方米。许多快递企业在提升分拣中心的技术水平，顺丰速递杭州分拣中心已改为全自动分拣。

### （五）物流园区和物流地产仍在迅速增长

据中国物流与采购联合会调查，截至 2012 年 6 月 30 日，全国物流园区数量为 754 个。物流园区的投资人更为广泛，有煤老板、房产商、钢铁企业、商贸企业、电子商务企业、快递企业、物流企业、港口企业、航空企业、铁路企业、政府等。与以前不同的是：规划的科学性、合理性有所增强，用地面积接近实际需要，关注集约、节约使用土地。值得一提的是外资工业地产企业投资，无论国别数还是企业数都在增加。普洛斯、丰树、嘉民采用更为积极灵活的投资方式，如收购、参股、租用等，建设和控制更多的物流中心。联邦快递、亚马逊、迪卡侬、乐购、浦项制铁等也纷纷建设自己的物流中心。此外，口岸物流园区的规划建设也在加快。

### （六）综合保税区统一规范

2012 年，国务院印发《关于促进海关特殊监管区域科学发展的指导意见》，对各类海关监管区进行规范，要求新设立的特殊监管区统一名称为综合保税区，实行总量控制、坚持按需设立、适度控制增量、整合优化存量原则。可以预见，保税区的发展将进入一个合理配置、协调发展、注重质量、提升效益、深化改革、加强监管的新阶段。

## 三、仓储业存在的困难和问题

### （一）仓储设施总量不足

首先表现为租金攀升。北京、上海、广州、深圳、海口的仓库租金平均上升20%。其次是标准规范的仓库一库难求，主要原因仍是城市扩张，挤压仓库搬迁，而新的仓储用地又难以取得，加上建设周期长，库房供不应求。一项调查显示，2011年我国15个省会城市共有仓储面积5603.5万平方米，平均每市有库房373.6万平方米，平均人均库房拥有量0.57平方米。在超大城市的中心市场周边，民房、地下室、人防洞、住宅都被用作库房，其价格堪比酒店。

### （二）物流园区和物流中心设计不合理、不好用

65%以上的物流园区被设计为商贸物流园，较多的问题在于物流功能被忽视、人货不分流、安全隐患多、房地产味道浓厚等。在这些问题上，我们应学习外资物流地产商，他们不但提供了现代化的仓储设施，而且减少商贸化，也没出现"造城"现象。相反，我们的许多物流园区规划了过多的酒店、商务楼、卖场，甚至住宅，打擦边球，物流园区变了味。

### （三）仓储负担重、成本高、利润低

影响仓储业发展的这三个因素没有大的变化。2012年，全国平均工业地价每平方米662元，合44.16万元/亩，物流企业摊销成本高。城镇土地等级的提高，抵消了土地使用税减半征收的优惠。营改增试点，增加了企业的税负，运输企业增负最大，没有达到国务院统一税率、降低税负的要求。人工成本和融资成本高、资金流速缓慢、货车行路难、客户业务波动大、同业竞争加剧等都在吞噬仓储企业利润。

### （四）部分仓储企业出现诚信危机

2012年仓储业遇到了重大的诚信危机，先是一批上海钢材市场出具虚假入库单，向银行出质借钱，采取重复质押方式，用一笔货套取多家银行借款，后挪用借款或放高利贷，或投资房产，后果是银行贷款担保落空、资金链条断裂、坏账增加。接着，无锡、南京、天津、哈尔滨等地也出现了类似的事件。这是新中国成立以来仓储企业的最大的诚信危机。

## 四、2013 年仓储业展望

2013 年的经济形势有较大变化，一是经济进入中速增长阶段，仓储业将进入精细化发展阶段；二是铁路货运变革、电子商务、城市物流成为影响仓储业发展的重要因素；三是物流业进入供应链时代，高成本、高竞争、网络化是主要特点。仓储业尽管在 2012 年遇到了巨大的困难和考验，仍然对 2013 年的发展充满信心。这是因为，前进的路上充满机遇。

### （一）工业化、信息化、城镇化、农业现代化给仓储业带来为全社会提供立体化服务的机遇

积极开展入厂物流，集中采购，原材料加工，产成品分拨、配送等业务，大力开展两业联动。积极参与城市共同配送体系建设，为民生服务。积极开展农资农产品双向物流活动。新四化的实现需要我们合理布局物流枢纽、物流园区、物流中心、配送中心、货运场站、收发站点等多种形式的仓储设施。

### （二）园区经济逐渐成熟，将产生集约效应

2012 年，国土资源部组织了一次开发区土地集约评价。全国 341 个国家级开发区，平均每个占地 10.4 平方公里，即 1040 公顷。其中，工业园区投资强度为每公顷 5407 万元，产出强度为每公顷 12985 万元；高新技术产业用地产出强度为每公顷 26668 万元；海关特殊监管区工业用地产出强度为每公顷 20418 万元。341 个园区功能占地比例是：工矿仓储用地占 48.46%，住宅用地占 13.79%，商服用地占 3.43%，公共管理与公共服务用地占 13.98%。这或许会成为物流园区用地结构的参数。我们历来主张，物流园区要搞物流，物流设施用地要占 50% 以上，要有足够的库房、货场、通道、保管和装卸设备。如果不按规定的要求，迟早会改变物流用地性质。物流园区借鉴了经济园区的形式，有的已成为开发区的组成部分，它直接服务制造企业和流通企业，开展共同配送、库存管理、即时供应、加工组装、多式联运等活动，在提高物流效率、减少城市交通拥堵、降低碳排放等方面发挥更大作用。

### （三）仓储业发展有技术支持

自动化、机械化技术及信息技术的发展为仓储业的发展提供了技术保障。一些先进的物流企业狠抓信息化建设，把物流业务与信息化技术很好地融合在一起，大大提高了物流的速度，帮助企业在短时期内迅速扩大。物流信息化成为这些企

业制胜的法宝。

顺丰十多年前还是个默默无闻的小公司，而今变成仅次于邮政速递的民营快递企业。拥有 14 万名员工、1000 多个营业网点、25 架货运飞机，年营业额接近 200 亿元。支撑其迅速发展的除了正确的发展战略，还有强大完善的信息系统。

物流企业的信息系统正在向供应链的上下游延伸，与制造业和商贸企业的信息系统融合。曾经存在的以邻为壑、深沟高垒式的封闭型信息孤岛一个一个被突破。在供应链业务环节上共享信息，减少重复录入、重复建网的浪费，实现协同式发展。

### （四）仓储业融入供应链

随着物流量增速放缓、运力过剩、港口货量不足、仓储空置率高、费率上调受阻、就业压力增大、竞争度提高、超值服务增加、精细化管理水平提高、机械取代人力速度加快、利润率降低、账期加长、现货市场饱和、投资回收期延长、政府加税、税务风险增加、客户更加挑剔、资本寻求更多回报、部分地方资产闲置，风险由上游流通业传递给制造业，制造业再传递给批发零售业，以上情况倒逼仓储业融入供应链。

仓储业要融入供应链，必须让仓库迅速变为物流中心，物流中心要联网，与供应链上的各种资源协同。物流企业、商贸企业、制造企业、信息企业都是合作伙伴。发展多式联运，使用中国铁路货运电子商务平台和铁路运输直达班列组织发运及公铁水联运。深度拓展核心客户需求，为其上下游服务。在民生物流上下功夫，发展快消品物流、电商物流、网售宅配、快递业务。同时对成熟业务进行优化，开展精益化管理和"瘦身"活动，以不断降低成本，提高服务能力。

## 五、推进货运枢纽发展的建议

（1）做好规划。一是具体的选址规划和设施布局规划，常见的问题是迁就土地现状、不按物流工艺要求建设；二是业务规划，业务与设施设备密切相关。

（2）多种运输方式连接，主要是公铁水联运。

（3）研究几种货运枢纽模式，示范推广，与甩挂运输、货车标准、冷链物流、共同配送、应急物流相结合。

（4）不仅要做平台，还要做业务，让电子平台与运营平台结合。

（本节选自笔者 2013 年的报告）

# 第十五节　2013 年仓储业发展回顾与 2014 年展望

## 一、2013 年仓储业发展

根据中国物资储运协会对本行业 62 家大型企业的统计，其全年生产经营主要指标是：主营业务收入 319 亿元，比上年增长 8.3 亿元，增幅 2.7%，远低于国内生产总值的增幅。实现利润总额 8.35 亿元，比上年增长 1900 万元，增长 2.3%。如果扣除资产处置等非经营利润，则利润下降幅度为 50%。货物吞吐量 5946 万吨，比上年的 6132 万吨减少 186 万吨，下降 3.0%。期末平均库存 388 万吨，比上年的 443 万吨减少 55 万吨，减少 12.4%。货物周转次数 7.66 次，比上年增加 0.76 次。动产监管业务收入下降 37.5%，累计融资额下降 28%。

2013 年物资储运行业遇到了 10 年来的第一个寒冬，整体上看，业务增速下降、效益大幅下滑。

### （一）仓储业受经济增速放缓的影响较大

2013 年，国内生产总值增速为 7.7%，粗钢产量约为 779047.1 万吨，有色金属产量约 4054.9 万吨，分别比上年增长 7.6% 和 9.7%。铁路货运量约 39.7 亿吨，仅增长 1.6%。这些均对仓储业尤其是物资储运业产生了负面影响。以上述样板企业为例，62 家仓储企业库房业务增长为 7%，收入与上年持平，但利润为 −32%。铁路货运、加工业务均有大幅下降。

### （二）全国仓储业投资增长迅速

2013 年，仓储业投资额约为 4126.8 亿元，比上年增长 30%。2012 年，仓储业投资额 3186 亿元，比上年增长 31%，2011 年，仓储业投资额 2437 亿元，比上年增长 35%。根据全国第二次经济普查数据，2003 年仓储业总资产为 2578.0 亿元，2008 年为 5694.5 亿元，5 年增长 3116.5 亿元。2013 年的仓储业投资额超过 2003—2008 年 5 年的仓储业资产增加量。

### （三）物流园区发展有了国家标准

国家发展改革委 2013 年 10 月 15 日发布了《全国物流园区发展规划》（以下简称

《规划》），使已经存在 10 多年的物流园区有了国家级标准，是物流园区进入规范化发展时期的标志。《规划》指出，物流园区是物流业规模化和集约化发展的必然产物，是为了实现物流运作共同化，按照城市空间合理布局的要求，集中建设并由统一主体管理，为众多企业提供物流基础设施和公共服务的物流产业集聚区；指出要规划一级物流园区布局城市 29 个、二级物流园区布局城市 70 个。我们认为，这是一个里程碑式的规划，它标志着物流园区将进入规范化、科学化、理性化的发展时期。同时，物流园区发展转型升级态势明显，呈现出从土地招商的初级阶段向服务创新、管理创新的发展阶段过渡的趋势。一些发展较早的物流园区正在进行新一轮转型规划，以适应下一个 10 年的需求。

### （四）仓储网络获得前所未有的重视，尤其是电商的重视

电商物流是热点，电商分拨中心建设是热点中的热点。2013 年是电商飞速发展的一年，也是电商从零售业向批发业延伸、从生活品电商向生产品电商延伸的一年。有 600～800 家电商企业和企业电商纷纷推出线上交易、线上融资、线下交付的业务。拥有一个仓储网络来保证交易标的的真实性、交易的安全性、资金的安全性是电商扩张的前提条件。京东、菜鸟、云商、顺丰、传化等无不把仓储设施作为头等大事来抓。要实现快速交付及小批量、多批次的流通，科学合理的仓储网络布局至关重要。同时，第四方物流平台的内涵正在悄然发生变化，虚拟平台和实体平台实现了紧密融合。

### （五）许多地方政府把仓储节点作为发展物流的重点

迅速扩大的城市急需物流系统的支持。几乎每个城市都建新区，每个城市的新区都大过老城区。通道、节点、物流体系都需要规划和建设。迅速增长的城市人口带来同样迅速增长的生产消费和生活消费。综合交通和节点建设是首要任务。物流枢纽、物流园区和物流中心、货物集散和配送中心、末端站点构成了一座城市的物流节点体系。

### （六）外资物流地产企业扩张速度加快

普洛斯在中国已有 1500 万平方米的仓储建筑，按 0.6 的容积率计算，应当占有了近 2500 万平方米土地，并参股多家物流企业。可以预见，布局基本完成之后，其会向物流运营方向发展。嘉民、世邦魏理仕、丰树等拥有的物业量也在快速增加。尽管外资企业取得土地的困难增加，但地方政府依然把外资投资作为首选。

## 二、存在的问题

### （一）仓储业向供应链管理企业转变困难

拥有土地是仓储业的资源优势，但过分依赖土地也成为仓储企业发展的障碍。一些企业因此滋长了安于现状、故步自封的思想，忘记了业务不断创新、资源不断整合、人才不断涌现才是企业发展的根本。这就是仓储企业落后于供应链管理企业的根本原因。

### （二）地方政府缺少对仓储业的总体布局规划

一是缺少对仓储规模的规划，对一座城市需要多少物流设施，建多大规模的仓储设施和物流园区，往往心中无数；二是城市发展规划与物流发展规划不协调、不同步，物流园区与居住区相间布局；三是对仓储的作用认识不足和片面，只希望仓储设施能带来高收入，没有综合考虑本地实际情况。

### （三）仓储用地供应不足

土地指标紧缺、土地价格昂贵，土地的比较收益使土地供应向收益高的行业倾斜。物流企业买不起、用不起，只好到更远的地方买地，从而加大了运输成本和加剧了交通拥堵。仓储设施分布不均衡，在广州、上海、北京等一线城市一库难求。在认识上，部分地方政府并没有把仓储规划当作基础设施规划来对待，仍然用税收、就业、土地财政的标准来决定土地的使用。由于债务过大，一些地方政府已向企业预收土地储备金或土地整理费，同时，对用地企业分期供地，一期投资到位二期才供地。

### （四）仓储安全隐患较多

2013 年，仓储行业发生多起安全性事件。青岛的爆炸事件是典型的由于物流与人流规划混乱导致的事故。吉林的粮库着火事件，人为因素是主要因素。还有一些仓库着火事件是因为仓库是无证建筑，根本不符合仓储要求。近年来，仓库爆炸、泄漏等事故频发，与仓储从业人员安全意识淡薄、素质不高、采用的技术落后、对流程的把控不严等因素有极大关系。

### 三、2014 年仓储业展望

#### （一）仓储业发展的环境变化

一是党的十八届三中全会提出了新一轮改革的总纲领，市场在资源配置中起决定性作用，仓储业面临充分的市场竞争，政府的补贴、税收优惠也会减少或改变方式；二是去产能化速度加快，尤其是钢铁、水泥、玻璃等高耗能、高污染行业的产能减少，为之服务的仓储业面临转型；三是电子商务将颠覆传统的交易方式，仓储业的业务方式也会改变。快速响应、快速分拣、小批量、多批次、可视化、网络化等需求，会影响仓储设施的规模、布局、构造。仓储业要主动适应这些变化。

#### （二）仓储业结构体系会更加完善

在过去几年里，冷库发展速度较快，完善了仓储业结构。随着居民生活水平的提高和资源分布的变化，冷库还有相当大的发展空间。但也应注意尽可能采用新技术、新工艺，不要复制古董，不要忽视安全。此外，液体库、危化品库、粮棉糖肉等专业库的规模也有较大提升。

#### （三）仓储设施供不应求的局面会缓解，但一线城市依然紧张

仓储业投资额已连续 4 年增速超 28%，我认为是物流园区进入大规模建设期造成了投资增长。现在需要研究的是，物流园区的结构、商贸物流园和其他物流园的比例、商贸设施与物流设施的占地比例和投资比例。搞清楚这些，才能知晓仓储设施的供给量。就 2013 年的情况看，一线大城市仓储价格增速有所放缓，有的地方略有下降。这是因为大城市周边出现了仓储带，北京周边的廊坊、武清，上海周边的嘉兴、太仓出现了大量的仓库群，减缓了大城市的压力。

#### （四）仓储和电商、金融、快递的融合加快

2014 年将是仓储业大变革的一年。

（1）电商交割的快速便利要求，让生产商可以根据大数据得出的安全库存量预存货物到各仓库，以便随时配送。

（2）贸易商、制造商的资金需求因库存增加而增加，要求金融业提供融资，致使质押监管需求增加。

（3）快递业的市场分割将完成，下一步必将进入精益化管理阶段，第一个目标就

是优化节点,一级节点规模要大,只有足够大才能实现满载。末端节点会社区化,可以解决"最后一公里"问题。

(4) 厂家直销的比例增大。多级批发的模式将会改变,厂家库存前移会给仓储企业带来机遇。

## (五) 物流园区进入转型升级和规范化发展阶段

(1) 经济中速增长和土地紧缺抑制了物流园区增长的冲动。根据国土资源部公告,2012 年,我国耕地面积只有 20.3 亿亩,政府要用更严的手段保有耕地。

(2)《规划》规范了物流园区的名称、范围、方向和政策,将约束园区的无序发展。此前,物流园区的发展中鱼龙混杂,一些投资者投资园区只是为了拿地,地到手之后即改变性质和用途,建成商业设施,搅乱了市场。今后不符合规划要求的,将不能得到政府支持。

(3) 国家标准《物流园区服务规范及评估指标》发布,为物流园区评估工作提供了依据。

仓储业的发展充满艰辛,这个行业已在中国大地上生存了几千年,我们相信,2014 年会给它带来更多的机遇。

(本节选自笔者 2014 年的报告)

# 第十六节　仓储业 15 年发展回顾

## ——仓储业质的转变

从 2003 年到 2017 年的 15 年间,我国仓储业取得了飞速的扩张和质量的提高,主要得益于国民经济的增长和科学技术的进步。回顾仓储业 15 年的发展历程,有以下显著特点。

## 一、产业规模不断扩大

2004 年,我国进行了第一次经济普查,有关仓储业的数据是:仓储业法人单位 10177 家,从业人员 39.9 万人,总资产 2578 亿元,主营业务收入 897 亿元,利润 23.6

亿元，这是第一次摸清仓储业的家底。2014 年，第三次全国经济普查的仓储业数据仅剩一项，即 2013 年资产总额为 16878.6 亿元，十年中，仓储业资产增长了 5.5 倍。仅 2013 年，全国仓储业投资为 4200 亿元，同比增长 34.6%，当年全国工业用地平均出让价格 690 元每平方米，每亩合 46 万元。2016 年仓储业投资 6983.5 亿元，同比增长 5.5%，2017 年仓储业投资 6855.78 亿元，增长 −1.8%。从 2008 年到 2017 年，仓储业累计投资额达 40128 亿元。2016 年是仓储业投资的拐点，增长率降低到个位数。

2013 年 10 月 15 日，国家发展改革委发布了《全国物流园区发展规划》，这是一个里程碑式的规划，它标志着物流园区将进入规范化、科学化、理性化的发展时期。2015 年，中国物流与采购联合会（简称中物联）进行了第四次物流园区调查，当年全国有物流园区 1210 家。中物联物流园区专业委员会对物流园区做了一次评价，参评物流园区 189 家。通过 20 多个指标的测评，50 家园区成为优秀物流园区。50 家园区平均占地面积 4950 亩，平均物流强度每平方公里吞吐量 504 万吨，平均就业人数 9300 人。

15 年间，仓储业遇上两次寒冬，一次是受国际金融危机影响，GDP 增速只有 7.7%，仓储业收入利润率只有 1.5%。一次是城市的扩张和重新规划把仓储设施赶到更远的地区。北京周边的廊坊、武清，上海周边的嘉兴、太仓出现了仓储带，减缓了仓储用地的压力。

## 二、行业地位不断提升

仓储业曾经是被人看不起的行业，但是在经济体量日益增长的情况下，仓储业的重要性便显现出来。大规模的货物流动需要仓储进行集散；市场的充分竞争推动库存前移到市场旁边；电商的发展使库存管理成为快速送达的保障；生产的扩大需要供应链金融的支持；等等。2014 年 9 月 12 日，国务院发布的《物流业发展中长期规划（2014—2020 年）》确定了物流业是基础性战略性产业的地位，仓储业又是物流业的基础。这一年，电子商务迅猛发展，要求仓储业尽快适应电商少批量、多批次、选拣的频率频次增加的要求。各地纷纷设立电商物流园区和快递分拨中心，据估计，此类园区约有 1000 多家。2015 年 3 月 28 日，国家发展改革委、外交部、商务部联合发布了《推动共建丝绸之路经济带和 21 世纪海上丝绸之路的愿景与行动》。这一倡议推动了物流的向西拓展。2017 年，中欧班列开行 3673 列，海外仓的建设迅速兴起。

## 三、行业质量大幅度提升

2003 年，我国的仓储业处于传统状态，表现为土木砖混库房较多，仓储业务单一，设施设备简陋。15 年来，投资的仓储设施绝大部分是轻钢结构，层高 8 米以上，有装卸站台、叉车货架组合的仓库是这个时期的标配。在土地稀缺地区，出现了许多多层库和立体库。上千个铁路货场被改建为铁路物流中心，水铁、铁公多式联运设施加快建设。仓库分类更加细化，大宗原材料、日常消费品、冷链、医药、电商、快递零担分拨、危化品等专业仓储设施有效地满足了社会需求。同时机械化、自动化的存储分拣设备被大规模用于仓储业。笔者参加过一个国家级智能仓库评价，样本 43 个仓库单位，平均每个仓库单位投资 6.1 亿元；拥有库房总面积 534 万平方米，90% 为自有；平均综合投资 3600 元/平方米（含土地技术装备）；平均信息化投入占总投资的 6.4%，设备投入占 18.6%，二者合计占投资的 25%。自动化仓库的发展带动装卸搬运制造行业的快速发展。2016 年我参加过一个行业评审，参评的 24 家物料搬运制造企业产品供不应求，且全部盈利。服务质量的变化更引人注目，以快递行业为例：短短几年工夫就实现了全程可视化、货物追踪查询、付费结算电子化、全自动分拣、3 小时送达等服务。

## 四、信息化迅速发展

首先是计算机应用更加普遍。2003 年，计算机普遍是打字和简单统计的工具。现在几乎所有的业务管理、企业事务都使用计算机。以 WMS 为代表的仓储管理系统，以 RFID、条码、二维码为代表的信息采集系统，以互联网无线通信为代表的信息传送技术，以大数据、人工智能为代表的信息分析应用系统等，大幅度提升了仓储物流的技术含量。智慧仓储在学习、改进、评估、优化、创新、决策、执行等方面，将引领仓储业发展的方向。其次是计算机技术与机械化的有效结合使物流作业和管理精准化。如自动存储、自动分拣（语音拣选、灯光拣选、交叉分拣、货到人）、自动包装、AGV 小车、穿梭车装卸搬运、堆垛机、加工装配（机器人、机械手）、包装机、输送机、温控自动作业装备、远程控制、无人机巡查盘点等。

仓储业的变化已经无法一一列举，15 年的发展历程告诉我们，需求是仓储业发展的原动力，科技是仓储业发展的翅膀。仓储业已成为国民经济的保障性行业。下一步发展的方向不是大铺摊子、乱铺摊子，而应该是精益化、科学化，用较少的投入获取更大的效益，集约节约使用土地，让这个千年行业焕发新的活力。

（本节选自笔者 2018 年的报告）

# 第十七节　2018 年的喜与忧，2019 年展望

## 一、2018 年仓储业的发展

2018 年的仓储业发展平稳，主要表现在全国仓储业投资额在 6450 亿元左右，仍处于高位。前 11 个月增长速度为 −2.7%，比 1—9 月的增长率收窄 7 个百分点。根据中物联的调查，至 5 月底，各类物流园区共计 1638 家，比 2015 年第四次调查数据 1210 家增长 35.4%。其中，处于运营状态的 1113 家，占 67.9%；处于在建状态的 325 家，占 19.8%；处于规划状态的 200 家，占 12.2%。有 820 家物流园区的仓储面积超过 5 万平方米，说明物流园区在正常的轨道上行进。12 月 21 日，国家发展改革委、交通运输部会同相关部门研究制定了《国家物流枢纽布局和建设规划》，规划确定到 2020 年，通过优化整合、功能提升，布局建设 30 个左右的国家物流枢纽。到 2025 年，布局建设 150 个左右的国家物流枢纽。选择 127 个具备一定基础条件的城市作为国家物流枢纽承载城市，规划建设 212 个国家物流枢纽。

以上表明，我国的仓储业进入了一个新的阶段：高质量发展和网络发展阶段。很长时期以来，我们一直期待仓储设施实现全国联网，但由于投资者不一致、标准不统一、技术不具备，而不能实现联网。通过这样一个国家级物流枢纽规划，有望实现"通道 + 枢纽 + 网络"的新格局。但我们还应看到仓储业发展中存在的一些问题：仓储业成本攀升，主要是人工成本、土地取得成本和土地使用成本增加；税负仍然较重，土地使用税减半征收政策虽然在延续，但土地等级的提高使这项政策打了折扣。园区信息化及设备投资占园区投资总额的比例，平均值仅为 8.2%，其中 51% 的园区信息化及设备投资占园区投资总额的比例在 5% 以下。

## 二、2019 年仓储业展望

展望 2019 年，仓储业发展的有利因素有：减税政策会进一步明确宽松，普惠金融将使渴望得到资金的物流企业获得融资机会；仓储装备技术水平将会提升，当机器使用成本低于人工时，仓储的机械化、自动化速度会加快；运输方式向"公铁、公水、铁水"联运转变，会催生多式联运场站的建设；铁路进港、铁路进园进场速度会加快；

多式联运的各项标准加快制定，适应海运、铁运集装箱装运要求的问题不解决，海铁联运就是一句口号；物流行业的公共信息平台，可能要从专业物流平台入手，基础打好了，大平台才更容易建设；海外仓的建设会加快，以适应"一带一路"的国外货物集散的需求；仓储管理向精细化深入发展，配送优化、库存优化、效率提升、绿色仓储都是精细化管理的路径。2019 年的困难依然很多，比如，经济下行压力增大，库存先是增加，接着就会下降，要有过紧日子的准备；金融去杠杆会要求仓储投资时自有资金的比例，杠杆较高的园区遇到资金压力；园区建设会服从国家物流枢纽建设的需求，会发生一些兼并重组的事件。

日本的仓储业曾经历过 0.5% 的收入利润率，他们坚守行业发展不动摇，最终成就了日本仓储业技术水平大幅提升。我国仓储业的企业家们应该也具备这种工匠品质。

（本节选自笔者 2019 年的报告）

# 第十八节　如何评价仓储企业绩效

2005 年岁终，又到了企业总结一年得失，安排下年度工作的时候了。年复一年，企业绩效评价在重复进行着。但不知大家想过没有，该如何评价仓储企业的绩效，该如何通过绩效评价来改进自己的经营工作。

企业绩效评价大约分为四部分：一是经营业务量的评价；二是劳动生产率的评价；三是效益的评价；四是速度的评价。经营业务量表现了企业的市场占有率和能力，劳动生产率的评价和效益的评价是经营结果的价值反映，速度的评价反映企业发展的状况。

不论何种评价，大约都要有一个"标杆"，这个标杆可以是本企业过去年份的成绩，既可以是一年的，也可以是多年的。此外，这个标杆还可以是国内先进企业、国外先进企业以及行业平均水平。

绩效评价不仅可以点检得失，还可以研究分析企业发展的轨迹和规律，以便在今后的工作中有预见性、科学性，使管理者决策正确，使员工目标明确，使企业更好发展。

对于仓储企业来讲，下列指标都是可以选用的。

（1）经营业务量指标。吞吐量、库存量、运输量、销售量、加工量、作业量等。

（2）劳动生产率指标。人均收入、人均创利、人均作业量、人均销售量、平均单机作业量、平均单车运输量。

（3）效益指标。主营业务收入、分项业务收入、利润、费用、资产利润率、净资产收益率、收入利润率、费用利润率。

（4）速度指标。当年各项指标与上年比、与历史最好比、与国内外同行业比。例如，常用的比上年增减数额和增减比例等。

可用做绩效评价的指标是很多的，但太多了反而让人陷入烦琐计算和考证之中，因此必须对指标进行精选，找出最有代表性的反映企业绩效本质的主要指标。根据中储的实践，常用的绩效指标为吞吐量、平均库存量、运输吨公里、人均创利、主营业务收入及其中的销售收入和储运业务收入、利润总额、净资产收益率、资产保值增值率以及上述指标的增减速度指标。

上述指标基本上反映了传统仓储企业的经营成果，但与现代物流企业的要求相对照，笔者认为还应加进以下指标：客户满意率、单证准确率和响应及时率。这三个指标是仓储企业是否真正进入市场经济、树立服务意识的试金石。

客户满意度要由客户自主地不受干扰地评价。为保证这个自主意思的表达，仓储企业要专门成立客户服务部门，诚心诚意地听取客户意见，客观公正地将这些意见分析、整理、量化，并公之于众。只有这样满意度才可信，才能帮助企业不断改进、不断完善。当前一些单位的客户满意度调查图形式、走过场，请客吃饭，要求客户当面填写或不填好不发货，这就必然使调查表失真。

单证准确率的重要性越来越突出，因货物收发频繁，单证数量增多，单证传递环节复杂是现代物流的又一特征。单证差错会使责任难定，利益不保，所以一定要重视这个指标。

响应及时率指标在中储尤为重要。由于设备老化、道路狭窄、库门宽度不够，使客户提货难问题越来越突出。有的客户一天才提一车货。由于提货客户多，便产生了吃、拿、卡、要等不正常现象，从而败坏企业的声誉。同时，如果不能及时响应客户需求，也会永远失去他们。

绩效评价体系的建立不是一朝一夕的功夫，也不是少数人的事情，它需要全体工作人员诚实和认真。各单位的基本台账要认真记录，统计人员要依法据实统计，管理者要实事求是，正确对待绩效评价。长期坚持下去，必将提高企业的管理水平。

（本节选自笔者 2005 年的报告）

# 第十九节　仓储安全管理

安全是仓储业的第一要务，这是因为仓储业之所以存在，就是因为它具有保证存货安全的功能。对于仓储企业来讲，货物安全是其生存之本，由于仓储企业的原因造成货物损坏或丢失的，仓储企业要负赔偿责任。这可以看出，仓储安全管理具有极其重要的作用。

## 一、仓储安全管理的概念

以保证存货使用价值完整、安全为目的的所有管理活动。

## 二、仓储安全管理的内容

主要集中在三个方面。

（1）对存货的安全管理。货物在仓储环节有可能受到温度、湿度及水、火、虫、辐射、沙尘、大风等自然因素的影响而发生变质和损毁，需要仓储企业采取有效方式避免货物损毁的情况发生。

（2）作业安全管理。仓储作业中由于操作不当或防范措施缺失而导致仓储企业人员和财产的损失，因此需要加强作业安全管理。

（3）仓储经营的安全管理。仓储企业作为一个经营主体，如果因为经营不善导致财务状况恶化，必然会危及货物的安全。

## 三、仓储安全管理的原则

### （一）以预防为主的原则

危及仓储安全的因素很多，需要一一排查、一一做出安全防范的措施，并落实到位。仓储的危险因素有六大类：物理因素，如设备设施缺陷，起吊搬运设备"带病"作业、电力系统老化、货物堆存不稳造成的倒垛与塌方等；化学性因素，如存货中有易燃易爆、腐蚀性、毒性货物，如果保管不好，会产生爆炸、燃烧、辐射、泄漏、污染事故；生物性因素，如细菌、霉变、虫害等会危及生物性货物的安全；心理生理因素，主要针对作业人员、管理人员而言，在超负荷、身体异常心理异常的情况下，极易造成作业事故，危及货物和生命；行为性因素，仓储管理者在指挥作业或处理情况时，指挥失误也会危及仓储安全；其他因素，如作业空间小、道路及库房设计缺陷、使用工具不当等都能造成生命财产损失。故预防是仓储安全管理的首要原则。

### （二）系统管理的原则

仓储安全涉及很多方面，必须实施系统管理。一方面要有安全管理的组织和人员，将安全责任落实到位；另一方面要有一整套安全管理制度，认真落实、持续改进，不断地进行安全设计、安全评审、安全检查、安全整改、安全教育和训练，提高全员的安全意识和素质。

### （三）以人为本的原则

珍爱员工的生命和健康。在仓库设计、设备建造、劳动保护方面增大投资、提高安全度。强化安全教育，提高人员安全和自我保护意识。

（本节选自笔者 2008 年的报告）

# 第二十节　仓储物流永远在路上

2011 年，笔者去日本访问，发现日本的普通仓库建设已基本停滞，但冷库建设在大规模地发展，在东京湾、东扇岛都有大的冷库群出现。2016 年 10 月，笔者再次前往日本访问时，从日本专家处得知，日本的普通仓库建设又有了新的发展。例如，日本通运公司到 2016 年 3 月底，拥有的仓库数比 2006 年时增加了 115%，建筑面积增加了 203%。不仅如此，日本单体仓库面积也在增加，由 2009 年的平均建筑面积 1.2 万平方米增加到 2013 年的 1.4 万平方米。2015 年，东京地区至少增加了 40 个大型物流仓库，最大的一个单体面积为 46755 平方米。问及仓库建设增加的原因时，日本同行说，这是因为一是仓储技术和物流业态的发展使得原有的仓库已经不能适应业务的需要，比如，仓库的面积、层高、跨度、抗震、节能等方面都需要改进。二是电商的发展要求仓库布局重新调整，更加接近消费地，更加适应宅配的需求。三是城市的不断扩张迫使物流设施不断向外迁移。仓库群距中心城区的距离已经达到 50 公里。

2016 年 12 月，笔者在韩国参加一个国际物流论坛时，顺路参观了首尔的仁川空港物流园区，那里也新建了大规模的仓库群，主要从事进出口商品的存储保管、分拨集散业务。在跨境电商保税仓库，货机上卸下的货物，直接进入分拣传送带，海关通过扫描设备进行货物查验。没有问题的，由各货代公司装盘缠膜装车，很是流畅。在这个仓库群里，停车场的面积远大于库房面积。

随着多批次、少批量、多品种、快速度的发展，日本货物运输的平均单件货物重量在 10 年间减少了 67%。装卸搬运设备的销售额与仓储面积同步增加，仓储高速分拣、可视化程度大大增加。在最新的分拣设备中，取送机的运行速度为 400 米/分钟，自动化仓库的高度，最高可达 40 米，每小时可取送 2200 个货箱。

我国的仓储业经过十多年的高速发展，已经拥有大约 14 亿平方米的仓储设施。根据第三次全国经济普查，2013 年全国仓储业总资产为 16878.6 亿元，比 2003 年的 2578.6 亿元增加 14300 亿元。2014 年仓储业固定资产投资 5158.7 亿元，比上年增长 22.8%，2015 年投资 6619.9 亿元，增长 28.3%。2016 年 1—10 月投资额为 5672.95 亿元，比上年同期增长 6.5%。这组数据表明：我国的仓储业自 2006 年以来累计投资已达 32333 亿元。如果减掉 1.5 万亿元的土地、设备费用，每平方米库房造价按 1000 元计算，全国仓储建筑面积在 17.3 亿平方米左右，再扣除 3 亿平方米城市扩张的仓库拆迁，14 亿平方米应该可信。仓储业投资自 2016 年起增速下降，从 28.3% 降到 6.5%，说明仓储供应的饱和度在增加。从现场观察来看，已建成的仓储设施中，设备投资远远没有到位，规划功能还有很多没有实现。填平补齐的投资还需要上万亿元；东、中、西部的差距，发达地区与落后地区的差距还很大，有很多地级市连一栋现代化的仓储设施也没有。

仓储已成为现代物流中的重要环节。这不仅仅因为几乎所有的物流增值服务都需要在仓储设施里进行，还因为仓储业务在不断适应物流形态和物流技术的发展。供大于求的市场要求各供应方库存前移，以便快速响应市场需求。大企业的产销地遍布全国，要求有全国性的仓储公司提供同一标准的服务。所有的电商平台都需要在全国甚至全球布局仓储系统，只有这样才能保证货物快速送达。目前，我国仓储业面临的挑战是：单一仓库向网络性仓库转变，以仓库网络为主；单一功能的仓库向多功能仓库转变，多元服务才能满足客户需求；存储型仓库向流通型仓库转变，快速的分拣配送能力是仓储企业的基本能力；大的物流园区要与中小型配送中心和配送站点有机结合，需要有效的交通连接；仓库要成为多式联运的主要节点，联运的装备要齐全，如站台、装卸搬运设备、铁路线、叉车、托盘、货架、集装箱、包装机等；仓储规划要纳入城市规划，物流节点要与城市发展配套；仓库的布局与运输配送线路的优化相结合，不断降低成本，提高效率；仓库要适应绿色物流的要求，为清洁能源的使用提供条件。

仓储的改革如此之多，仓储物流永远在路上。

（本节选自笔者 2016 年的报告）

# 第二十一节　仓储物流业将进入资源整合期

交易与物流本是一体，"一手交钱，一手交货"是交换的初始形态。社会分工发展了，交易形式发生了变化，使贸易和物流分离成两个以上的行业。然而，行业过多使流程更加复杂，服务机构越多、项目越复杂，收取的服务费就越多，这些费用叠加在交易企业上，越来越不堪重负。例如，在多级中间商存在的条件下，每一级中间商都要获取平均利润，甚至超额利润，使商品价格不断攀升，加重购买者的负担。银行贷出的资金，初始利息率并不算高，但是加上评估、认证、保险、担保、保理等机构的服务之后，融资成本便成倍增长。中小企业抱怨融资难、融资贵，融资成本常常高达15%以上，大大削弱了产品价格的市场竞争优势。为了生存，有的企业使用低劣的原材料，过期的疫苗、药物、食品等，让国人失去了对本国产品的信任度。能否找到一种模式，减少中间环节，精简服务机构，从而降低交易成本呢？QME 在深圳建大宗商品现货交易平台就是一个尝试。

这个平台的设计，尽可能减少中间环节和过多的服务机构：交易双方在平台上完成交易合约、支付、结算等活动，仓储物流成为连接平台与实体企业的中间环节。仓储保证了交易的货物真实存在，并保证交易完成后会把货物交付给所有权人。这是一个简捷有效安全的闭环，它凸显了仓储的重要作用：一是仓储行业的基本功能得以充分发挥，营业仓库的最基本职责是保证货物的存在和安全，履行对存货人的承诺和责任；二是仓储具有市场供应调节功能，它是社会需求的蓄水池，满足生产生活的需求；三是分拣配送功能得到了发挥，保证了货品及时安全送达客户；四是大幅度降低了交易成本和融资成本。在质押监管融资业务中，企业的融资成本是银行的正常利息加不到借款额1%的监管费，再无其他费用。

可靠、安全、服务好的仓储资源不多，尤其是产权统一、网络化的仓储体系更加缺乏。中储、国储、中外运三家公司加在一起，大约拥有4000万平方米的仓储用地，其中有2500万平方米的有效仓储面积，应该是一切电子商务平台首选的仓储企业。还有一种是没有仓储资产的仓储管理企业，它们利用信息技术和管理技术整合仓储资源。

另外就是 10 多年来建设的仓储设施，即所谓的物流地产，如普洛斯、安博等企业投资建设的仓库。物流园区已经成为仓储基础设施的主要提供者。总的来看，我国的仓储设施大约有 14 亿平方米，已经基本达到临界点，数量够了，但分布不均衡，使用起来需要整合。具体如下。

## 一、整合规则

每个企业都有自己的规则，这也是宝贵的管理资源，保证了货物的安全流转。整合规则，就是要把标识用语、作业流程、行业规则标准化和透明化，信息对称，规矩统一，进而实现连点成网，与互联网对应，成为地网。

## 二、整合节点设施

把归属于不同所有者的仓储用业务串联起来，进行合理使用和调配。"车找货，货找车"的货运平台、"货找库，库找货"的仓储平台，以及多式联运、仓配一体等先进的管理系统，会大幅度降低物流成本。当前，经济结构的调整和城市规划的变更，有一批厂房和园区出现闲置，也可改造为仓库。

## 三、整合信息资源

仓储物流企业是信息汇集之地，货品数量、规格、型号、质量、来源地、运输单证、进出频次、存量等都是最真实的即时信息。整合这些信息可以帮助电商平台获取银行授信，更好发挥金融功能。

## 四、整合交易因素

替代期货的价格发现功能。在信息闭塞的情况下，会出现期货交易以发现价格。在信息化高度发达的今天，期货的价格发现作用在减弱。有真实货品储存在交割库，其网上的交易价格必然是真实的。

以上所有资源整合的前提是诚信，仓储物流企业不可开具虚假仓单、存货单、质物清单，不可私自卖货，要对合作者负责，要确保货品完好。高质量的服务是仓储物流企业的生命。

（本节选自笔者 2016 年的报告）

第二章

物流园区与物流枢纽

# 第一节 科学发展物流园区

## 一、建设和发展物流园区是物流产业集约发展的重要途径

物流园区是从事大规模物流活动的场所，具有以下明显特征：一是众多的物流企业聚集；二是具有综合物流功能，是仓储、运输、配送、货物集散、货物加工和信息服务功能的聚集；三是具备必要的基础设施和交通便利条件，至少有两种运输方式连接，如铁路与公路、水路与公路、航空与陆路等；四是有政府和金融机构的支持；五是必须占用一定量的土地。

物流园区自 20 世纪 60 年代在日本出现以来，被许多发达国家重视。德国、英国、荷兰、法国都规划并建成了一大批物流园区。这种现象的背后是经济发展和物流产业发展的规律在起作用。物流园区的建设和发展有以下几个方面的影响。

### （一）促进了商品流通，从而带动了经济发展

经济全球化使世界各国之间的经济依存性增大，商品和原材料在更广阔的范围内流动。2004 年，全球贸易量接近 20 万亿美元，其中跨国公司的全球性采购总额超过 15 万亿美元。试想，如果没有强大的物流系统的支持，这些商品就无法完成位移和交易。2004 年，上海港货物吞吐超过 3 亿吨，成为世界第一大港，强大的物流设施有力地保证了中国经济的快速增长。

### （二）物流企业的集聚增强了园区的集散功能，减少了货物无效转运、装卸，提高了物流效率

在当前的条件下，没有任何一家物流企业可以全程完成供应链服务，许多环节必须进行分包和转包。在物流园区，不同的物流企业可以完成货物的分拣、接运、仓储及单证交接，从而将物流活动串联成整体的活动。不同货物的同一流通方向、同一货物的不同流通方向、不同货主的同一流向货物、同一货主的不同流向物流，在物流园区中得以集结和配载，大大提高了物流效率，降低了物流成本。

## （三）改善交通状况，缓解运输压力

目前，我国汽车运输空载率高达50%，除了货流量不对称的因素，货流信息不畅、货物存放地不集中也是重要因素。

## （四）保护环境，节约能源

物流园区可减少汽车尾气排放和对中心城区的噪声污染，实现废物集中处理和用地结构的调整，减少企业对当地居民造成的不便，在环保方面具有很重要的意义。随着经济发展，能源，尤其是不可再生能源消耗增大。资源的有限性大大束缚着经济发展。原油价格从30多美元一桶迅速提高到接近70美元一桶，必将制约货物的运输。节约能源成为世界性的重大课题。物流园区若能减少空载和迂回运输，必将节约大量能源。

## （五）节约土地

仓储是物流的节点。传统的仓储业规模小、布局散乱、占地面积大而且使用率低。建设物流园区，将仓储设施相对集中，能大大降低土地占用率。首先，减少了道路的土地占用，传统仓库中，道路和库房的占地比例约为1∶1，而在物流园区内，道路与库房的占地比例可以达到1∶2；其次，新建库房发展空间大，货架的使用可以使库房占地面积减少1/2以上。

## 二、我国物流园区的现状和问题

近些年来，物流园区的概念进入我国，并经历了由热到冷又由冷转热的历程，其发展受到了整个社会的广泛关注。

2001年的《物流术语》中，物流园区还没有被作为一个正式的概念提出来，那时国内首个物流园区仍处于规划之中。一方面，由于我国物流业发展历史较短，经验积累较少，需要向国外学习；另一方面，物流园区又具有诸多优势，各级地方政府及企业在随后的几年将其作为推动地区物流发展的重点工程，纷纷给予了大力的支持。

这些物流园区中，一些通过前期系统的项目调研和分析，获得了较好的收益。比如，北京空港物流园区，进驻企业包括北京邮政局、宅急送等，总投资金额达12.7亿元；青岛的前湾国际物流工业园，进驻企业包括马士基、伊藤忠商事株式会社、爱通国际物流等；义乌国际物流园区依托义乌小商品市场，进驻企业包括APL、东方海外、中海、中外运等国内外企业。

2003 年前后，由于缺乏对物流园区的清醒认识、科学界定和规划控制，又出于对自身利益的考虑，各地区出现了物流园区项目大量"上马"、项目规划盲目跟风现象，甚至以建设物流园区的名义进行圈地的行为也时有发生。到 2005 年，规划中的项目达300 多个，其中，将近 1/2 分布在长江三角洲、珠江三角洲和环渤海三个主要经济区域，长江三角洲 60 家左右，珠江三角洲 30 家左右，环渤海 40 家左右。此外，物流园区的建设也存在诸多误区。总结起来，主要有以下几个问题。

（1）规划不当或无规划。一是缺乏物流园区建设的必备条件，无道路、铁路等交通基础设施，距码头远，距消费地远，物流量和消费量不足。二是物流园区规划面积过大。有的达几十平方公里，甚至上百平方公里。投资不足造成土地空置。

（2）部分地方政府将物流园区当作政绩工程，把园区土地出让当作增加财政收入的手段。

（3）将物流园区变成了市场区和房地产区。商业设施比重过大，取代了物流设施。

（4）进驻物流园区成本过高。由政府主导的项目，政府动迁征地，"七通一平"，负债压力大，往往倾向于缩短投入资金的回收期，从而提高了企业入驻门槛。如果政府将开发权放给开发商，开发商往往通过转售土地、抬高价格营利。

产生上述问题的原因有两类，一类是认识问题，即没有把物流园区当作基础性设施来看待，而是将其等同于一般的工业园区和商业区，期待从物流园区中得到高额的税收收入和出让土地收入；另一类是物流园区的管理体制没有真正建立，导致一级开发商以营利为目的经营物流园区。

这些问题可能带来严重的经济损失和社会问题，导致国务院在 2004 年明文规定把物流园区列入被整顿的范围。但是也应该看到，物流园区对于整个国民经济具有支撑和促进作用，其发展具有必然性。因此，2005 年，以发展现代物流为核心的物流园区、物流中心、配送中心等大批涌现。这说明整顿并不是禁止，而是要求其合理、健康发展。这也是物流园区在经历整顿后由冷转热的原因。

## 三、科学发展物流园区的措施

物流园区在现代物流系统中有着重要作用，但并未受到重视。在现阶段，我们仍需要加大力度发展物流园区，不过要注意统筹管理、科学规划。

### （一）发挥政府和行业组织的作用

#### 1. 加强宏观规划和管理

统筹规划物流园区发展是物流园区能够理性发展的基础。国外主要国家无不为物流发展制定发展战略规划。日本分别在 1997 年和 2001 年制定了《综合物流施策大纲》，对物流发展方向和发展对策提出了具体要求。在宏观规划中，日本按经济特性把全国分为 8 大物流区域，规划出 86 个物流园区，并通过干线运输形成跨地区的物流系统，最后形成全国范围的物流体系。德国物流园区第一个总体规划包括了 28 个物流园区，第二个规划包括了 39 个物流园区。德国对物流园区的规划有相应的要求，如交通分析、选点分析、总规划分析、当地物流企业分析、效益分析等。英国政府批准物流园区的条件是交通便利、符合环境保护要求及与周边和谐一致。

### 2. 政策支持

为促进物流园区健康发展，相关管理部门应给予适当的政策倾斜，包括让其享受经济开发区待遇，享有较低的土地价格，享有低息、贴息贷款，尤其是中长期贷款，还应助其协调有关部门如银行、海关、商业、保险、交通、公安等的各种服务。

### 3. 加大政府投资力度

物流园区的建设需要大量的资金投入，靠单个企业的能力难以完成整个园区的开发，目前存在的几种开发模式——政府主导的经济开发区模式、政企联合开发模式、物流企业主导的开发模式、物流企业共同开发模式、物流地产商开发模式，基本上都需要政府资金的投入。在德国，政府通过公私合作对物流园区的基础设施的建设提供资金，而私人企业主要是对自己的一些物流方面的设施设备进行投资。在起步阶段，国家的投资比例很高，而在运营阶段，私营企业的比例不断加大。在日本，建设方面由政府规划、出让低价土地或补助，物流团体组织投资。

## （二）科学规划

物流园区区域物资集散地的定位决定了其地理位置要满足以下两个条件：其一，拥有大规模的物流需求，这些需求包括有大宗进出口贸易，雄厚的生产制造业的基础，大量原材料、产成品的贸易活动等；其二，要靠近重要的交通基础设施。纵观国内外成功的园区，大都位于城市边缘，交通条件较好、用地充足的地方，大都依托便利的交通基础设施，例如海港、内河码头、铁路交会处、空港、公铁或公水铁联运。此外，物流园区在空间布局上还需考虑物流土地价格、劳动力成本、环境等经济、社会条件因素。市场需求是决定任何产业能否发展壮大的一个根本因素。物流园区的建设要与物流市场需求相适应，不能脱离需求盲目发展。只有当地有较大的物流需求，才能吸引国内外有影响的物流企业进驻。

在德国，设置物流园区时主要考虑以下四个方面的因素：一是至少可以实现两种运输方式连接，特别是公路和铁路两种方式；二是选择交通枢纽中心地带，使物流园区布局与运输网络相适应；三是经济合理性，包括较低的地价、数量充足且素质较高的劳动力等，以便为园区企业获得必要利益创造条件；四是符合环境保护与生态平衡的要求。

对物流园区规模科学地规划非常重要。物流园区的建设需要大量的资金投入。因此，其规模的确定，既需要与当前实际需求相适应，又需要有一定的前瞻性，能够满足未来一定时期内经济发展的要求。规模过大，必然导致严重的资金、土地等资源的浪费。以 200 亩的物流中心为例，一般来说，将需要 6000 万元的购地资金和 8500 万 ~ 1 亿元的基本建设费用。2003 年规划和建设的数十个物流园区，占地面积均在 200 亩到 28 平方公里（42000 亩）。在国外成熟的物流园区中，平和岛物流园区占地面积为 50 万平方米（750 亩）；比利时的 Cargovil 物流园区占地 75 公顷（1125 亩）；德国物流园区一般占地 200 公顷（3000 亩）；荷兰的 14 个物流园区，平均占地 45 公顷（675 亩）。

### （三）与区域发展战略相一致

区域经济发展战略为地区的经济发展制定了目标和实现措施，很大程度上影响了和物流园区发展密切相关的物流需求、交通环境等因素，也决定了科研机构、人才等与其密切相关的支持系统的状况。更为重要的是，相关政府部门为战略实施出台的各种相关政策，将直接促进或阻碍物流园区的发展。因此，物流园区的发展要与区域发展战略相一致。

（本节选自笔者 2005 年的报告）

# 第二节　纵论中国物流园区

## 一、我国物流业发展现状

### （一）规模增大，实力增强

经过十多年的发展，我国的物流规模在逐渐增大，物流企业的实力在不断增强。我国有 5A 级物流企业 100 多家，A 级物流企业 1700 多家。过去，物流企业 50 强的最末一位的营业额大概只有 2 亿元，但是现在百强以内的企业，基本上营业规模都在 20 亿元左右。

## （二）物流设施大为改善

无论从物流节点上，还是从装卸搬运设备上以及信息技术上，都得到了极大的改善。

## （三）物流技术较为先进

互联网技术，包括物联网技术、计算机管理技术、卫星定位系统等，都已经在物流企业中得到了应用。

## （四）现阶段物流装备较为适用

为什么没有说是最先进的设备呢？是因为物流的装备是需要跟我们国家的物流技术总体水平相一致的。

## （五）物流管理正在改进

过去是计划经济管理手段，而现在是市场化管理手段。不仅一些先进的管理技术得到了应用，而且信息化技术初见规模。

## （六）物流标准正在提倡

如果用非标准的托盘的话，也不是不可以，但是考虑到用非标准的托盘和外界进行操作的时候，很不方便，需要转换，用标准的托盘更加便捷。

## （七）物流人才尚待成熟

领袖级的物流企业缺乏，领袖级的物流企业领导人也缺乏。首先，尽管有的物流企业很大，但是还不是领袖级的，比如说中远集团，这在我们国家可能是第一位的物流企业，主营航运，资产和营业额均在 2000 亿元左右，但是也只是在水运方面可以说是领袖级的企业，而在铁路运输、公路运输、航空运输等方面，还不能担当重任。所以我国的企业，虽然有的已经规模很大，但是仍局限在某一个领域内，缺乏在综合性的领域内成为领袖的能力。其次，物流人才还不够成熟，包括现在很多的企业领导者们，也只是熟悉本企业的物流业务而已。

## （八）物流体制需要理顺

物流管理体制与 30 多个部委有关。供应链指的是从原材料、制成中间产品及最终产品，一直到由销售网络把产品送到用户手上的全过程，是一个横向的过程。

但是部委的设置是竖向的，例如，国家工商管理总局是管工商企业注册的，商务部是管贸易、管流通的，国家发展改革委是管项目建设的，财政部是管财政政策制定的，等等，这样就一条一条地把横向的物流活动给切成了一段一段的，所以我国的物流体制还需要进一步理顺。

### （九）供需矛盾突出

首先，我国的物流需求是急剧增长的，而物流供给能力不能满足这种需求的增长，尤其是现代社会对物流的需求是一体化的服务、网络化的服务、精细化的服务，但是现在的物流企业基本上达不到这种要求。而网络化的服务要求物流企业有一个全球的网络，说小一点，起码要有一个全国的网络，但是有这种网络的企业极少。其次，供给能力不足还反映在替客户控制库存的能力不足，开展增值服务、行业细分化服务的能力不足等方面。

### （十）散、小、乱的现象十多年没有解决

首先，在十多年之前，我国有700多万辆货运车辆，这些货运车辆分布在400多万个业主那里，到2012年，一共有1300多万辆货运车辆、600多万个业主，所以仍然是很分散的。其次，我国物流企业的资金、人才、技术与外国先进企业的差距也比较大。中远集团的资产有2000多亿元，如果换成美元，也只有300多亿美元，而UPS和FedEx这两家美国快递公司的资产分别为500多亿美元和600多亿美元。最后，我国物流行业的低水平、同质化竞争比较激烈，多式联运无法真正实现。

## 二、物流园区的成因

物流园区是从事大规模、多功能物流活动的场所。首先，物流园区的物流量一定要大，还要有很多从事社会物流服务的企业进驻；其次，物流园区一定是多种运输方式的汇集地，至少有两种运输方式在这里衔接，实施多式联运。

为什么会形成物流园区？

### （一）货物流通量的增加

首先，货物流通量在大大地增大，因为开发利用的资源规模在增大。我国的资源已经不能满足本国生产的需要了，需要从国外进口大量的资源，如每年进口的铁矿砂、煤炭、石油、原油、木材等货物越来越多，造成货物大量流动。其次，国际分工也促使各种货物的大规模流动增加。发展中国家用自己的劳动力制造廉价的货物，这些货

物生产出来之后，要向全世界分发，所以各种货物在大规模流动。

## （二）运输方式逐渐多样化和运输工具在不断发展

现有的五种运输方式已经发展起来了，每一种运输方式里面又有多种不同的运输工具，就单单一个铁路集装箱的运输就包括冷藏的、液体的、粉状的、箱式的等。

## （三）在依据货物的流量及流向的不同进行集结和分散

有这样两种情况，同一货主的货物需要向不同的方向流通和不同货主的货物需要向同一个方向流通，都需要先将这类货物在一个地方进行集结，之后再分配方向和车辆。这类集结地经过一定的发展就会逐渐形成物流中心。

## （四）交通运输条件发生了重大变化，使物流企业向大型化、综合化方向发展

例如，过去的码头就是码头，专供装卸货物、船只停靠。但是，现在的码头、港务公司都在朝着多元化方向发展。仓储企业也一样，必须通过开展多种业务从多个渠道获得增值收入，进而赢利。

## （五）降低物流成本的压力和追求利润的动力，推动了生产型企业减少自备仓库，给专业物流中心带来了发展的机遇

过去追求大而全，一个生产制造业企业，要建立自己的生产车间，同时还要建造一些原材料和产成品的仓库，但这些仓库只为自我服务，因此利用率是很低的，专业化水平也不高，还要产生折旧、土地摊销等费用，问题多，成本高，所以有一些企业就开展外包，把自己的物流业务外包出去，给专业物流企业来做。

## （六）城市化和工业化的发展带动了物流园区的发展

现在城市化、工业化都要求集中，相应货物的到达和分拨也需要集中，需要物流园区来减少城市物流，缓解城市的交通压力，服务工商业。

## （七）科学技术的进步给物流中心的发展提供了技术装备条件，而贸易形式的变化也促进了物流园区的发展

30 年前，我们不知道超市是什么。20 世纪 90 年代初的时候，超市还处于亏损状态，但是 90 年代后，超市、连锁店迅速发展，必须有强大的配送中心来为它们配送货物。

（八）巨额资产增值收入的产生也是物流园区迅速扩张的一个主要因素

物流园区的主要收入包括物业收入、操作收入、信息收入、服务收入、交易收入和资产增值的收入。土地的稀缺性使土地价格在相当长的一段时间内处于上升趋势。所以拥有一个物流园区就拥有了保值、增值的机会，这个增值比从事物流业务的利润要大得多。

## 三、物流园区发展的新形式和新特点

快速、准确、安全、功能多、设备好、容量大、多式联运等，都是社会物流对物流园区的要求。首先，要快速、准确、安全地把货物送到客户手上。其次，物流园区的功能要多，一站式的服务才能满足客户的需求。再次，物流园区的设备要好，过去那种老旧的设备、老旧的库房，已经不能满足客户的需要了。最后，物流园区需要足够大的库容量。

现代的物流园区已经融入更大的物流体系，融入像国际物流、港口物流、铁路物流、城市物流、农业物流等这些体系。一个物流园区绝对不仅仅是某一种产品或者某几种产品的物流园区，一定是一个综合化的、为城市服务、为生产制造业服务、为农业服务的大型物流园区，是整个物流体系当中的一个组成部分。

物流园区出现新的特点：首先，集约化、节约使用土地。这跟我们国家的要求有关系，18亿亩耕地的红线不能破，但集散的功能在增强，要能够迅速集中、迅速分散。其次，建筑的标准要提高，一个现代化的仓库，流转速度一定要够快。再次，物流园区要品牌化经营，要打出自己的牌子，让客户信任。最后，物流园区要科学布局，包括选址、定位和服务的范围，都要科学考量。

## 四、典型物流园区的功能性业务

建设一个物流园区需要的投资很大。土地价格、建造价格、设备价格和运营成本相当高，因此，一个物流中心必须能够发挥它的作用——能够赢利，所以，物流中心必须开展多种功能的业务。拥有一个物流园区，等于是拥有了一个综合化服务的基地，能够开展多种增值服务。

物流园区的基础业务有六项：收货、理货、保管、保养、装卸和搬运。延伸业务比较多，如分拣业务，分拣本来是园区应该做的，因为发货的时候肯定要先分拣。随着生活节奏的加快，很多货物进出频次越来越高，分拣的工作也越来越重要。日本有一个仓库，10 年前我去参观的时候，只是一个存储库，有 2000 多平方米。但是 10 年之后，它已经变成分拣库了，只用 500 多平方米用于货物库存，另 1500 多平方米建立了一条分拣线。这个库里的隐形眼镜是从美国进口的，进口进来之后先在库里存放，通过这一条有 80 多个工人的分拣线，把不同度数的隐形眼镜分拣到不同的包装盒里面，最后把同一度数的包装盒装到箱子里面，每天下午 5 点之前一定要送出，第二天早晨 8 点钟销售店铺开门之前，一定要送到店门口。每天，隐形眼镜在日本的需求量很大。又如包装业务，像"大包改小包、小包改大包"这样的业务越来越多了。由于有一些物流业务是给厂家输送货物，要到厂里去做业务，因此运输中，必须把零部件或者需要运输的东西包装好。包装也是很讲究的，而且需要收费。有些货物像钢材，还需要进一步剪切、加工。有些货物还需要组装，像出口的自行车，要把各种零部件紧密地打包到一个个包装箱里面，减少空间占用，然后运输，到目的地的仓库里面再进行组装。园区对这些业务收费。其他业务还有检验、信息服务、办公、餐饮、住宿、停车、配送、修理、质押、交割（交割是指期货交易的交割和电子商务的交割）、租赁、拼箱、拆箱、联运、市场、展示、货站、解决方案、商务、配货、代收货款、结算、回单、咨询、保险等。尤其是代收贷款业务，快运企业将货物包裹送货上门之后，把钱带回来，叫代收货款。在广东地区，代收货款拿回来之后，放在快递公司，快递公司 7 天之后才把货款付给货主。1 个月会产生 260 多亿元的货币积存量，而这 260 多亿元在这一段时间之内，就存在快递公司的账上，完全可以使用，应对短期周转。如果将这种操作方式推及全国，我想资金数量将会相当大。所以代收贷款业务应该成为快递公司的一个主要业务。

现在电子交易也越来越多了，在交易过程当中，必然需要有物流中心或者物流人员与之相配合，这也是物流园区的典型功能业务。如果建设一个物流园区，把这些功能业务都叠加起来的话，园区的收入将会是很高的。

## 五、物流园区的发展

最早的物流园区出现于 20 世纪 60 年代的日本。由于日本土地资源短缺，城市的发展必须向外围转移，所以政府出台了相关法律法规并通过一系列优惠政策吸引、推动物流企业外迁。这跟我国目前的状况是一样的。城市扩张了，原先的物流基地就需要向外搬迁，如果不向外搬迁的话，就会影响城市发展。当时在日本有多个物流团队，它们一直发挥着重要的作用。在这之后，德国、荷兰、美国等发达国家也出现了一系列的物流园区。

我国于 1999 年在深圳市推出了平湖物流园区，当时的规划用地面积是 14.6 平方公里。后来，很多地方政府积极规划并建设物流园区，形成了一股建设物流园区热。在 2003 年的时候，国务院发出对相关各类物流园区进行清理整顿的通知，对于物流园区的开发有所抑制，但是抑制的作用有限，因为物流园区的发展是必然规律，是大势所趋。

## 六、物流园区分类

物流园区可以按照不同的分类方式来分类：按功能来分，可以分为货运型、生产型、商贸型、综合型；按依托的资源来分，可以分为港口型、空港型、内陆型；按服务的区域来分，可以分为国际物流园、区域物流园和专业物流园。但是，无论如何划分，其基本特点都是相同的。物流园区是物流企业的聚集区和货物的集散中心，它存在的基本条件是有大规模的货物流动，有多种交通运输方式的连接，有基本的仓储和运输设施，有多种物流功能的整合。物流园区的业务形态多种多样。虽然现在国家正在制订一些物流园区的专项规划，对物流园区进行一些指导和规范，但到目前为止，还没有要求一个物流园区必须做什么，不能做什么，这就为物流园区多种多样的发展预留了空间。

### （一）货运型的物流园区

货运型的物流园区，主要聚集运输企业，以不同的运输方式转换、装卸服务、拆箱服务、专线运输、零担快运、车辆停泊、货运中介服务等为主要业态，设置停车场、中转库房、装卸站台、货运信息平台、交易大厅、交易间、入驻企业办公用房、司机公寓等。货运型的物流园区其实就等于货运市场，所以它的投资回收期是比较短的。任何一个城市，货运车辆的组织最松散，几乎能在不同的大街小巷停靠，货物安全隐患较大。而在卸货之后，司机又很可能不能及时找到货物，很可能空车返程，其间还会产生其他费用，如住宿费等，成本很高，所以司机们需要有一个货运中心，既能休息又能找到需要运输的货物的地方。如果我们有计划地建立几百个这样的货运中心，城市交通的压力也会大大减少。

日本的和平岛物流园区，占地面积约 50 万平方米，有仓库、货运中心、交易场所、展览中心、休息场所、餐饮场所等。它里面的六层楼库设计比较独特，因为日本的土地资源比较紧缺，楼库是节约土地的一个好方法。楼库有作业不方便的缺陷，但是这种六层楼库的两头都是循环的，从一层可以直接放到六层，每层上面都有停靠的平台，车辆可以直接停靠在仓库里面卸货或装车，提高了利用率。这其实是日本的一个标准的物流园区模式。

## (二) 生产型的物流园区

生产型的物流园区是为生产企业服务的物流园区，一般靠近工业聚集区，以保管、装卸、分拣、配送、加工、组装、集散、信息服务、质押监管等为主要业态，兼有展示结算等功能，主要设施是库房、装卸平台、货厂、铁路专业线、办公用房、港口等。

生产型的物流园区的典型代表是芝加哥的物流园区和中国大型的物资储存企业。中储在无锡的一个物流园区比较先进，占地约 31 万平方米，可进行大规模的装卸，并有约 7 万平方米的货仓，而且在库房里面有加工车间，除了陆运还包括铁路专业线和水运，一共三种交通方式，比较先进。这个园区每年的到货量、发货量都很大。武汉的一个物流园区，占地约 35 万平方米，有 4 条铁路专用线，之前大约有 4 万平方米的 6 米高老仓库，现在全部改成了现货市场，在里面打上隔断，招商引资，把客户引进来交易。后来客户越来越多，达到了 700 多家，于是就将层高加到了 8 米。

## (三) 商贸型的物流园区

商贸型的物流园区分为两种：一种是以现货市场交易为主的物流园区，需要足够的物流设备、大面积的交易摊位；另一种是没有交易摊位，主要设施是为城市生活用品的流通而建设的，以现货销售、结算信息服务、物业管理、仓储配送、装卸搬运、集散为主要功能，这类物流园区目前占主导地位，主要设施为库房、交易间、办公楼和停车场。商贸型的物流园区需要有铁路专用线，没有铁路专用线大进大出的货物，保证不了吞吐量。

## (四) 综合型的物流园区

综合型的物流园区是以上三种园区模式的混合，各种企业都在园区内聚集，各种物流业态都有一定的份额。意大利的维罗纳就是这样的物流园区，里面一共有 25 条专用线，连通整个欧洲铁路，不管什么国家的货，上了铁路之后都运到这里来集散。它里面还有分拣仓库、海关、库存仓库、农产品的交易中心等，是一个比较典型的综合物流园。

## (五) 保税港

保税港是国家批准的具有海关和物流功能的口岸、港区和关联区域，享受保税区、出口加工区的税收和外汇管理政策。它的综合功能为国际中转、仓储配送、外贸、国际采购、商品展示、产品研发、加工制造、检测维修等。建保税物流园区、保税物流中心和保税港的主要目的，一个是外国的货进到保税区之后可以不交关税，观望国内市场，如果国内市场好的话，客户马上办出关手续，补交关税，就近分拨。另一个是便于出口的物资进到这个园区之后，可以退税。真正的保税物流园区再扩大一些的话，可以使园区内部之间货物的买卖不交关税，但是保税港的功能不能够被神化，因为建了保税物流园区，设施设备进去之后，非保税货物不能进到园区。如果保税货物量不够多的话，怎么获得收入？现在保税物流园区基本上是亏损的，就是因为园区建得太大。

### （六）内陆港

内陆港的改建无非就是把沿海口岸物流园区的功能和享受的政策，延伸到非沿海口岸的内陆地区。典型的代表园区是苏州工业园综合保税区。该园区进驻的企业是生产型企业、贸易企业和物流企业，服务于 2000 家左右的企业，主要提供保税的物流服务。另外，该园区跟上海港达成协议，在这个地方封关，直接拉到港口就可以装了。但是有一些地区不一样，海关封完之后，再到其他地方还需要验货。

## 七、政府对物流园区的开发与管理

### （一）开发

由于土地是由国家直接管理的，而物流园区的开发主体涉及政府、地产开发企业和运营企业，所以土地是政府规划、引导、调控物流园区科学发展的最有效手段。另外，因为土地比较紧缺，有些地方政府就会用土地的比较收益来确定土地的拥有者。如果一块地，工业企业能带来的投资强度、就业人数、税收等收入大于物流企业的话，这块土地就不会给物流企业。政府应该先做好土地利用规划、城市总体规划，在适宜建设物流园区的地方进行规划、拆迁、平整等工作，引入园区的开发。普洛斯现在是中国最大的物流地产开发商，拥有的库房面积约 650 万平方米。2003 年普洛斯刚进中国，不足 10 年的时间，在中国已经成为仓储面积最大的企业了，并且在中国投资了100 多个物流园区和物流中心出租给物流企业使用。民营企业有传化，国有企业有中远、中储、中油、中铁等，都在建自己的物流园区。不同的是，物流企业自身开展物流业务，而物流地产商不运作物流业务，像普洛斯这样的企业，是一个物流地产开发商，自己不做物流业务，没有装卸，没有方案设计，只是把库房出租给客户收取租金。另外，除各类物流企业外，物流园区还需要进驻一些仓储企业、货代企业以及其他生产企业、加工企业、贸易企业、金融机构、餐饮企业等，使其成为园区业务的支撑。所以一个物流园区就是一个小的社会，各种业态都可以在这里汇集。

## （二）管理

一般政府设立的物流园区管委会和投资的企业会作为管理主体。当前政府设立的管委会，按照经费来源可以分为行政机构和财政补贴的半行政机构两种。河北省的26个物流园区都设立了副处级的管委会，派官员进行管理。但是有一些物流园区是企业自己投资的，由企业自己管理。

物流园区的主要收入来源是土地的级差收入。物流园区的开发商常遇到这样一些问题，比如，圈了1000亩地，但这1000亩用不完该怎么办？合资是解决这一难题的很好的办法。假如将500亩作为自己的物流中心，另外500亩跟其他企业合资，如果在合资的时候，合作伙伴要求土地所有权又该怎么办？这就要求开发商在最初决定圈地之前就做好详细的规划，考虑自身的运营实力。如果自身的能力不足以单独运营这块土地，最好是在拿地的时候就把这块地的土地证划成若干土地证分别开出。例如，可以将1000亩地的土地证划成两个，一个土地证是开发商自己使用，另一个土地证由开发商再去注册另一家公司，然后把股权全部或者大部分转让给合作者，这样另外的土地就自然归合作者支配了。现在沈阳和天津的一些物流园区就是这样做的，不过找到合作者之后，开发商的土地级差收入就需要重新评估了。

## 八、开发商对物流园区的设计、运营及管理

建一个物流园区，一定要考虑它的物流体系。综合运输体系、物流节点的布局、物流和各企业的连通、城市与农村、政策与法规、管理体系、招商等，这些都是物流体系的组成部分。

### （一）园区设计

#### 1. 撰写可行性报告

在建设物流园区之前，一定要撰写一个全面的可行性报告，收支一定要算好，财务评价和社会经济评价都要做好，还要进行风险评估。任何物流中心的建设都要考虑风险。风险在什么地方？最大的风险就是建了库之后租不出去，没有货物进来。

#### 2. 设计评估体系

设计物流园区的时候，要有评估体系，需要从以下几个方面来考虑：第一，从消费者的角度考虑。考虑消费者的市场区域和需求。第二，从供应商的角度考虑。供应商在什么地方？怎么样送货？路途远不远？方便不方便？等等。第三，从成本的角度考虑。要考虑当地的劳动力成本、房地产成本、货运量、库存量、平均库存水平等。

第四，扩张性。要考虑如果一个仓库发展起来了，周边有没有可供扩张的仓库用地之类的问题。第五，时效性。要考虑能不能满足客户订单的快速反应需求等。第六，选址问题非常关键。应该考虑建多少物流中心，具体位置如何选，吞吐量是多少，各个物流中心之间的产品分配情况等问题。第七，要通过现有的网络和准备建立的网络之间的关系采集数据，建立自己的模型。要考虑的数据包括到货的数量、品种、批次和方式。普遍的做法是调查平均到货量、发货量、到货的方式和发运的方式等，然后进行理论性分析，做增长率的分析，建立模型，预计在 3 年之后或 5 年之后能有多少到达量等。但事实上真正运作的时候还要考虑其他的一些因素，比如说竞争对手增加了，突然增加了一个物流园区，我们如何与之竞争，到货的时候，供应商会不会改变线路，很多现实问题都需要考虑。所以建物流园区必须有一个模型，用来分析建了物流中心之后的运行情况怎么样。

### 3. 设计操作要点

物流园区的设计，关键是园区功能设计。物流园区的功能和定位，是设计之初最需要考虑的因素。然后，还要考虑它的平面布局，如功能区的划分，道路、库房、货厂、装卸区、铁路专用线、市场区、办公区、辅助区、大门、电力设计等。

物流园区的仓库，最好留出来一个分拣区和一个库存区。库内道路如何分布，道路和装卸区加在一起的宽度应该有多大，这些都要充分考虑。一栋现代化的库房，有站台的库房，前面的停车场和道路的面积加在一起，应该在 35 平方米以上，这是基础。如果这个设计不好，将来的物流组织就会紊乱，发货不畅。

建设一个物流园区，需要的设备包括存储设备、装卸和搬运设备、分拣设备、包装设备、加工设备、运输设备、信息系统、通信系统等。选用什么样的设备，也是物流园区设计的要点。

库房的平面布局涉及的东西就更多了。

（1）库门的设计。库门的高度、样式，还有开闭方式等都要考虑。一个 2 万平方米的封闭性仓库，应该设计多少个门要根据货量的情况、货物的品种情况来定。对于普通仓库来讲，设计标准为 1500 平方米的仓库，至少应该设一个库门。

（2）库内的立柱和悬挂物。设计库房的时候，悬挂物一定要考虑，比如说管线，库房内都需要在房梁上走管线，管线下垂的高度有多少，起吊高度有多少，都要综合考虑。再比如说灯，涉及照明的问题、采光的方式。现代化的库房中，如果是库存型的库房，一般不设窗户，否则弊端很多。例如，由于玻璃损坏造成的漏雨、漏风等问题，所以现代化的仓库一般不设窗户，采光都是通过顶部采光带进行。

（3）库房的高度。一般建议库房设计为 8.5 米到 12 米高。再高的话，迎风面比较大，很容易造成库房损坏。而且，库房过高，配备的货架就要高，还需要使用高位叉车才能装卸，而高位叉车的价格是一般叉车价格的 2～3 倍。如果库房高度不够，也会造成空间利用率低。

（4）地面的平整度和耐磨度。有一些仓库的地面平整度不好，因为不是用耐磨材料做的，而是用混凝土做的，容易起层和起沙，不利于货物的保管。

库房里面还要考虑辅助的作业区。比如，托盘、工具的存放处，废品的存放处，叉车的堆积区，充电区等，这些都要考虑。

物流园区内一般要设计一条循环道路，它的主要功能是便于货车的疏散。货车如果集中到一起很难调动，容易产生碰撞，出现人车混杂的状况。如果建一条围绕园区的循环道路，任何一个节点都可以进库和进行疏散，则会更为安全、便捷、高效。

仓库里面的避雷设施和自备发电机也是必需的。自备发电机经常被忽略，没有自备发电机，一旦停电，库房作业就无法进行，尤其是夜间作业，很容易出现一些安全事故。如果有冷藏品，一旦没有自备电力，冷藏的商品出现变质，责任就更大了。

### 4. 库区内部的规划原则

规划库区内部的时候，要把握以下原则：第一，存货的时候，相同的货物要存储在一起。按周转快慢分类存放，尽可能地利用空间。第二，要有足够的通道和停车场，但是不要浪费，要考虑不同运输方式的衔接。第三，库房要根据货物的特点来进行设定。有一些库房，不一定需要盖很高，如分拣型的仓库等。现在的电子商务公司的货物储存量不大，同一种货物可能只存 5 件或者 10 件，高度为 5.5 米到 7 米的库房就能满足需求了。

### 5. 营销与服务

首先是一定要考虑到标准不同、成本不同，收费就不同。中储和普洛斯同等地块的收费差得很远，所以物流中心建好之后，还需要会营销。一个物流园区，如果设备标准达到一定程度，一定要向一些高端的企业出租。其次是服务流程的问题。客户不同，货品不同，服务的流程也是不同的，要对服务流程进行量身定做。

### 6. 园区规模

各地在规划物流园区的时候，碰到的第一个问题就是物流园区规划多大面积合适。物流园区规划的基本依据是物流强度。一般来说，一个有码头、有水运、有铁路、有公路的城市物流强度应该一年在 1700 万吨左右。不过这个数据只供参考，不是绝对的，还需要考虑很多不同的因素，包括运营效率、设备先进性、设备品种、占地面积、基础条件和交通方式等。

物流园区的建筑容积率，一般来讲，保持在 0.5～0.6。100 万平方米的物流占地面积，可能只建 50 万平方米的库房或者办公楼，剩下的就是道路面积，还有其他的可控性的面积。要提高容积率，必须建楼库。在我国土地紧缺的地区，已经出现了很多楼库，一般是两层高，在厦门和深圳，也有四层、五层的。

## （二）运营方式

### 1. 自营还是出租？

建了物流园区之后，如果把物流业务也放这儿来做，这就是自营了，而出租就是出租给客户，让客户来承包仓库，货物的分类、储存、保管、运输、装卸都由客户自己来操作。自营和出租的收费标准、收费的环节是不同的，所以建一个物流园区，一定要自己运营，而仓库出租的收入只占整个仓库群收入里面一个很小的部分。

### 2. 自建还是租用？

自建仓库就要承担所有自建投入的风险，但是租用可以迅速扩张。如果企业向外扩张，要建一百个作业点的话，这一百个作业点不可能都去自建，必须考虑租用。中小型的物流企业可以参考这样的运营模式：先派出一个工作组租仓库，这个工作组边替出租方做业务边考察当地有没有商机，如果有商机的话，再建一个分公司，建了分公司之后，再考虑能不能投资建一个仓库。

### 3. 商贸，物流，还是商贸物流？

有了一个基地之后，如果要做一些贸易，最好是商贸物流一起做。因为商贸和物流本来是一体的。在经营贸易的同时，物流业随之产生了。买卖的时候我把钱给你，你把货给我，我再把货带走，这不就是物流吗？所以商贸、物流是同时发生的。但是随着专业化分工，商贸、物流分离开，商贸企业专做商贸，物流企业专做物流，但是这就产生了问题。比如，做完商贸之后，会面临能不能及时交货的问题。不能及时交货，物流系统跟不上，买方就会受到很大影响，生意可能就会毁掉，所以现在又出现了合流的趋势——商贸物流一体化，很多公司既做商贸也做物流。在商贸交易的同时，对货物进行实时控制，保证货物准时到达，避免了货物流失、挪用公款、个人小金库等系列管理"真空地带"的产生。2011年，商务部出台商贸物流专项规划的文件，首次以国家政府机关的名义，把商贸物流结合到一起。另外，如果建了物流园区之后，却不把商贸功能做上去，货源就会成为一个大问题。把商贸与物流结合在一起的话，货源难题就很容易解决了。

## （三）管理要点

物流园区的管理要考虑投资、核算、生产控制、技术管理、档案管理、信息管理、人力资源、客户管理、质量体系等，主要介绍如下几点。

### 1. 谨慎投资

占地 10 万平方米的物流中心，根据地价的不同，需要耗资 1 亿～1.5 亿元，建造、运营的成本比较高，投资回收期比较长，需要在投资之前认真论证。

### 2. 精心核算

在运营物流园区、物流中心的时候，要做全面核算。每年的收入有多少，开支有多少，开支的科目是什么，都要详细规划，认真核算。尤其是考核和绩效，是引导企业发展方向、引导业务人员努力方向的主要指标。如果考核和绩效这两个问题解决不了，人员的积极性就会发挥不出来。一般来说，经销部门和仓储部门是根据创造利润的多少和节约成本的多少，来考虑对人员的奖励。这是一套行之有效的算法，有效在什么地方呢？刺激了扩张业务的积极性，业务扩张得很快，每年的增长速度可达到 20%～30%，但是也有弊端。首先，对总部的要求会提高，争资金、争额度、争地盘，内部争夺会比较明显。其次，发展到最后，如果管理不到位，会产生瞒下、虚报数据等问题，而一旦监控不到位的话，就容易出现漏洞和风险。所以要精心核算，尤其是考核和绩效。

### 3. 生产控制

在物流园区的生产过程当中，一定要有个总调度，全面指挥生产要素的配备，领导要深入一线。经营安全和生产安全是管理企业的时候必须注意的。经营模式要尽可能完善，不要有漏洞，要严控资金的流量和流向。一个企业如果投资过多，下属公司的负责人必须每星期到总部报到一次，以防经营的风险突然爆发。由于园区运营一般是大规模的机械作业，人流和物流一定要严格分开，需要严格安全规范。如果安全教育不到位，操作人员在具体操作的时候，一旦疏忽大意，容易产生危险。

### 4. 技术管理

物流技术很重要，这是因为现在的各项成本越来越高了，尤其是人工成本，装修工、货管员、吊装工等人员的工资都在上涨，工资每年的平均增长速度为 20%～30%。如果人力成本和土地成本增长，收费不增长，就会出现亏损。所以，一定要采用先进的技术装备和技术组合，比如说机械化作业，既可以节省人力也比较安全。

## 九、评价指标体系

怎么评价一个物流园区的好坏？如何衡量它的经济效益和对社会的贡献呢？这就需要确定一定的指标，包括经营的效果、土地利用的情况、设施设备的先进性、投资强度、物流强度、管理水平和工作效率等。有了这些指标，才能对物流园区做出公正的评价。

### 十、国家对物流园区的态度

现在，物流园区的分类方式、规划评审等都是有国家标准可以遵循的。一个很重要的标准是，1平方公里以上的物流园区，可以有10%～15%的占地用于商业办公设施和生活服务设施。由于政府部门往往不太同意将更多的土地用于商业设施，有些地方政府只给7%以下的土地用于商业设施。2011年发布的国务院办公厅38号文提出要科学制定全国物流园区发展规划，对纳入规划的物流园区用地给予重点保障。要设计物流园区，一定要在当地政府的批准下，至少要获得省一级政府的规划批准、立项，才能纳入规划。

（本节选自笔者2012年的报告）

## 第三节　物流中心规划与设计要点

### 一、总则

（1）本规范旨在提供通用物流中心规划与设计基本要求，使其能够满足专业化、科学化的需求，更好地为社会提供服务。

（2）本规范适用于一般生产资料和生活资料的物流设施功能需求。

（3）物流中心的存储面积应在1万平方米以上，其中库房面积不低于50%。

（4）物流中心的建筑设计应符合国家有关标准及规定。

### 二、术语

（1）物流量（简称流量）。货物流通的数量。计量单位通常为吨、件、立方米，计量的时间通常为天、月、年等。

（2）物流方向（简称流向）。货物流通的方向。

（3）仓储。货物验收入库、保管、养护及出库的过程。

（4）通道。存储区域内的道路。

①消防通道。用于救火、防止火势蔓延或便于接近消防设施的通道。

②库内通道。便于搬运货物、设备通行及人员通行的通道，含货场和库房内通道。

（5）总占地面积。物流中心占地总和，单位为平方米，包括库房、货场、道路、围墙、绿化、专用线、办公区、生活区等面积。

①建筑面积。物流中心各建筑物平面面积之和。多层建筑为各层面积之和。

②使用面积。货场扣除道路、库房扣除墙壁占地之后的面积。

（6）存储区间。根据货物特性和类别划分的存储面积和空间。

①存储区。货物存放和保管的区域。

②收发货区。货物接收或者发放的区域。

③包装区。货物拆、包、整理区域。

（7）办公区。物流中心管理人员办公的区域。

（8）储位。货物储存的位置，通常用区、排、垛、货架位来表示。

（9）标记。在货物或容器上标示出号码、品名、符号等。

（10）装卸搬运。把货物上下或平行移动的活动。

（11）吞吐量。一定时期内，出入库货物的总量。计量单位为吨或件。

（12）周转率。一定时期内，货物出库量与平均库存量之比。

## 三、物流中心选址依据

（1）经济环境。了解拟选地区的经济状况，使物流中心有足够的经济支撑，如该地区的经济结构、新兴经济及分布、经济总量（GDP）、经济增长率、财政收入及增长率、资源结构、矿产蕴藏量与开采量、人口数量、人口质量（学历构成）、社会平均工资额、社会商品零售总额。

（2）物流环境。

（3）交通状况。物流中心应选择在交通便利之处，最好为两种以上运输方式交汇。年30万吨以上吞吐量的大宗货物集散应考虑建设铁路专用线和码头，尽可能避免短驳和多次装卸，如需短驳，则需计算短驳带来的成本。

（4）地形地貌。物流中心应设在地势较高、地形平缓，且便于排水的地段，禁低洼潮湿。临近河、海地区应注意当地水位，地下水位应在地表2米以下。靠近山地时，应考虑避让山洪、泥石流及滑坡、地震等突发性自然灾害。物流中心地基应牢固，具备一定的承载力，不宜在地震频发带上建设物流中心。

（5）气象环境。物流中心应避开雷击区、风口及洪水区。物流中心周边不能有产生腐蚀性气体、粉尘和辐射热的工厂或车间，要与容易发生火灾的单位保持安全距离，一般在 150 米以上。

（6）货物到发情况。货物到达的数量、品种、方向及到达方式。货物发运的数量、品种、方向及发运方式。

（7）仓储资源。当地仓储企业个数及生产能力，包括资产、占地面积、包装能力、存储能力、周转次数、吞吐量、收费标准、人力资源状况等。

（8）运输资源。运输企业个数及运输能力，包括资产总额，运输车辆及载重吨、成新度，铁路货运站能力，道路货运站个数及能力，专用线名称及布局，码头泊位、水深、停靠货船吨位、吞吐量，机场货运量，收费标准等。

（9）当地政策。政策包括土地利用规划，土地基准价、土地出让金、土地投资强度要求、土地回收政策、土地指标、土地变性程序及收费标准、土地使用证交付条件。税收优惠政策包含所得税、营业税、房产税、土地增值税、土地使用税，以及财政补贴等。

（10）建设程序与规定。办理建设项目选址意见书，建设用地规划许可证，消防、人防、环保、文物保护等的规划设计意见书，建设工程规划许可证、"招评标"、建筑工程施工许可证等。

（11）政府限制。涉及产业规划、城市规划、变更用途、道路运输限制、扩张余地等。

## 四、物流中心布局

（1）物流中心网络布局。结合公司总体战略和客户要求，确定物流中心的个数、分布、规模和功能；确定每个物流中心的存储量、吞吐量、配送量；确定客户距离，包括供应客户和送达客户，了解客户生产和需求物品的数量、规格。货物到达、发运的方式及组合；确定可行的运输方式的市场价格，如装卸、运输等，进行业务量增长预测；进行收益与成本分析。

（2）物流中心规划。规划包括行业定位、功能规划、设施设备规划、作业规划、商业模式规划、组织结构规划、人员配备规划、信息系统规划（计算机管理）、财务规划。

①行业定位。确定物流中心服务的客户和市场。

②功能规划。根据客户需求和细分市场，确定物流中心功能，要考虑收发货频率、吞吐量、货物特性等因素。

③设施设备规划。根据功能确定设施设备建设的数量、规格、功率等。

④作业规划。规划物流中心的平面布局，即道路、货场、库房、办公区等场所的安排要符合物流的需要。物流中心的基础数据包括道路连接，道路宽度、转弯半径、

地面荷载，消防设施位置与数量，库房高度，站台高度、宽度，包装模数等。

⑤商业模式。物流中心各项业务的盈利模式，包括业务流程。

⑥组织机构。根据商业模式的需求，建立相应的组织机构，包括决策、执行、监管、修正等机构，使命令链畅通无阻，并不断改进。

⑦人员配备。选拔合适的人员到相应岗位，通过共同的工作完成物流中心的任务。

⑧信息系统规划。建立准确、及时、通畅的信息系统，尽可能采用计算机管理。计算机管理的前提是流程科学化、标准化。

（3）物流中心的服务标准。服务标准的高低直接关乎着设施设备和人力资源的投入，关乎着物流中心的商业模式和盈亏。

①有一个高效的订单管理系统，包括接收订单的通道，订单的快速处理程序、价格确认程序、快速响应机制（一般要求2小时内有回应，24小时内完成订单确认）。

②有一个安全快速的仓储作业流程，包括安排库位、车位、人机、站台，车辆停靠后2小时内卸货完毕，单证处理电子化，能实现越库操作，差错率、破损率、短溢率均在约定之内，通道畅通、搬运安全、器具合理、堆放整齐、标志清晰、现场整洁、分拣快速、装载安全、单证规范等。

③有一个安全的配送流程，包括货物安全、随时跟踪、交付准时、运输方案优化等。

④有一个安全的计算机管理系统和网上交易结算系统。

⑤有一个完善的客户管理系统，不断跟踪和开发客户需求。

（4）物流中心可行性研究及评审。主要包括以下内容：一是概论或总论，说明项目的背景、必要性、意义，如市场需求分析及物流中心规模；基础数据采集及分析；选址方案及建筑条件；土地性质；设计方案。二是总体布局、物流流程、工作方式、技术工艺、设备选型、建筑规模与结构、工程量方面的估算。三是环境评价，如投资估算及资金筹措、使用进度。四是成本评价，如投资成本、运营成本、竞争成本测算与方案比较。五是效益与评价，比如财务评价（包括收入、利润、收益率等指标）、国民经济评价等；风险评估、结论、附件、图表、协议；等等。

物流中心立项前，要经过专门委员会的评审，评审意见以书面形式提交决策部门。

（5）物流中心设计建设主要参数。

①占地面积。6万平方米以上，主要考虑规模经济因素。

②功能区占地及摆位。

库房区、货场区、停车区、作业管理区和办公区等区域是主要功能区。

较大物流中心考虑现货市场、维修、加工、包装、生活服务等区域。

摆位考虑的因素包括：方便作业、减少重复装卸搬运、避免交通堵塞、保证人员和货物安全、集约用地、节省投资、环境舒适等。

③建筑容积率。需大于 0.5。建筑包括库房、办公房等，不包括道路、货场。土地成本较高地区可考虑修建二层以上库房。

④库房建筑内功能区。划分存货区、通道、理货区、工具存放区等。库房理货区上方、直角拐角区可考虑修建业务用房、加工区、包装区，以充分利用空间。

⑤建筑结构。库房可采用轻钢结构或框架结构，具有一定等级的防震、防火、防盗、防风、防雨雪能力。办公建筑可采用钢混结构。

⑥库房主要参数。

跨度。24～30 米。

单栋库房长度。依地块而定。

宽度。依土地尺寸而定。

高度。使用货架库房净高应为 8.5～10 米。

堆存货库房净高在 7 米左右。

自动化库高度为 20～30 米。

楼库、二层以上高度为 5～7 米。

设有行车的库房，高度依照起吊物品的最低起吊高度进行选择。

地面：常采用 C20 混凝土地面，最好做成耐磨地面，确保地面不起沙尘，不开裂。荷载一般为 5 吨/平方米。多层库，二层以上地面荷载递减。

墙体：一般为彩板加保温层或轻型砖块填充墙。新型墙体材料，如伊通板的使用量也在增加。外墙角自地面起安装 1.4 米的角铁防撞。

窗：钢结构库房尽量少设或不设窗户，以降低成本、减少结合点的雨水渗漏等问题的出现。

采光：在屋顶使用带式、点式采光。采光系数依情况而定，采光带面积一般为屋顶面积的 3%～5%。

屋面：彩涂板加岩棉保温层，要考虑避雷、渗漏、锈蚀、保温、面板之间的连接方式等因素，尤其要做好屋面的排水系统，天沟的安装好坏会影响库房的质量和维修的成本。

楼梯、货梯、人行道，尽可能不影响作业面，满足消防要求。

柱距：在安全的情况下，柱距越大越好。一般柱距为 9 米，承重较大的楼库柱距一般为 7 米。柱腿应设防护。

库内悬挂物应注意排列和走向，尽可能保持库内净高。

库门：库门数量应根据货物性能和进出频次决定，可单边或双边设门。库门内外应设防撞柱，保护门框和墙体。库门不应正对迎风面，防止瞬时大风进入吹翻货物和屋面。最好使用工业门。

库门的宽和高：

车辆进出库房的库门应为宽5米，高4.5米以上。

外设站台库库门应为宽4~5米，绝对高为3~4米。

内设站台库库门应为宽2.4~3米，绝对高为2.8~3米，应依照货车车厢宽度和高度而定。

通信线、网线分布。

通气。换气扇有设在顶部和侧部两种，以在顶部安装无动力扇为宜。

⑦道路。

规划道路时，车辆绕建筑转弯方向应为逆时针方向。

库区主通道应在8~20米的范围选择，主要考虑双向通行、临时停车、人行道等因素。

消防通道一般为6米，并且不允许货车进出、停留。

库前装卸区和道路应结合在一起考虑。装卸区宽度以集装箱卡车车长和引领区为基数，一般为24.5~36米。两栋库房相对时，其装卸区和道路的总宽度为40~45米。装卸平台设有锯齿形时，可减少宽度。

⑧装卸平台。

根据仓库的具体情况选择确定何种类型的平台，主要包含内设平台、外设平台、锯齿形平台、嵌入式平台、码头式平台、活动式平台等。

内设平台的优点是密封好，不受天气影响，保安性能好，但成本较高。

外设平台的优点是货物流动较为自由，适合于侧开门货车，但易受恶劣天气影响，保安性能差。

锯齿形平台的优点是节约土地，缺点是集货装卸作业不便。

嵌入式平台的优点是车厢侧面可以进行装卸作业，缺点是建造成本较高。

装卸平台一般以集装箱卡车底板高度为基准确定平台高度。选择尺寸为1.35米或1.45米，加调节板。

配送库也可根据到发货车辆的情况，选择1.1~1.2米的平台，加调节板。铁路到达的仓库站台高度为轨面以上1.1米。

装卸平台的间隔。两个装卸平台的调节板中心距离应为4米以上。

设置下沉式平台时，停车场往往会有一定的斜度，这一斜度不能大于10%。

装卸平台前50厘米之外方可设置排水，排水区不可过宽。

装卸平台应依照需求设计防撞块、安全链。

外设平台的宽度应为5~6米。以调节板抬起时叉车仍能通行为准。

调节板应直对库门。不直对库门时，调节板后端 4.5 米内不可有货物或墙。

⑨库内通道。

库内通道应依照货物存放方式及装卸搬运方式而定，尽可能减少库内通道占地，设计紧急避险通道。

⑩其他考虑因素。

电梯及货梯布局。楼库应设垂直升降货梯，人货梯分设。

射频设备安装计划。

收货、发货、整理、加工区及退货区的布局。

装卸设备存放区及充电设施布局。

维修保养间、清洁间。

消防喷淋装置、防火墙、高压水泵、消防池及其他设施。

供水能力。供水管道口径、水压、水源。

排水能力。公共排水管路、口径、能力。

屋顶的牢固程度及防水功能，便于维修。

暖气或制冷设施。

托盘存放区。

废品存放区。

人员通道与设备通道分离。

停车场的大小，是否会造成提货拥堵。

夜间作业照明。

建造成本。

大门设计。

循环道路及外接道路。

专用线与库房、货场的连接。

变电站位置及功率。

避雷装置。

专用线的长度。

货车是否经过住宅区。

选址附近是否有河流、沼泽；是否有坑，填土从何而来；是否有树木砍伐或移栽。

该地块以前的用途是什么，是否会对现有业务产生影响。

建筑物之间有无间隔要求。

未来的扩张空间。

地区电力供应是否足够，停电次数是否频繁，仓库电力负荷大小是多少。

自备发电机。

是否有足够的通信设备、宽带、线路、无线基站。

污水处理系统。

（6）物流中心设备选用。

装卸平台调节板、移动式登车桥、起重搬运设备、手推车、搬运车、牵引车、电瓶车。

叉车：正面式叉车、手推液压叉车、平衡重叉车、插腿式叉车、前移式叉车、四向行走叉车、侧面式叉车、转叉式叉车、拽引小车、无人搬运车。

门式起重机、桥式起重机、集装箱吊车、轮胎式起重机。

输送机：重力式输送机。

动力式输送机：辊子式、平带式、链条式、悬挂式；载货电梯；液压升降平台；板条式提升机。

货架：组合式货格货架、重力式货架、贯通式货架、悬臂式货架、阁楼式货架、抽屉式货架、移动式货架、巷道小车货架。

分拣系统：人力分拣、自动分拣。

有轨道、巷道式堆码机。

托盘。

集装：托盘集装、集装袋、集装箱。

加工设备：贴标机、封箱机、包装机、剪切机、灌装机。

保鲜设备，计量设备，通信设备，除湿干燥设备，灭火设备，防盗设备。

货运车辆：普通货车、专用货车、集装箱车。

变压器。

锅炉。

计算机管理系统。

自动识别及数据传输系统。

（7）地基、基础及其他。

①地基。地基是指建筑物下面支承基础的土体或岩体。作为建筑地基的土层分为岩石、碎石土、砂土、粉土、黏性土和人工填土。作为建筑物的地基应满足强度高、不易变形、稳定性好三方面的要求。若土层的地质状况较好，承载力较强，可以采用天然地基；而在地质状况不佳的情况下，为使地基具有足够的承载能力，需要采用人工方式加固地基，常用的加固方法有压实法、换土法等。

②基础。建筑物基础指建筑底部与地基接触的承重构件。它的作用是把建筑上部的荷载传给地基。一般常用的基础有柱基、桩基、复合基础等。建筑物具体采用哪种

基础，应该由设计部门根据地勘报告，经合理计算后确定。

③雨篷。雨篷宜采用轻钢结构悬挑设计，宽度一般要超出站台一部分，以满足雨天装卸要求。设计雨篷时应充分考虑当地的最大风荷载和雪荷载，留有一定的安全储备，具备抗压和抗倾覆能力。

④楼梯、货梯、车道。满足作业及消防要求。

（8）消防标准。

①占地面积及耐火等级、防火分区。常规库房大都为丙2类库房，耐火等级为二级。此类库房如果不上喷淋自动灭火装备，最大允许占地面积为6000平方米，库内最大防火分区为1500平方米；如果上喷淋自动灭火装备，最大允许占地面积为12000平方米，库内最大防火分区为3000平方米。防火分区之间用防火墙隔开，防火墙上不应开设门窗洞口。必须开设时，应设置甲级防火门窗。

②消防车道。占地面积大于1500平方米的乙、丙类仓库应设置环行消防车道，如有困难，应沿建筑物的两个长边设置消防车道。消防车道的净宽度和净高度均不应小于6米，转弯处应满足消防车的转弯半径要求。

③其他要求。物流中心施工设计应满足国家及地方设计及施工规范、标准要求。

（本节选自笔者2011年的报告）

# 第四节　物流园区的规范发展

## 一、我国的物流园区将进入以《全国物流园区发展规划》的发布为标志的规范发展阶段

（1）物流园区有了一个完整准确的应用性定义，把打着"物流"名义圈地的园区排除在外，使各级政府有了明确的支持对象和目标。"物流园区是物流业规模化和集约化发展的客观要求和必然产物，是为了实现物流运作的共同化，按照城市空间合理布局的要求，集中建设并由统一主体管理，为众多企业提供物流基础设施和公共服务的物流产业集聚区"。

（2）确定了99个物流园区节点城市。其中，一级物流园区布局城市29个，二级物流园区布局城市70个。这些城市内的物流设施建设会大大加快，并逐步形成全国物流园区网络。由于被纳入国家规划，物流建设用地和相关扶持政策得到保证。同时，

物流企业也会关注在这些地区的投资。

（3）对物流园区的发展提出三方面要求；第一，提高物流服务效率，物流园区的资源设施要集聚，能实现多式联运，同时要优化布局和业务模式，适应和支持国家产业结构调整；第二，节约集约使用土地，提高物流强度，企业物流设施共用；第三，节能减排改善环境，设施合理布局，资源共用，减少空载，减少拥堵，减少碳排放。

（4）对物流园区进行了分类，分为货运枢纽型物流园区、商贸服务型物流园区、生产服务型物流园区、口岸服务型物流园区、综合服务型物流园区。

## 二、物流园区向着平台化发展

（1）我国物流企业数量多、规模小、关联度不高。

（2）货流信息不对称。"车找货、货找车"问题一直没能得到很好的解决，大量运力被闲置。有的司机为了等货，多花了不少旅费和饭费。

（3）单个物流企业要面对整个社会。工商、税务、交通、城管、银行、保险、修理、采购、销售、法律、业务等许多部门出现的问题，远超企业本身的应对能力。

（4）物流行业能细分出许多专业化的行业。例如，仓储业中分普通仓储、危化品仓储、液体仓储、粮食仓储、矿石仓储、煤炭仓储、冷链仓储等，还有货代、快递、专线、港口、空港、联运、专列等其他专门行业。物流活动正是通过不同环节来实现的，供应链的"链条"是由各环节的顺畅运转形成的。

这就需要一个平台把各种资源、信息、环节、企业汇集到一起，把杂乱变成有序，把浪费变成节约，物流园区正是为解决上述问题而产生的。这就是物流园区几经清理却依然迅速发展的原因。

## 三、信息化是物流园区的重点

物流业因其交接环节多、责任大而最需要实现信息化。物流园区应建立信息平台，该信息平台应该具备以下功能。

（1）资讯信息平台。这是为所有与电子商务和物流有关的人员和单位提供的一个信息交流的平台，其中包括资讯中心、下载中心、客服中心、交易中心、注册登录、行情分析等。

（2）会员用户管理平台，其中包括会员用户资料、电子认证识别、诚信评估、诚信车队仓库人员、商务服务（申报单证处理）。

（3）交易平台，其中包括交易大厅、商品交易、物流交易、保证金管理、结算、融资、电子证据保全。

（4）企业 ERP 系统，其中包括办公系统、人力资源管理、财务管理、生产管理、设备管理、购销存管理、库场管理、运输管理、安全管理、邮件管理、单证管理、信息管理、条码管理统计、综合管理、市场管理。

（5）标准化功能，其中包括术语标准化、业务流程标准化、数据结构标准化、数据传输标准化、接口标准化。

以上信息平台应对入园企业进行开放，给予低价格服务或免费提供服务。因为只有这样才能集聚大量的企业，产生集聚效应。

## 四、加强物流园区的标准建设

（1）三个层级的物流园区城市布局如何规划、建设、运营、管理，物流园区应形成示范城市、示范园区评价指标体系，选拔出可提供成熟经验、供大家学习的典型，进而大力推进物流园区信息化建设。

（2）建立物流园区建筑标准和设备标准，其中包括园区占地面积、物流强度、物流用地、物流设施、物流通道、综合交通等。

（3）建立物流园区管理标准，其中包括招商条件、服务内容、评估指标、评估程序、经营秩序、统计信息、土地管理、物业管理等。

（4）绿色物流园区标准，其中包括提高物流作业效率、减少碳排放，共同配送、集装化、满载、新能源、多式联运。

2014 年是物流园区回归物流本源的一年，我们期待未来的物流园区成为国家经济转型的助推器。

（本节选自笔者 2013 年的报告）

# 第五节　物流园区发展报告

## 一、物流园区的沿革

物流园区是随着社会生产的发展和社会分工的细化而产生的，这主要基于以下几个原因。

### 1. 货运量迅速增加

随着科学技术的进步和迅速发展，人类开发利用的自然资源的规模迅速扩大，资源分布的不均衡性、各国经济技术发展的不平衡性，导致原料、材料、产品在世界范围内大量流动。货流量的增加促进了运输业的发展，也促进了作为物流结点的仓库的功能变化，仓库的功能从原来比较简单的存储保管功能发展到收发、分拣、装卸、加工、配送等多种功能。例如，货物周转量从 1985 年的 18365 亿吨公里增长到 2014 年的 181668 亿吨公里，增长了近 9 倍。沿海主要港口的货物吞吐量从 1985 年的 31154 万吨增长到 2014 年的 769557 万吨，增长了 23.7 倍。从进出口来看，1985 年中国的进出口额不足 700 亿美元，2014 年进出口总额为 4.3 万亿美元，增长了约 60 倍。

### 2. 运输方式的多样化和运输工具的发展

首先，货物需要在物流节点装卸、换载、理货、分拣、配载，导致工作量大大增加，货损、货差的可能性也在增加。其次，不同货物的同一流通方向、同一货物的不同流通方向、不同货主的同一流向货物、同一货主的不同流向货物、不同运输工具之间的转换、交接，使得物流节点必须拥有足够的场地、泊位、铁路专用线、站台，仓库才能完成这些工作，这些因素要求物流节点发展成物流中心。最后，高速铁路在中国得到迅速发展，使得既有铁路的运能大大释放，一些大型的铁路货运站形成了物流园区。

### 3. 铁、公、水路等交通设施的高速发展

公路建设技术的快速发展特别是高速公路的发展，让货物汽运变得更快更方便，500 公里以内的运输越来越多地选择使用公路汽运。美国在 20 世纪用 30 年时间建立起了全国高速公路网，极大地改变了物流节点的布局。之前密布的小型仓库逐渐消失，取而代之的是分布在交通枢纽、城市周边的规模大、设备先进、作业速度快，并更注重调配、整合和周转的物流园区。

### 4. 降低物流成本的压力

股东不断追求高额利润与市场残酷竞争的双重压力，迫使厂商不断降低自己的物流成本。在市场竞争压力越来越大的今天，供应链一体化的经营趋势要求他们必须密切配合才能获取竞争优势。

### 5. 城市经济的发展

城市化进程的加快和城市经济的发展，对物流园区的形成、类别、功能起着至关重要的作用。首先，城市经济规模的扩大、人口的快速增加，带来同样迅速增长的生产消费和生活消费，迫切需要有充足的物流作业空间与城市的快速发展相适应，规模小且功能单一的仓库逐渐被规模较大、功能多的物流园区取代。其次，城市范围的快速扩张，使原本的城市仓库处于城市中心地带，其受限于地价昂贵、交通不畅、装卸

不便、车辆尾气和噪声污染等原因需要向郊区搬迁。在迁建中，相关企业聚拢在一起，并随之更新了设备，扩大了规模，逐步形成了物流园区。

### 6. 科学技术的发展

随着自动识别、云计算、移动互联、LBS 等新兴技术以及自动分拣、机械装卸和搬运、智能运输等技术的发展，为大型物流园区能够准确、快速、柔性地进行繁重复杂的物流作业提供了必要的技术保障。信息技术的发展也使得物流中心网络化运行变得更加便捷。有远见的物流企业抓住这个时机，大手笔地投资物流园区，短时间内迅速壮大起来，形成了网络化经营优势。

### 7. 商业形式发生变化

随着激烈的商业竞争，连锁商业、电商平台等新的商业形式大量出现，以贴近顾客、低价销售的经营方式使商家的经营规模迅速扩大，能够处理更多货量、更多品种并且能够提供最后一公里配送服务的配送中心应运而生。尤其是近 10 年来，电子商务发展迅猛，直接催生了电商物流园区和促进了快递分拣中心的发展。

## 二、我国物流园区发展的环境

### （一）国家政策

2014 年 9 月 12 日，国务院印发了《物流业发展中长期规划（2014—2020 年）》（以下简称《规划》）。《规划》要求，到 2020 年，基本建立布局合理、技术先进、便捷高效、绿色环保、安全有序的现代物流服务体系。物流园区作为物流转型升级的关键，被列入了十二个重点工程之一。

2013 年 9 月 30 日，国家发展改革委等 12 部门联合发布《关于印发全国物流园区发展规划的通知》（发改经贸〔2013〕1949 号）。这是我国第一个在物流园区方面的专项规划，是一个里程碑式的文件。从宏观层面为物流园区的发展指明了方向，为出台配套措施打下了基础。

2013 年 1 月 7 日，工业和信息化部印发《工业和信息化部关于推进物流信息化工作的指导意见》（工信部信〔2013〕7 号），要求推进全国各物流区域、节点城市、交通枢纽、物流园区和经济园区的物流信息平台建设。

有关部门对物流园区、物流中心、公路主枢纽、物流集聚区及其信息系统建设实施了补贴、贴息等政策，对物流节点城市、物流示范城市、公路枢纽城市、流通节点城市、流通综合试点给予更多的优惠。国家以补充资本金、低息企业债的方式支持物流基础设施的建设。

## （二）经济环境

### 1. 经济发展新常态

我国经济正处于增长速度换挡期、结构调整阵痛期、前期刺激政策消化期的三期叠加阶段。发展速度从高速增长转为中高速增长，经济结构优化升级，驱动力由生产要素和投资驱动转向创新驱动将是未来我国经济发展的主要特点。

### 2. 经济全球化的新常态

之前人们担心进入 WTO 后自身产品被冲击。现在我国很多产业的产能、产品和资本均处于过剩状态，迫切希望打破贸易壁垒，对外输出，更好地融入世界经济。物流业需要在"一带一路"中成为"逢山开道，遇水架桥"的先头部队，先一步走出国门。

经济环境的巨大变化必将对物流园区的布局、功能、规划和投资产生深远的影响。

## （三）土地资源约束大

受 18 亿亩农耕用地红线的限制，2013 年以来，有关部门和部分省市出台了节约集约使用土地的政策。建设用地供应量被大幅压缩，而其中物流用地供应量降幅最大。2013 年到 2014 年，全国国有建设用地供应总量从 73 万公顷下降到 61 万公顷，下降了约 16%。其中，工矿仓储用地分别由 21 万公顷降至 15 万公顷，下降了近 30%；房地产用地分别为 20 万公顷和 15 万公顷，下降了 25%；基础设施等其他用地分别为 32 万公顷和 31 万公顷，下降了 3% 左右。土地资源紧缺使得物流用地难以得到保障，用地价格持续上涨。一些地方政府出台规定，将工业仓储用地的土地使用年限缩短到 20 年，更是大大增加了物流用地的投资成本。这直接导致物流园区的运营压力和风险进一步加大，物流设施投资意愿降低，物流发展受到很大程度的限制。

# 三、我国物流园区的现状

对比 2015 年和 2012 年中国物流与采购联合会、中国物流学会对全国物流园区（基地）进行的两次调查报告，可以明确感受到我国物流园区的发展得到了较大的提升，主要表现在以下几个方面。

## （一）数量增加了，质量提升了

经调查核实，至 2015 年 5 月，我国各类物流园区共计 1210 家，已投入运营的物流园区有 857 家，占 71%；在建的有 240 家，占 20%；还处于规划阶段的 113 家，占 9%。正在运营的 857 家物流园区中，综合型的占比超过 60%，商贸型、货运型的占比都不足20%，生产型的占比不足10%。保税型物流园区以海关特殊监管区的形式存在，至2014年，我国设立了44个综合保税区、62个出口加工区、14个保税港区、4个自由贸易试验区。对比2012年的754家，增长60%，处于运营状态的物流园区数量大幅上升，由2012年的348家增加至2015年5月的857家。

根据对中物联评选的50家优秀物流园区的数据分析，这些园区平均投资10.9亿元，平均占地1700亩，平均投资强度64万元/亩，平均运营面积占比75%，平均容积率0.67，平均物流强度378万吨平方公里，平均主营业务收入5.7亿元，平均入驻企业230家，平均就业人数5900人，平均税收1800万元/年，平均人均产出38.1万元。

## （二）产业聚集特性开始增强

物流园区的运营逐步吸纳产业链上更多的企业进入园区，产生集聚效应。比如，建材物流园区聚集了建材生产商、销售商、服务商、装备提供商，汽车物流园区聚集了汽车生产厂家、销售商、零部件供应商、修理厂等，再加上这些物流园区原本已有的各类物流企业，如运输、仓储、加工、物流装备、快递、冷链等，以及园区运营所需要的公共服务类企业，如金融、保险、投资、通信、维护、维修、水电路、油气、冷热供应、餐饮、娱乐等。物流园区俨然成为相关产业融汇的生态体系。在这个体系中，采购、展示、交易、体验、市场、货物集散、多式联运、甩挂运输、滚装运输、专线、驿站、储存、分拣、供应链集成管理、商贸物流一体化等多功能相融合。

## （三）金融平台属性逐渐显现

物流园区的金融服务分园区平台融资和银行融资两大类。园区平台融资借鉴了互联网金融的模式，使用代收款和结算沉淀的资金开展结算、支付和融资服务。银行融资是由园区推荐客户，银行为这些客户提供融资，由物流园区提供相应的监管、征信、推荐等辅助服务。

物流园区本身带有的集聚作用及其背后庞大的客户群体对各家银行都极具诱惑力。银行期望以贸易金融服务为起点，满足客户大额贷款、跨市场融资、理财等其他派生金融需求。某银行行长说过，"商业企业和物流企业都拥有庞大的客户群体，银行通过加强与此类企业的合作，可以较轻松地介入某一行业或领域，以较低成本获得海量客户资源"。平安银行甚至直接介入物流园区的投资和建设中，并提出要把物流园区建成集融资、支付、结算、保险于一体的服务中心。

## （四）电子平台与实体园区实现快速融合

互联网、物联网、云计算等技术的日趋成熟和广泛运用催生了新一拨的平台经济浪潮。以卡行天下、安能物流等为代表的公路货运专线整合平台，打造了以时效承诺为核心的"卡车航班"。国家交通运输物流公共信息平台则通过提供统一的数据接口，实现了国内交通运输物流信息的共享。中国电子口岸将工商、税务、海关、外贸、银行、公安、交通等部门的数据进行集成，实现了通关一体化。中国物流金融服务平台通过涵盖事前、事中、事后的全过程监管，打破信息的不对称，为企业提供安全可靠的物流金融服务。车货匹配平台致力于解决供需信息不对称，降低空驶率和运输成本。随着这些电子平台入驻物流园区，与物流园区深入融合，虚拟平台和实体平台相辅相成，天网和地网互联互通，园区经营模式发生变革。监督管理模式创新和流程优化，实现了公路运输与空、水、铁运输的无缝对接，将机场、港口、铁路货场的设施、功能和服务以及口岸系列配套的服务虚拟并集成延伸到物流园区内，形成了"虚拟空港""无轨货场""虚拟海港"等新型服务模式。

## （五）物流服务功能得到细分和拓展

经过一段时间的发展，物流园区由传统物流的收发、保管、扳倒等基础作业服务，经过不断拓展和细分，延伸出分拣、包装、加工、加固、组装、检验、越库、办公、停车、追踪、信息、修理、质押、交割、租赁、拼箱、拆箱、保税、联运、市场、展示、货代、方案、商务、配货、收款、结算、回单、咨询、保险、班列、专线、代销、装备、逆向、集散、库存控制、售后服务、托盘共用、劳务派遣、培训、技术支持、供应链金融、餐饮、住宿等诸多物流增值服务。

## （六）实现品牌复制、联网经营

以浙江传化、广东林安为代表的公路物流园区，正在通过管理方式的复制全国建网，主要采取自投、合资、合作、托管、加盟等方式，新增物流节点。公路物流园区利用现代化的信息技术把以往孤立的物流节点连成网络，解决公路货运市场上的车货信息不对称、等候时间长、回程空载等问题，提高运营效率、减少大气污染、降低物流成本。最终形成运输、仓储、分拨、金融、保险、生活服务、信息服务、维修维护于一体的公路运输体系。

## （七）互联网＋运用广泛

近些年来，我国电子商务行业迅猛发展，也带动了物流业"热切拥抱"互联网。比如快递业，20世纪90年代末期发展起来的快递业由最初的收集报关单据坐火车送件的代客跑腿发展到现在的购买货运专机派送，依靠移动互联技术对订单进行实时追踪，并提供实时查询服务。现在已经出现了像上海厚谦商务咨询这类创新型企业，设计开发了能够包括提货、在途、换车、配送、签收以及供应链融资，涵盖货主、园区、3PL（第三方物流）、运输代理、司机和收货人的全生态环境物流管理信息系统。

### （八）园区信息平台建设加快

物流园区在信息平台建设方面的投入越来越大，信息化投入超过 500 万元的物流园区占××%，超过 1000 万元的比例占××%。以往凭借建设一个网站、买几套管理系统软件就号称拥有信息平台的做法已难觅踪迹。更多的园区期望充分利用开发的物流信息公共平台互联互通和资源整合的功能，全面提高园区运营效率和物流服务水平，同时考虑通过公共信息平台的应用接口，与政府各管理部门进行信息的交换与传递，一方面利于园区获取相关的"一站式"审批服务，提高行政协同办公效率，另一方面，将园区物流信息状况传递给公共信息平台，便于相关部门进行大数据分析，了解发展趋势，制定相应政策。

## 四、物流园区存在的主要问题

### （一）规划不科学，存在安全隐患

#### 1. 目标过高，难以实现

很多地方对物流园区的规划数量过多、规模过大。比如，有地方规划了占地 100平方公里的物流园区，这样大规模的物流园区，其根本目的恐怕并非物流业。

#### 2. 注重局部，忽略整体

很多城市的规划都是以本身为中心画一个经济圈，希望把圈内的物流都吸引到自己的城市来，做竞争性分析的城市规划很少。相邻城市的园区建设高度同质化，类型相似、功能相似、服务对象相似，以至于重复建设严重，造成极大的浪费。

#### 3. 多方参与，缺乏统筹

各部委出台了一系列支持物流业发展的文件，总体效果是好的，但其中不免有重复、交叉、矛盾之处。关于对物流节点城市、物流示范城市、公路枢纽城市、流通节点城市、流通综合试点等的设置，还需要各部门相互沟通和统筹规划。

### （二）政策法规有待完善

#### 1. 缺乏对仓单、质押等新业务的立法

目前，仅有《中华人民共和国合同法》① 对仓储保管合同进行了规范，缺乏对仓储

---

① 自 2012 年 1 月 1 日起施行《中华人民共和国民法典》，《中华人民共和国合同法》同时废止。

运营衍生出的新业务进行的法律规范。比如，明确仓单的法律定位、仓单开立的资质认定、仓单的转让与质押等类金融功能。

### 2. 物流园区缺乏用地保障

由于土地资源不足，部分政府按项目收益的多少来安排用地指标。物流园区以其投资巨大、回收期长而排名靠后，常常会出现规划很大的物流园区迟迟拿不到用地指标，或在园区内扩大商贸设施，缩减物流设施等现象。西安国际路港是比较典型的商贸化物流园区，本身的物流服务功能大大弱化。

### 3. 降低税负还不能兑现

虽然给物流业减税降负的呼声一直不断，但一些地方给物流园区规定了投资强度、税负强度、就业任务等诸多指标，反而增大了园区运营的负担。

### 4. 投融资机制还未建立

金融业总是偏爱回报高的行业，虽然批准了几个物流基金，但还远远不够用于物流园区的投资建设和运营。

## （三）物流园区运营能力有待提升

### 1. 园区运营管理能力薄弱

很多园区仅仅关注招商，忽视管理和服务，园区开始运营后，公共事务无人负责，导致经营环境变差。部分园区基础配套服务还需完善，有些园区历经 10 年进行建设和运营，其基础设施仍有缺陷未得到改进。

### 2. 类房地产化经营

部分园区为了加快资金回笼，把土地、库房、商铺一卖了之，导致入驻园区的企业类型不一，集聚效应难以有效发挥，物流服务能力难以形成合力。

### 3. 物流服务功能单一

部分园区还停留在大型仓库的固有经营模式上，物流相关的增值服务所占比重较小。

### 4. 入驻企业能力不强

园区的 5A 级、4A 级物流企业数量较少，专业化物流能力和综合服务能力较弱，无法满足客户网络化和一体化的物流服务需求。

### 5. 缺乏市场化的运作机制

部分园区管理委员会是政府的职能部门，主要负责招商引资，没形成市场化运作机制和盈利模式。

（本节选自笔者 2015 年的工作报告）

# 第六节 物流园区的发展建议

根据 2014 年全国经济普查数据，2013 年全国仓储业总资产 16878.6 亿元，比 2004 年的 2578.0 亿元增加 14300.6 亿元。2014 年仓储业固定资产投资额 5158 亿元，同比增长 22.8%，是连续 10 年投资高速增长的行业之一。笔者认为，大规模的粗放式的物流园区投资高峰已经过去，物流园区将进入科学规划、精益运营的新阶段。当前应进行以下几项工作。

## 一、抓规划

要客观地分析经济环境和物流环境，研究和分析影响物流行业发展的因素和程度。物流行业不可能脱离其他产业发展。在经济增速放缓的大环境下，有什么货物需要流动，从什么地方出，到什么地方去，货物的结构、流动的频次、流动的数量、运输方式等因素都会直接影响物流行业与物流园区的规划。

地方规划不能仅重视其他产业规划和建设而忽略物流行业的规划和建设。忽视物流规划往往会导致因物流基础不完备或与相关产业不匹配而使相关产业的物流成本高于竞争对手，最终导致相关产业在运营中处于被动或亏损状态。比如有的因运输通道不匹配而导致货物对外发运受限，有的因远离铁路线或航运码头而需要增加汽运短倒成本，还有的是缺乏综合物流基地、缺乏多式联运设施、缺乏供应链服务企业等，导致产业发展受阻。

物流规划不能好高骛远，也不能保守封闭、缺乏前瞻性。物流规划需要了解运输、装卸、信息、管理、通信等技术发展现状和趋势，并对产业结构、发展趋势、资源利用、货运量等做出科学合理的预测，同时要避免贪功求大的思想，过度规划和建设。过度规划和建设一定会带来过高的资产折旧压力并使园区长期亏损经营，从而失去发展的动力，并影响相关产业的发展。当然预测不可能完全准确，哪怕是欧洲一些发达国家，如英国、荷兰、比利时等国在经济结构调整过后，也会出现大量的港口设施闲置，只能廉价出租或改作他用等情况。我们应该通过分期规划和建设，为未来的产业发展和配套的物流设施预留一定的空间，根据后期发展状况对后期的规划建设做出调整。

政府管理部门应积极参与到规划中，与相关企业加强沟通，统一政策、完善法规以适应行业发展的需要。在物流领域，近些年来刺激政策出台得多、落实得少。究其原因，政出多门和部门权力的意识使很多好政策迟迟不能落地，中央提出的"简政放权，为民服务"，应该是未来一段时间地方管理部门的主旋律。

确定物流园区规模和布局的基础参数。要在全国范围内确定物流园区的数量、选址、布局、功能、规模，物流园区规划应由有关部门共同制定，协调利益、避免重复，应将物流园区规模和布局与城市发展规划和土地利用规划相结合，考虑环境、地质、气象、水资源的影响程度，考虑科学技术的进步和货品结构的变化等，以确定合理的建筑密度、容积率、物流强度等参数。

建设空、铁、公、水联运的物流枢纽，实现货物转运的无缝衔接。在城市物流规划中，铁路货运站及专用线不能一拆了之，应考虑是否在立交纾解、避免公路铁路交叉的基础上，合理规划铁路物流通道，并科学设计铁路物流中心。比如，通过大运力的铁路将城市需要的快消品直接运送到市内，并实现快速集散。例如，一列满载列车载重5000吨，可以替代250辆货运汽车的郊区到市区的往返运输，可以大大减少城市道路的拥堵和尾气污染。城市物流体系会更加顺畅和完整。

## 二、立标准

解决不同层级的城市如何规划、建设、运营和管理物流园区的问题，应研究设立各层级示范城市、示范园区的评价指标体系，形成物流园区的优化参数，指导物流园区的发展。总的原则是提高运营效率、降低物流成本、集约节约使用土地。评价指标大致分为以下7类。

### （一）基础设施

规划占地面积、实际占地面积、平均占地面积、规划与实际相符率等几项指标在于考核物流园区占地面积的多少以及规划的合理程度。物流运营面积占比、建筑面积、建筑占地面积、容积率、建筑密度等指标在于考核园区的物流功能大小。要求物流园区的物流作业运营的占地面积是总占地面积的60%以上。避免某些园区借物流之名"拿土地、要补贴"，却将园区挪作他用。物流园区的容积率不能过高，过高则影响作业效率。根据对341个国家经济类园区和我国优秀物流园区的数据分析，物流园区的容积率应该在0.75~0.85。当然，这与库房的层数有很大关系，楼库越多，容积率应随之提高，但不宜超过1。建筑密度应为30%~40%。

## （二）交通状况

物流园区应设在交通便利、可组织多式联运的地方，减少人车混行和交通堵塞。一般应靠近水港、空港、铁路货运场站，在园区中建设铁路、码头是最优选择。公路物流园区应选在距高速公路出口、铁路场站 5 公里之内的地方。

## （三）服务能力

存储服务能力的指标主要是仓储面积，含货场面积和库房面积；装卸搬运能力的指标是装卸搬运设备台数、设备总起重能力、单机设备最大起重能力和设备成新度、设备完好率；运输配送能力的指标是车辆台数、荷载、成新度。信息服务能力的指标包括公共信息平台注册账号量、公共信息平台日均访问量、信息平台网页级别（PR值）、信息系统功能完备性以及计算机管理覆盖率。此外，还有配套服务、政务服务、商务服务、运营年限等评价指标。

## （四）效率效益

生产经营指标，包括物流运营收入、人均营业收入、作业量、吞吐量、物流强度、单位面积产出、园区货运量占地区货运量比例、投资收益率。

## （五）社会责任

社会责任指标包括就业人数、年度税收总额，入驻企业数量及质量，生态责任包括 $CO_2$ 排放、单位收入（作业）耗电量、绿色能源使用率等。

## （六）管理能力

管理能力指标包括物流园区组织机构、规章制度、基础设施、一站式办公、投诉响应、安全事故、应急能力等。

## （七）示范作用

示范作用指标包括物流园区运营模式、辐射范围、技术装备、社会荣誉、知名度等指标。

## 三、有措施

国土部门应有切实措施，解决当前园区发展中的土地问题。在规划确定之后，要保证用于物流的土地得到落实，兑现优惠，让为了卖地而立项的商家无处藏身。要解决已有的乱占土地问题、变更用途问题、土地增值问题和新出现的土地指标不足问题。土地是物流园区发展的核心和关键，解决不好土地问题，其他工作都不好推进。建议政府采取出租土地的方式，简而言之，土地国有，用途物流，只租不售，业者进驻，不得转租，设施自投，长租优惠、分期支付，枢纽基地、国投企租，建议开征土地增值税，分享土地增值收益，减少大量占地，出台限制企业卖地及含土地股权政策。

## 四、聚合力

各部门共同推动物流园区工作，认真梳理管理权限的分工、管理方式的改进。比如，应考虑将以前自发形成的物流设施进行改造入园，铁路与地方相关部门共同商议专用线等基础设施的布局，一些建筑防火规范的指标应结合新技术新材料的使用得到调整，以适应现代物流的需要，解决公路运输超载超限和以罚代管等乱收费现象，建立物流园区的持续性投融资机制，等等。

## 五、国际化

物流园区建设应关注跨境电商的发展趋势，加强与海外仓的联系，提升国际化运营能力。跨境电商具有电子商务的一般特点，比如，交易不受时空限制，交易环节少，订单碎片化，反映真实需求，快速交付，融资成本和交易成本低等。跨境电商同时具有国际贸易的特点，在为中小企业打开了国际市场大门的同时，也需要这些企业学会处理进出口贸易管理的相关事项，比如关税、结汇、检验、检疫、安全管理等。跨境电商发展的前提条件：一是廉价的商品、廉价的上网成本以及廉价的交易成本；二是互联互通的交易系统、金融系统、物流系统（运输与仓储）、口岸管理系统；三是相关国家和地区的法规支持跨境电商、质量和市场诚信体系完善；四是完善便捷的支付手段，金融电子化使网上支付极为方便安全；五是信息技术的发展使查询、追踪、反馈、单证流转、合同生成、认证更为便捷，使交易更加可控。

在跨境电商业务中，海外仓的作用至关重要。海外仓的主要功能是商品的分拨、储存、库存管理、分拣、包装、加工、装卸、配送。海外仓分为保税仓和非保税仓。2014年，中欧班列发出308列，去程回程货物都需要在海外仓集散。我国进出口货运量38.9亿吨，海外部分几乎全部由外国企业运营。我国企业在海外设仓的不多，主要为大型物流企业、贸易企业自建和租用仓库。还有"中国城"等商贸设施的附属仓库。

2006 年，中国诚通集团买下俄罗斯商贸城——格林伍德。2007 年，河南企业家买下德国帕希姆机场。2014 年，山东高速牵头买下法国图卢兹机场 49.99％ 股权。欧洲国家经济不景气，土地及固定资产价格正处于低位，正是我国物流企业走出去投资收购或建设海外仓的好机会，也可以为下一步更多企业走出去打好物流服务的前站。

（本节选自笔者 2007 年的工作随笔）

# 第七节 物流园区发展中的新问题

物流园区是我国物流体系中的重要组成部分，政府、协会、企业应给予其高度重视。国家发展改革委、住建部、自然资源部、中国物流与采购联合会发布了首批 29 家全国示范物流园区名录，表明我国物流园区的发展进入了新的阶段。

当前，新阶段的环境是：经济的新常态使大宗货物流通量增速下降、商品的提档升级速度加快、进出口商品品种和渠道发生重大变化。这些变化要求物流园区也发生变化，这说明新问题已显现。

## 一、物流园区需要更加合理的布局

布局包括国家级物流枢纽、区域性物流枢纽的布局以及各类专业物流园区的布局，也包括"一带一路"倡议推进中，国外物流园区和国内物流园区的配比布局。虽然我们建设了足够多的物流园区，但真正经过科学论证、主动布局、适应产业和城市发展的园区还不多见，更不用说国外园区的布局了。

## 二、既有物流园区的二次规划已迫在眉睫

此前的物流园区建设中存在的土地利用率低，资本技术构成偏低，设施设备不能满足快速响应电商、快递的需求等问题，需要尽快解决。存储型的物流园区需尽快改造为流通型、分拣型的园区，单层库房也需向多层库房发展，随之而来的是装卸搬运设备的更新，集装化装备的使用，信息化、机械化、自动化的应用等。这就需要对园区进行新一轮的规划改造。

## 三、物流园区的标准化

其中包括作业、管理、包装、建筑设计、运输车辆、装卸搬运设备的标准化。多式联运是提高物流效率的有效方法，但如果货物包装、装卸设备、集装箱尺寸等不能在不同的运输方式之间通用，多式联运就是空话。此外，还有道路、库房、站台、托盘、货架、货场、地面等的标准化，急需有统一的标准。只有实现了物流园区的标准化，园区才能打破孤岛状态，实现互联互通。

## 四、物流园区要实现多种运输方式物理上的集聚

国家发展改革委发布的《营造良好市场环境推动交通物流融合发展实施方案》，要求到 2018 年，全国 80% 左右的主要港口和大型物流园区引入铁路。物流园区引入铁路这一点是十分必要的。在现有的物流园区中，大约只有 40% 的园区拥有铁路专用线，如果补建铁路，在规划、投资、建设、运营等方面，需要付出更多的努力。

## 五、物流园区专业化和综合化关系处理的问题

近年来，冷链物流园区、电商物流园区、汽车物流园区等专业物流园区增加较多，它们的功能、分布与综合物流园区有着竞合关系。对于不同的城市，专业物流园区的选址、规模、服务半径都需要认真论证。从当前的情况来看，专业园区设置多一些、规模小一些，可能比较合理。

## 六、智慧物流园区建设已经被提到重要日程上

智慧物流园区主要体现在信息化、智能化、协同化、机械化、自动化等方面。

信息化包括订单管理系统和快速响应机制，可实现单证处理电子化和安全的配送。

智能化指具有数据处理能力，可判断新情况，提供科学合理的决策方案，体现在管理库存、补货、纠错、安全预警、线路优化、物联网应用（识别、追踪、监控、温度控制）等方面。

协同化包括物流与制造、商贸、金融及其他服务业的融合协同，全行业全流程协同（车货匹配、园区互通、信息共用），部门协同（土地、税收、通关、外汇、收费），企业协同（联运、代理、规则、流程、单证），服务协同（诚信、征信、金融、

担保）。

机械化和自动化会进展很快，包括自动存储、分拣、扫描、包装、装卸搬运、堆垛、驾驶、装配设备（机器人、机械手）的应用。

## 七、把物流园区打造成电子商务平台和物流操作平台

电子商务平台是建立在互联网、广播电视网、通信网基础上的生产、流通和消费活动的平台；物流操作平台上要形成行业链和产业链，建立良好的生态环境，实现企业集聚和货物集聚，发展共同配送、甩挂运输、多式联运、供应链管理等。

## 八、尽快构建物流园区新的发展参数

要尽快形成物流园区的科学评价体系。

（本节选自笔者 2016 年的工作随笔）

# 第八节　智慧物流园的建设

尽管存在是"智慧"还是"智能"的讨论，许多人还是喜欢使用"智慧"一词，因为它意味着先进、科学与前沿。智慧物流园应具备感知、分析、决策、执行和学习的能力。

当前，智慧物流园的技术应用集中在园区的管理方面。在 2019 年 8 月 10 日中物联物流园区第 17 次年会上，来自顺丰、京东物流、苏宁物流、旷捷思等企业的专家，介绍了他们的认识和实践。会议主要观点如下。

## 一、物流园区智慧化，不能脱离园区运行的需要，园区问题解决方案是智慧物流园当前的具体表现

当前园区管理的痛点集中在人、车、货、场管理方面，包括园区安全、设施设备完好和使用效率、车辆进出控制和识别、收货和送货的时间控制、人员管理和绩效分

析等。相应的技术是人脸识别、人员定位和追踪、视频监控、车辆识别、引导定位、月台车位管理、货物损坏追踪、物流容器追踪、设备定位、安全防护、消防管理、水电管理等。

## 二、物流园区作业机械化、自动化

其中包括自动存储、补货、包装、贴标、装卸等。这方面的技术已经比较成熟，能否普及，需要看企业的承受能力和成本的压力，以及社会公众的接受程度和法规。比如，当劳力成本高于机器成本时，会加快机器的应用。无人配送车辆安全度极高时，才有可能使其上路。

## 三、管理平台集成化

园区管理方方面面很复杂，需要多种管理平台集成使用，比如，基础设施平台，管理范围包括水、电、气、暖的正常运行，涉及机房、锅炉房、管道、线路、上下水、消防、照明、通信（有线无线）、房产、摊铺等。此外，还有物联网络平台、公共信息平台、运输配送平台等，各个平台协同运行，才能保证智慧化的实现。

物流园区的智慧化是复杂的系统工程，是需求与技术的匹配、业务与管理的匹配、数据与标准的匹配。要做好这项工程，需要各方面相互配合。笔者曾提出过一个模型，即物流平台需要六个子平台予以支撑，即信息平台、交易平台、金融平台、物流平台、客户管理平台、安全保障平台。信息平台是各种相关信息交流和咨询的平台，负责发布商情报告、形势分析、行情分析、指数走势、价格、供给、需求、政策等信息，为交易双方提供商品和服务的信息以及企业征信服务。交易平台包括商品交易、物流服务交易、电子证据保全、资格审查、线上审核、保证金监管、即时查询、定时通知、预警等。金融平台包括支付结算、集合采购、应收应付融资、存货融资、融资租赁、保险、担保。物流平台包括物流园区的业务系统，含调度协调、仓储服务、运输服务、单证（包括电子订单、电子合同和凭证、电子质保单、存货单或仓单、码单、提货单、电子发票、税票、交易单、运单）管理等，还包括即时路况查询、救援、交割、监管、加工、包装、配送、增值服务。客户管理平台包括会员管理、用户资料、电子认证识别、诚信和信用评估、老客户识别、短信通知、无线传输、视频会议、协作办公、投诉管理、多式联运、可视系统等。安全保障平台包括基础设施管理、安全管理、秩序管理、公共事务管理、系统容灾管理、中间件、接口管理（信息收集服务端接口管理、客户端接口管理、远程监管、在途物监管、网银支付查询接口管理、第三方资金监管查询接口管理）、CA 安全认证、联运各方接口管理、门户网站管理、资源协同、服务器托管等。此外，还应具备海量数据存储、查找、分析、清理和决策支持功能。

建设这样一个园区的智慧化系统绝非一日之功。从架构上看，它必须有高度的包容性，能够容纳不同时期、不同技术路线、不同开发商建设的系统模块。从发展看，它必须有适应新情况新技术的可迭代性，不断优化是智慧系统的特性。从基础看，它必须有坚实的业务基础，即物流园区的业务是真实的，数据是准确的。到目前为止，理想的智慧物流园区还没有出现，但各个模块在不断完善，比如，车货匹配系统、追踪查询系统、自动仓储系统、自动搬运系统、信用评估系统、纠错预警系统都在快速迭代之中。如果在商务活动、经济判断、经营决策方面取得突破，物流园区的智慧化时代就到了。

（本节选自笔者 2019 年的报告）

# 第九节　国家物流枢纽的规划和建设

2018 年的相关统计数据可以看出我国已成为物流大国。国家物流枢纽的建设被提上议事日程，在过去的几十年里，国家建设了多个物流枢纽，但随着高质量发展阶段的到来，上述物流设施或多或少显示出弊端。一是没有实现多种运输方式的联通，主要是铁路和水路的联通，铁路进不了港是主要问题。二是物流设施规划建设标准的平均水平低，物流效率是由"木桶的短板"决定的。三是物流设施受城市发展影响较大，不断迁址造成了资源和业务损失、布局散乱、交通拥堵和污染严重。

国家级的物流枢纽应该是承担国家物流责任、保证国家物流安全和国民经济发展的物流枢纽，在任何情况下，都必须以国家需要为第一需要。同时，要有大规模的货物流通和物流企业集聚，物流标准统一，物流设施通用，信息平台共用。除此之外，有关规划和建设还有以下建议。

（1）国家物流枢纽不应该以行政区划为界限选址，要减少本位影响。港口扎堆，如营口、锦州、盘锦港口群，秦皇岛、京唐港、曹妃甸，董家口、日照、黄骅等港口的投资建设。我国已有太多关于重复建设、同质化竞争的教训了。

（2）国家物流枢纽应该功能齐全，设施先进，适于多种物品的运输、存储、中转、加工、配送。对危险品也要容纳。

（3）国家级物流枢纽要有多种交通运输方式的交汇，落实运输结构调整要求，铁路进港、近空、进园区；公路畅通；减少铁路公路平行交叉。

（4）国家级物流枢纽应适应我国的经济结构和产业布局的发展趋势以及对外贸易需求，要充分考虑煤炭、石油、天然气、木材、铁矿石、铝土矿、铜及铜矿、纸浆、粮食、油料的开采、加工、制造。

（5）国家级物流枢纽要满足人口分布及迁徙的需要。人是生产者也是消费者，生产资料和消费资料与人的关系极大。消费正在从落后方式向科学方式转化。人从气候条件艰苦的地区向较好地区的迁徙是不可避免的。

（6）国家级物流枢纽要改变对海关特殊监管区的管理方式，根据需要确定监管区的面积、设施、功能、查验比例、保税非保税的转换。

（7）国家级物流枢纽布局和功能要考虑"一带一路""西部走廊"建设的需求，最好减少内部竞争。

（8）国家级物流枢纽要执行集约节约使用土地的国策，尽可能利用现有的设施和物流用地，尽可能与资源枯竭地区的产业结构调整结合起来。已经废弃的工厂、矿区，其建设用地、铁路线、动力机械，如条件具备，均可用于物流枢纽建设。

（9）国家级物流枢纽要制定统一的建设标准和使用可靠的参数。只有标准统一，才能实现枢纽之间的互联互通，包括信息互通、设施联通、模式相通。包装用标准模数、托盘用标准尺寸，才能保证集装箱、汽车、轮船的最大装载量。

（10）国家级物流枢纽的全国布局和园内布局、建筑形制，要考虑货物的品类结构和变化趋势的要求。枢纽之间的距离、连接方式，库房的大小多少、结构，装卸方式，都要因物而宜、因地而宜。

（11）要对物流枢纽做出物流强度的要求。合理确定单位面积的作业量，有利于提高物流效率、降低物流成本、使用先进技术。要在大量统计调查和数学模型的推演下，计算出每一个物流枢纽的面积、最优选址、最优交通运载的配比关系。这需要有很高科学含量的研究。

（12）国家级物流枢纽要与物流园区、物流中心、配送中心、分拣中心、储备中心有区别，主要体现在面积、功能、联运、综合、跨行政区、跨行业、基础性等方面。物流枢纽与其他物流基础设施一起，承担着货物集散、转运、储存、应急和市场供应的重任。

（13）国家级物流枢纽要建立新的投融资和运营体系与机制，防止出现新一轮的圈占土地现象和房地产运营模式，确保充分发挥国家级基础设施的作用。

（本节选自笔者2018年的报告）

# 第十节　国家物流枢纽建设启动

国家发展改革委、交通运输部联合发布了 2019 年国家物流枢纽名单，23 个物流枢纽被列入第一批建设名单。它标志着我国物流生产力的新的布局规划开始建设，水平开始提升。

## 一、建设国家物流枢纽意义重大

改革开放之后，我国的物流设施建设快速发展，有效支持了经济的发展。但也存在着一些不足，比如，规划不科学、不合理，选址不准确，定位不清楚，盲目建设的现象较为突出，多式联运进展缓慢，铁水公换装设施不衔接，各自为政造成物流资源浪费，等等，导致物流成本居高不下。

物流枢纽是集中承载货物存储、转运、集散等功能的物流设施集群和区域物流活动运营组织中心。《国家物流枢纽布局和建设规划》是我国新时期的第一个物流枢纽规划，规划目标是将 127 个具备一定基础条件的城市作为国家物流枢纽承载城市，规划建设 212 个国家物流枢纽，包括 41 个陆港型、30 个港口型、23 个空港型、47 个生产服务型、55 个商贸服务型和 16 个陆上边境口岸型国家物流枢纽。这个规划是与我国现代化经济体系相适应的国家物流枢纽网络建设规划，是国家物流生产力布局的战略性举措，是集约经营国家物流基础设施的部署。规划实施完成后，物流要素达到更合理的组合匹配，物流组织效率大幅提升。先进的物流技术装备和多式联运、甩挂运输等先进运输组织方式广泛应用，各种运输方式衔接更加紧密，联运换装转运效率显著提高，集疏运体系更加完善，综合服务能力显著增强。

建设物流枢纽需要一定的条件，其中包括便捷的交通，靠近港口、铁路车站、机场和公路，物流枢纽的选址不可距这些设施过远，或者它们就是枢纽的组成部分。要有足够的产业支撑，包括农业、制造业、商贸业、采掘业、运输业的一定程度的发展。要有良好的自然环境和营商环境、和谐的生态体系，包括金融、保险、生活、监管、税务、海关、国土、规划、环保、安全等方面。让企业愿意来、方便来。要有丰富的不同层级不同专业的人力资源。需要低价且供应充足的土地。枢纽占地面积较大，确切来讲，国家级的物流枢纽如果需要配置港口、铁路，实现多式联运和加工配送，占地面积应在 10 平方公里以上。

对于这样一个物流基础设施的规划，关键是要提高认识、早下决心、科学选址，使其模式明确、功能完善。从当前情况看，各地政府部门都非常重视，争取搭上头班车。本次推出的 23 个国家物流枢纽都有完善的国家物流枢纽建设方案和较齐全的基础设施，地理位置符合发展国家物流枢纽的要求，有突出的发展特色。

## 二、国家物流枢纽规划建设要求

国家物流枢纽的定位要高，不能简单地重复传统的物流设施，要从全球、全国当前和未来的需求角度去设计、去建设、去培育。国家物流枢纽要服从服务于国家需求。

（1）与国家战略紧密联系，要具备国际业务能力，与"一带一路"建设联系紧密，服务于跨境电商，要符合国家运输结构调整政策，发展中欧班列、货运班列、集装箱运输、多式联运等先进的运输组织，要建立完整的运输配送交付体系。物流枢纽要形成网络，对经济建设和人民生活起重要的支撑作用，要与制造业、商贸业、金融业的发展融合联动。

（2）空间布局集约。物流枢纽要有合理的建设方案。用地边界要清楚合规，便于各种功能的布局。建筑、货场、道路的布局要符合物流工艺要求，减少重复操作。功能分区要合理，仓储、运输、装卸、加工、转运、联运、集装箱、保税、海关双检、国际物流、铁路公路航空水运接驳等设施要齐全。

（3）服务功能完善。物流枢纽要提供公共服务，而不仅仅是为本企业服务。要具备运输、配送、城市铁公水接驳能力，具备区域分拨、加工、商贸、电商物流和保税功能，要建设系统集成、互联兼容的物流信息平台等。还要提供通关、检验检疫等国际物流相关服务。

（4）物流枢纽协同联动。不同城市的国家物流枢纽、同一承载城市的不同类型的国家物流枢纽、多个城市合建的物流枢纽应该互联互通，协同运行。

## 三、国家物流枢纽重在运营

国家物流枢纽不仅仅是块牌子，更重要的是要真正发挥作用，要有运营业绩，要为国家经济发展和人民生活水平提高做出较大贡献。参考物流园区的评估指标体系，对物流枢纽的评估应该包括下列指标。

（1）需求满足程度指标。比如对 GDP 和经济结构调整的贡献、物流成本的降低幅度、人民生活的方便程度（15 分钟生活圈是否形成）、城乡投资总额及增长速度、人口数量和文化水平、财政收入等。

（2）物流发展指标。交通运输行业的发展，包括道路、港口、机场、铁路设施覆盖率；仓储行业的规模、周转速度、设备和信息化投资比重；仓储企业个数及生产能力，包括资产、占地面积、库房数量、存储能力、设备数量、周转次数、吞吐量、收费标准、人力资源状况；运输企业个数及运输能力，包括资产总额，运输车辆及载重吨、成新度，铁路货运站能力，道路货运站个数及能力，专用线名称及布局，码头泊位、水深、停靠货船吨位、吞吐量，机场货运量，收费标准等。

（3）建设和运营指标。包括规划面积、建成面积、建筑面积、功能布局、货运量、到发量、吞吐量、存储量、周转次数、业务收入、入驻企业、经营状况、功能覆盖面、占区域物流量的比例、规划相符比例。

还有各指标的先进指标和平均指标，作为评估的基本参数。

物流枢纽应该有先进经验或突出特点。物流枢纽不应千篇一律，应该突出自己的特色。比如，有的枢纽开行中欧班列，打通直通欧洲全境的物流通道；有的发展一体化业务，减少中转环节，实现供应链管理；境内货运班列多样化，实现快速直达，服务优质高效；有的发展集拼集运，适应小批量多批次的要求，班列仓位共享、代码共享、混装混载；有的发展一单制，一单到底、一票结算；有的通关便利一站式，提供金融服务等。

中共中央、国务院印发的《交通强国建设纲要》，要求建设"全球123快货物流圈"（国内1天送达、周边国家2天送达、全球主要城市3天送达）。建设现代化高质量综合立体交通网络，统筹铁路、公路、水运、民航、管道、邮政等基础设施规划建设，以多中心、网络化为主形态，完善多层次网络布局，优化存量资源配置，扩大优质增量供给，实现立体互联，打造具有全球竞争力的国际海港枢纽、航空枢纽和邮政快递核心枢纽。打造绿色高效的现代物流系统。优化运输结构，加快推进港口集疏运铁路、物流园区及大型工矿企业铁路专用线等"公转铁"重点项目建设，推进大宗货物及中长距离货物运输向铁路和水运有序转移。推动铁水、公铁、公水、空陆等联运发展，推广跨方式快速换装转运标准化设施设备，形成统一的多式联运标准和规则。推进电商物流、冷链物流、大件运输、危险品物流等专业化物流发展，促进城际干线运输和城市末端配送有机衔接，鼓励发展集约化配送模式。完善农村配送网络，促进城乡双向流通。

## 四、借鉴国家级示范物流园区的发展经验

中物联已评出56家全国示范物流园区，这些园区的经验可能给物流枢纽的规划建

设提供借鉴。其规划选址科学、规范，全部符合省级物流规划，有较充分的货源，交通便利，距高速公路出口5公里之内，66.7%有铁路专用线或靠近铁路货运站，功能布局合理，设施设备配备完善。基本服务、增值服务、配套服务层次清楚，门类多，企业聚集，分区布局科学，效率高；有特色、专业化、融合化、定位准确的服务模式；适度超前、机械和人力匹配得当的物流技术；信息技术、管理技术提升。网络建设：企业服务网点布局合理，尤其是快递快运物流、电商物流发展较快；信息系统发展快，追踪、查询、选拣、包装、支付、单证等方面领先。绿色环保：所有提高效率的操作都是绿色的；新能源、水利用、循环使用包装物。管理和招商：有序引进、注重质量，功能招商、一体服务、宽松环境。

国家物流枢纽建设并非一日之功，也不是一个部门所能独立完成的。建议各相关部门通力协助，坚持抓规划落实不动摇，在土地供给、环保建设、财税要求等关键问题上给予明确的支持。金融机构对纳入国家规划和示范物流园区的企业给予中长期投资贷款的支持，使其尽快形成功能完善的物流枢纽生产能力。

（本节选自笔者2019年的报告）

第三章

供应链金融

# 第一节　供应链金融的本质与发展

供应链金融是运用供应链管理的理念和方法，为相互关联的企业提供金融服务的活动。其基本模式是以核心企业的上下游企业为服务对象，以真实的交易为前提，在采购、生产、销售各环节提供金融服务。到目前为止，涵盖范围最广的是跨领域的金融物流概念。它首先是一个金融的概念，包含了资金借贷的内容，其次是一个供应链条的概念，是为相互关联的企业提供金融服务，再次是为企业活动的全过程提供金融服务，最后是与物流活动紧密相关。

供应链金融的主渠道是通过银行和非银行金融机构、互联网及电商企业、大型核心企业来实现的，包括各类商业银行、股份制银行、融资性担保公司、小额贷款公司、电商企业平台、企业电商平台、资金充裕的核心企业、外贸代理公司、保理公司等。其他的参与企业有融资租赁公司、期货公司，以及各种认证机构、评估机构、登记机构、征信机构、资产保全机构、诚信和信用调查机构、信息服务机构、催收机构、公证机构等。银行是最早开展供应链金融业务的，但由于管理体制层级多、风控制度严格、审批程序复杂、运营成本高等因素，使得银行把客户重点放在规模大、信誉好、业绩好、利润高的大企业上，把中小企业市场留给了电商、互联网金融企业。

2013 年，互联网金融突然发力，余额宝在短短的 7 个月内聚集了 5000 亿元资金，接着各种宝蜂拥而至，吸引了 5 万亿元左右的存款，"让银行家彻夜难眠"。余额宝的成功，得益于下列因素：一是互联网和移动互联网的发展，使碎片化的客户与机构建立了直接的联系；二是银行受制于监管，存款利息率远低于互联网金融；三是有部分中小企业愿意承担高利息借款需求；四是民间资本有了一条获利的渠道。互联网金融的功绩在于它有力地冲击了传统银行，冲破了贷款通则的限制，使得互联网企业也能从事银行业务。

与此同时，在线供应链金融迅速发展，即利用互联网和大数据实现供应链融资线上化。在线供应链金融不改变供应链金融的实质，包括借贷关系、利益主体、担保关系，但改变业务模式和风险管理的技术，具有信息对接、放款快速、方便简洁、借还灵活、标准公开透明、额度循环使用、共同监控风险等特征。从这个意义上说，网上银行业务、联网支付、网络借贷（包括个体网络借贷和网络小额贷款）、股权众筹融资、互联网基金销售、互联网保险、互联网信托和互联网消费金融，都属于在线供应链金融。根据银行业协会数据，2015 年，全国自助银行交易总量达 459.31 亿笔，同比增长 15.92%；交易总额 56.55 万亿元，同比增长 11.91%；离柜交易达到 1085.74 亿笔，离柜交易金额达 1762.02 万亿元，同比增长 31.52%。其中，手机银行交易额为 70.70 万亿元，同比增长 122.75%；网上银行交易额为 1600.85 万亿元，同比增长 28.18%；电话银行交易额为 18.20 万亿元，同比增长 171.64%；微信银行交易额为 3174.49 亿元，同比增长 195.67%；电商平台交易总计 13.68 亿笔，交易总额达 15.4 万亿元。电商成为核心企业，以至于银行纷纷与电商平台合作，其目的一是开发电商平台上客户的金融需求；二是通过平台获取交易数据、信用数据；三是增加信贷资金安全保障。例如，建行与金银岛的合作、农行与阿里小贷的合作等。但是，电商的数据是他们的命根子，岂能轻易给银行？这就出现了一些银行办电商的情况。兴业银行借助互联网技术推出"服务预约台"，客户可通过电脑、手机等渠道在线提前填单预约网点业务办理服务。中国民生银行设立"智能化网点"，实现客户自助、自主办理业务，高效满足客户需求。平安银行"橙 e 网"提供在线支付、在线融资、在线理财增值和账户管理等一站式服务。

积极主动防控供应链金融风险，是保护和促进供应链金融业务健康发展的最有效手段。

一是明确供应链金融领域监管的部门和职责。

吸取上海钢贸事件和泛亚事件、e 租宝事件的经验教训，职权清晰、画好底线、严格执法、防范在先。九龙治水的后果是效率低下。

二是加快银行自身改革。

利率市场化、利润平均化，才能避免全民办金融的乱象。表里表外同样管理，影子银行一视同仁，管事不管名称，凡是从事金融业务的，按统一规则管理。贷款监管、存款准备金等一样不少。

三是管好政府债务，防止乱上项目绑架政府和银行。

出于政绩和经济发展的需要，许多项目自有资金偏低，70% 以上的项目资金来源于银行和政府融资平台。在经济低迷时，资金被压死。

好的业务，不应该躺着中枪。

（本节选自笔者 2016 年的报告）

# 第二节　金融物流的有关理论与实践

我国的动产质押监管业务已有十多年的发展历史，理论界和银行界也都高度关注这项业务的进展，并进行了一系列的探索。本节试图厘清这个创新业务的脉络，探求其未来发展的趋势。

## 一、金融物流的有关理论问题

### （一）对于动产质押融资及其监管，不同的当事人有不同的解释

对于出质人，是提交质物获取借款；对于质权人，是占有质物发放贷款，即质押融资；对于物流企业，则是对质物实行占有和监管，即动产质押监管。可谓是对同一事物的不同叫法。由此延伸，对于供应链各环节相互关联的金融服务，银行称为供应链金融，而物流企业称为"金融物流""物流金融"。这种定义并不科学，因为我们分不清它是为金融行业服务的物流，还是为物流服务的金融。

由此带来一系列的名词问题。例如，以未来货权做质物的活动，银行称其为先票后货，而以既有货权做质押的，叫作先货后票。而对监管企业来说，先票后货被称为保兑仓业务，两者实质上是一样的，都是为银行实施占有权。同样是先票后货，在使用信用证时对进出口的货物实施监管的业务叫信用证项下质押融资监管，也有人称其为进出口监管。

### （二）金融物流的重大意义

虽然定义不太准确，但我们仍然要指出金融物流的重大意义。金融物流把物流活动引入金融业务，使贷款有了安全阀门，使借款企业得到了所需的资金，使物流企业增加了服务，这是人所熟知的三赢结果，更重要的是填补了我国担保体系的一个空白。物流创新和金融创新一起，为中小企业贷款难问题的解决找到了一条出路。在此之前，企业要想获取贷款，必须有担保，担保方式有信用担保、互保和不动产抵押担保。信用担保只适用于财力雄厚的大企业，企业互保使守信的一方为不守信的一方承担巨大债务，不动产抵押担保又使银行攒下了很多的坏账，所以中小企业要取得贷款很难。动产质押融资解决了这一难题，使众多中小企业获得银行授信和贷款。

### （三）金融物流的法规保障

在我国颁布的法规中，有多部涉及该项业务活动，基本上能保证金融物流的正常运行。

## 二、金融物流的实践

实践和探索往往先于理论，金融物流的业务开展在我国已有十五六个年头了。

### （一）早期的金融物流

较早的质押融资是贸易商出于借款的需要，将存货出质给金融机构，金融机构占有该批货物，并把一定数量的资金贷给出质人（以前，一些银行常有自备的仓库，其中一项功能就是保管质物）。现今由于银行业的营业范围限制，占有质物的工作便由银行委托给物流企业，三者的权利、责任、义务由此分明。当出质人以未来货权作为质物时，银行为了安全，便把贷款直接付给出质人的供货人，供货人根据与出质人的买卖合同，将货发给银行指定的监管人，这就使当事人由三方变为四方。出质人付余款便可提货，金融物流业务便有了保兑仓的形式。当贸易商需开立信用证进口货物时，金融物流又演变为信用证项下的质押融资监管。当物流企业在货物流转的全过程实施监管时，便演变为供应链金融业务。

其实，不仅仅银行充当质权人，一些有资金实力的工商企业也可以充当质权人。例如，甲企业需采购一批货物，乙企业在收取其一定数额的保证金后，向供应商采购该种货物，货物处于物流商的监管之下，甲企业向乙企业支付货款，乙企业通知物流企业放货。这种模式被称为贸易性融资监管。

### （二）金融物流业务近期的特点

#### 1. 业务增长速度快

年平均增长速度为100%。2009年中储、中远、中外运三家企业的业务量均在500亿元货款以上。

#### 2. 业务模式多样化

在大类别上分为动产质押、动产抵押、权利质押三类。动产质押又分静态和动态两种，权利质押分仓单质押和提单质押。这里的权利质押均以真实存在的货物为基础，均为真实有效的有价证券。

#### 3. 参与该项业务的企业增多，竞争激烈

质权人方面，几乎所有的金融机构、担保公司都在开展此项业务，最新的动向是一些工商企业也作为质权人出现。监管人方面，担保公司、资产管理公司、物流商、贸易公司等参与进来。在市场细分上，有的专做煤炭、油品监管，有的专做汽车监管等，在各自熟悉的领域内开展业务。

#### 4. 竞争手段改变

竞争手段以创新产品、增加服务和降低价格为主，使得监管收入水平下降。

#### 5. 业务风险增大

主要表现为诈骗案件频发，犯罪者中有物流公司，有出质人，也有银行的工作人员。此外还有货权认定失误，货物品质、价格认定失真，协议不规范、不严密，质物选择不当，内部控制力不够，道德风险，等等。这些风险已经造成质权人和监管人的实际损失。

### （三）金融物流存在的问题

（1）进入该项业务的各方当事人，尤其是监管人的资质认定需要规范。物流企业看管货物，无异于银行看管钱，没有准入门槛，另两方当事人的权益不能保证。

（2）缺乏该项业务的标准，包括术语是否统一、合同是否规范、流程是否一致等，这方面的标准立项迟迟得不到批准，这就造成了物流企业拥有几十个银行的合同版本，内部管理存在困难。

（3）法律法规需要完善，尤其是法官对该类业务的理解应该统一，否则，法官们自由裁量权过大，对物流企业要求过于苛刻。在已经发生的此类诉讼案中，法官们总是偏向银行。

（本节选自笔者 2010 年的报告）

# 第三节　动产质押融资是供应链金融的基础

中国人民银行决定，从 2018 年 7 月 5 日起，下调国有大型商业银行、股份制商业银行、邮政储蓄银行、城市商业银行、非县域农村商业银行、外资银行人民币存款准备金率各 0.5 个百分点，达到 15.5% 和 13.5%，业内预计约释放资金 7000 亿元。然而，实施效果并不明显，一些银行把钱攥在手里不敢放贷，主要原因是企业经营状况不好，用于还款的担保物不足。

众所周知，企业借款的担保有两大类：一类是信用担保，另一类是实物担保。实物担保又分不动产担保和动产担保。不动产担保的标的物早已用完，20 世纪末出现了动产担保融资。由于出现了"上海钢贸事件"等一系列虚假担保物诈骗案件，主管部门限制开展动产融资业务，加上互联网金融的兴起，金融机构的自我服务，不断推高短贷利率，实体经济和中小企业融资难。

基于以上问题建议有关部门解除限制动产质押融资的相关规定，发展和支持供应链金融业务。2018 年 4 月，商务部等 8 部门发布了《关于开展供应链创新与应用试点的通知》（以下简称《通知》），要求规范发展供应链金融服务实体经济。推动供应链核心企业与商业银行、相关企业等开展合作，创新供应链金融服务模式。在有效防范风险的基础上，积极稳妥开展供应链金融业务，为资金进入实体经济提供安全通道，为符合条件的中小微企业提供成本相对较低、高效快捷的金融服务。推动政府、银行与核心企业加强系统互联互通和数据共享，加强供应链金融监管，打击融资性贸易、恶意重复抵质押、恶意转让质物等违法行为，建立失信企业惩戒机制，推动供应链金融市场规范运行，确保资金流向实体经济。

发展供应链金融，必须打好底层业务基础，这个基础就是动产质押。发展动产抵、质押融资，重要的是理顺关系和建立规则。

**1. 理顺当事人的法律关系**

出质人、质权人、监管人、保管人的权利责任义务要以法规的方式加以确定，出质行为主要归物权法管，仓储保管活动归合同法管。质物权属由质权人确认，货物数量和进出管理归监管人，仓储安全归保管人。解决重复抵质押问题的关键是制定诚信管理的法规。法律允许同一物品重复抵质押，但抵质押品必须在有关部门登记，未登记的不得对抗善意第三人。登记的功能在于对抗，为防止重复抵质押，也可采取公示方式，警示后人和留存证据。有关当事人虚开仓单和质物清单、重复抵质押骗取贷款、以假充真、以次充好，则应按刑法规定追究责任，如行贿受贿、失职、高利转贷、金融诈骗等。

**2. 改进对融资性贸易的管理**

融资性贸易是最普通、最大量的业务之一。采用代理采购、定向销售的方式间接融资。做好这类业务的条件是：买卖双方真实的交易需求、各方信用记录良好、货品物理化学性能稳定、价格平稳、市场销售渠道畅通、买卖双方对标的货物质量型号规格等无异议、买方交付一定保证金、卖方保证按时交货、融资企业适时控货。虽然在互联网飞速发展的今天，信用评价的手段和可信度大幅度提高，许多金融机构建设了强大的计算机管理体系，对借款人经营情况进行全方位、多角度的扫描分析，风险控制的时效有可靠保证。贸易融资的实质是有资金的企业为小企业打通资金通道。对贸易融资实施禁令不是规避风险的办法。

（本节选自笔者 2018 年的报告）

# 第四节　质押监管融资：物流业与金融业
## 紧密结合的纽带

### 一、中储开展质押监管融资业务的情况

质押融资对银行来说是一项传统的业务，但由于物流业的进入和参与，演变成一种新的金融产品。监管成为这项业务的核心。

中储从 1992 年开始研究"物流银行"，1996 年做了第一单业务，1999 年形成一种业务模式。2005 年前 10 个月质押监管融资业务已达 53 亿元，增幅达 90% 以上，合作银行 12 家，与 4 家银行总行签订总体合作协议，年贷款额度 40 亿元，其中与中信实业银行的合作，业务量已达 16 亿元，拥有 500 多家客户，累计融资 150 多亿元，呈迅速扩大趋势。

### 二、质押监管融资业务的特点和作用

对金融业而言，质押融资是一种金融产品，其主要特点是：有实际的货物作为债权保证；有第三方中介物流企业对货物实施监管，并对货物的真实性、安全性承担责任；贷款安全系数高，贷款规模大；有稳定的客户。

对物流企业而言，质押监管是物流企业的新功能，主要特点是：在保管的基础上增加监管功能；对客户和金融业负责，是独立公正的第三方；专业化的服务可确保货物的安全；服务领域向供应链延伸，理论上可以做到全程监管服务；承担货物损失的赔偿责任。

对出质人而言，质押监管融资是获取资金和服务的重要途径，可以解决贷款难问题（贷款必须有担保，信誉担保风险太大，不动产担保需评估，手续繁杂）；可以充分利用金融和物流业的服务扩大规模；可以降低融资成本。

对社会经济发展而言，质押监管融资对社会经济稳定有促进和保障作用，能减少银行坏账风险，放大金融服务的领域和功能，有利于社会诚信机制的建立，增加就业机会。

### 三、质押监管融资业务的主要模式

（1）从出质人的角度看，分为动产质押、货权凭证质押两种。动产质押是指将一定数量和质量的货物出质给金融企业，金融企业委托监管人实施货物的监管。货权凭证质押是指有效提货单证出质给金融企业，从而获取贷款。这里的货权凭证是指运输提单和仓单。这两种单证都是法律规定的有价证券，都代表着一定货物的存在。因此，动产质押和货权凭证质押本质上是相同的，所不同的是，货权凭证是可以转让的，这就使监管的难度增加。法律规定仓单转让，必须有出质人背书和保管人签字，在质押业务中，必须取得银行的同意。

（2）从金融业的角度看，可以分为流动资金贷款和银行信用证贷款。前一种是收到质物后贷出现金，后一种是收到货物后开出承兑汇票。这两种形式的不同之处是银行的贷款成本不同。还可以按客户的对象分为买方信贷和卖方信贷。买方信贷是指银行在买卖双方真实的贸易合同项下，向卖方支付货款，并由监管方监管货物，买方付款提货的质押融资模式。卖方信贷是在真实的贸易合同项下，卖方将货物交于监管方，银行再向卖方发放贷款，买方付款提货的方式。

（3）从监管方的角度看，可以分为静态质押监管、动态质押监管、库内监管、库外监管、全程监管等不同模式。

### 四、质押监管融资的局限性及风险防范

质押监管融资的局限性在于只有部分货品适用于质押，如质量稳定、不易变质、价格波动小、有经常性需求的货品，而那些易变质、物理和化学性能不稳、价格波幅大的货品要谨慎选择。

对金融企业来说，主要风险是客户和监管企业的资信风险、货物价值评估的风险，在卖方信贷中，还存在货物滞销回款不及时的风险。

对监管企业来说，主要存在监控措施不完善、不按协议操作、道德和不法客户欺诈等风险。

对客户来说，主要存在审贷时间过长、错过市场时机、监管企业资质差、监守自盗甚至卷贷逃跑等风险。

在实际工作中，上述风险都可以避免。笔者的体会是：三方都要审查合作者的资质，选择业绩优良的企业作为合作伙伴；认真商议业务过程中的每一个细节，充分达成一致意见，严格执行质押监管协议规定的责任义务；银行和监管方要成立专门的业

务部门和专业委员会，研究可能的风险和防范办法等。

质押监管业务是一项极有发展潜力的业务，随着经济的发展，其业务模式也发生着变化，尤其是将仓单作为有价证券之后，质押监管将上升到一个更高的阶段。这需要我们共同努力，不断探索，使其成为社会经济的推动器。

（本节选自笔者 2005 年的报告）

# 第五节　关于仓单的学与问

仓单是现代社会中的重要单证，随着商贸交易和物流业的发展，仓单的作用更加丰富。因此，有必要研究关于仓单的学问。我国的合同法规定，仓单是提取仓储物的凭证。存货人交付仓储物时，保管人应当给付仓单。保管人应当在仓单上签字或者盖章。仓单包括下列事项：存货人的名称或者姓名和住所；仓储物的品种、数量、质量、包装、件数和标记；仓储物的损耗标准；储存场所；储存期间；仓储费；仓储物已经办理保险的，其保险金额、期间以及保险人的名称；填发人、填发地和填发日期。存货人或者仓单持有人在仓单上背书并经保管人签字或者盖章的，可以转让提取仓储物的权利。我国担保法又规定，仓单可以质押。

但是在实际业务中，保管人并不给付存货人仓单，而是给付进仓单或入库单或收货单等收货凭证，这不符合合同法的规定。保管人对仓储物的质量约定也不明确，比如是否包含仓储物的内在质量等。

2016 年，最高人民法院发出《关于审理仓储合同纠纷案件适用法律问题的解释（征求意见稿）》，对仓单的有关事项进行了规定，主要包括：欠缺绝对必要记载事项的仓单无效，其中去掉了关于质量的规定；仓单的受让人持仓单向保管人主张提取仓储物，保管人以仓储合同不成立、无效、仓储物未交付等仓储合同中的抗辩事由拒绝返还的，人民法院不予支持；仓单的处分证券与物权证券性，保管人向存货人签发了仓单，但双方又另行约定凭提货单、出库单等其他单据提货，而不以仓单作为提货凭证的，人民法院应认定约定无效；存货人持有仓单，却未通过仓单转让而径行处分仓储物的，处分行为无效，但受让人符合《物权法》第一百零六条善意取得条件的除外；仓单质押的程序，仓单持有人在仓单上为出质背书并经保管人签字或盖章的，可以将仓单质押，当主债务履行期届满债务人不履行债务时，质权人凭出质仓单向保管人主张提取仓储物并要求优先受偿的，人民法院应予支持；收货单据的证明效力，保管人未向存货人签发仓单，但出具了进仓单、入库单、收货单等收货凭证，存货人主张已经交付仓储物并要求保管人返还的，人民法院应予支持，但保管人确有证据证明存货人未交付仓储物的除外。

综上，关于仓单，我们应注意以下事项。

### 1. 用好仓单

仓单具有流通性，是商贸交易的标的之一。期货交易所交易额中，相当一部分是仓单记载的货物的交易。仓单又是融资的质押物，仓单质押融资方便简捷，无须清点查验货物，最受银行青睐。

### 2. 要对仓单上的各种法律关系十分清楚

具体包括存货人、所有权人、保管人、受让人、持有人、背书人、出质人、质权人、监管人等权利义务责任。对应一批货物，开出一张仓单，就不能开第二张。规定了仓单提货，就不能以提货单、出库单提货。仓单是提货的唯一凭证。未经保管人签字盖章的已转让仓单，不应轻易出货，应要求持单人、存货人补齐手续。在仓单质押业务中，保管人、监管人的角色是不一样的，因此应在合同中明确规定相关的责任。当事人之间签订监管合同，约定一方当事人对仓储物承担核查、监督、报告等监管义务，但未约定保管义务的，另一方当事人按合同法主张监管方承担仓储物毁损、灭失的损害赔偿责任，人民法院不予支持。

### 3. 管控风险

具体包括仓单管理制度的制定和执行，如仓单开立、审批、交付、登记、查询、验证、存档、核销、补发、背书、作废等环节的控制。仓储企业不可虚开仓单，包括无货开单、单货不符、一货多单等，货进来，单才可发出去；收单核查无误，才可放货。用于质押的仓单，一定要与资金借贷协议挂钩，并与质权人保持信息畅通。

此外，还有一些问题需要进一步探讨：是否对仓储企业做进一步的区分，什么样的仓储企业才有资格开出仓单，如何防止虚假仓单的产生？仓单转让包括哪些行为？抵债、赠予不是交易，而买卖仓单对应的货物，要不要有买卖协议，增值税如何缴付？仓单用于质押时，是否应确认货物的所有权人？等等。

一纸仓单，可能给商贸物流带来新的机遇。

（本节选自笔者2016年的报告）

# 第六节　仓储业参与金融服务研究

## 一、质押监管融资业务近况

自 1999 年中储开创质押监管融资业务以来，全国兴起了研究和发展物流与金融结合的潮流。物流企业尤其是仓储企业先后开展该项业务，成为质押融资业务的主力。当前，这项业务主要呈现以下特点。

### （一）质押监管融资业务增长速度较快

以中储为例，此项业务以平均每年递增 10% 的速度发展，2006 年质押贷款额已达到 152 亿元，2007 年上半年，已超过 140 亿元。

### （二）业务模式多样化

质押监管融资模式多样化的主要推动力来自银行贷款产品的多样化。质押融资的基本模式分为动产质押和权利质押两种。动产质押融资又分为静态质押融资、动态质押融资。根据银行金融产品的不同，又分为先货后票、先票后货等质押模式。

从监管方来看，质押监管业务还可以分为库内监管、库外监管、全程监管等不同模式。

权利质押融资业务目前只有仓单质押融资业务和海运提单质押融资业务，其他权利如采矿权、收费权、股权等质押融资不在物流企业参与的范围之内。

### （三）参与质押监管融资业务的企业增多，竞争更加激烈

从质权人方面看，几乎所有的银行和许多担保公司都在研究并大力推进质押融资业务，把该项业务作为新的金融产品来对待。由于有真实的货物作为债权保证，有第三方物流公司作为中介保证，对货物有实时监管，对货物的安全性承担责任，贷款的安全系数大大提高，贷款的规模可迅速扩大，因此，客户的稳定性较强。

一些贸易企业和生产企业也作为质权人出现，以代理采购、适时控货等方式向出质人提供融资服务。

出质人方面，更多的中小企业加入质押融资的行列，尤其是中小型的生产企业和贸易企业。

监管人方面，中储、中运、中外运三大国有物流企业成为这项业务的第一方阵，它们以资产雄厚、业务规范、诚信守法而被银行和企业信任。此外担保公司、资产管理公司、仓储公司等也纷纷加入了监管人的行列。

竞争手段以创新产品、增加服务和降低价格为主。质权人之间的竞争，主要在于新产品的研发和市场份额占有等方面。以深发展为代表的一批商业银行，先后开发了十多种金融产品，适应不同企业的需要。许多银行还成立专门的质押部，大力发展这项业务。

监管人之间的竞争，集中在服务和价格方面，如增加额外服务不收费、增加对银行的承诺等。

## 二、质押监管融资业务的风险

在开展质押监管融资业务的物流企业中，许多企业并没有充分考虑到该项业务的风险。从中储和其他部分企业实践的情况看，业务风险明显增大。

（1）不法分子已经充分研究了这种业务的环节和可乘之机，或者以次充好、以假充真，或者注册仓储公司、变卖出质货物，或者相互勾结损害第三方利益。

（2）合同风险。当事人各方拟订合同时，约定不严格，责任分不清，出现争议和问题后各自保护自己的利益，使业务进行不下去。

（3）质物选择风险。质物选择不当，造成无法及时变现，形成呆滞账款。尤其一些易变质、过期、易挥发的质物，往往使质权受到损失。

（4）行业风险。在选择客户时，只注重对企业本身的信誉考察，对行业发展趋势研究不够，一旦行业萎缩，企业供应链断掉是无可避免的事。

（5）道德风险。主要业务操作人违规操作，给企业带来损失，如人情发货、人情贷款等。

因此，质押监管融资业务当事人各方必须高度警惕，对各种可能的风险一一进行排查，制订控制和化解风险的措施，保证这种业务的健康发展。要把控制风险作为第一位的事情来抓，利润收益与风险相比，总是次要的，业务的每个环节都要制订控制风险的办法和制度。

## 三、质押监管融资业务的环境变化与发展趋势

### （一）供应链理论的发展，使得当事人各方以新的视角来认识质押监管融资业务

质权人认为，供应链是商品从原材料到商品再到达消费者手中的全过程运动，在

这个过程的各环节中，都有可能开展质押融资业务。供应链在金融领域的应用被称为供应链金融，而供应链金融理论的提出使金融产品和金融活动发生了较大变化。一是金融产品可以根据供应链运转的特性进行开发；二是授信对象的资信评价不仅仅要评价其资产量的大小，还要评价其在供应链中的地位和货流量；三是供应链金融业务必须与具有较高资信的物流企业合作。

监管人认为，供应链管理的核心是服务，通过服务使供应链运转通畅。供应链的各环节都有可能是质押监管业务的发展领域，而供应链对质押监管业务的要求是做到全程监管。

事物发展的主导方面在于质权人。质权人根据出质人对授信的需求、授信方式的接受程度设计新的金融产品。一种好的金融产品的推出，往往伴随着理论上的突破和观念上的转变。银行业在质押业务上进展不同，有的多，有的少，有的还在研究之中，主要区别就在于能否在理论和观念上取得突破。

## （二）物权法的颁布为质押融资业务提供了保障

2007年10月1日正式实施的物权法，对质押行为做了较为详尽的规定。

一是规定债务人不履行到期债务或发生当事人约定的实现质权的情形，质权人有权就该动产优先受偿；

二是质权设立应采取书面形式订立合同；

三是质权自交付质押财产时设立；

四是质权人负有财产保管的义务；

五是在质权期内，质权人未经出质人的同意，不得擅自使用、处分质押财产；

六是出质人请求质权人及时行使质权，因质权人怠于行使质权造成损害的，质权人应赔偿。

上述观点，解决了质押监管融资业务的一系列问题，如质押电子合同的效力，监管承不承担保管责任，质权的生效时间等问题。可以预见，随着物权法的实施，质押融资业务将朝着更规范的方向发展。

## （三）质押监管融资将朝着专业化、全过程方向发展

专业化是指质押货物品种专业化、业务管理专业化。可供质押的货品很多，但货品的性能不一、质量不一，需要专业的监管流程和管理办法。某一类物流企业只能监管自己最擅长的货品，如液体货品、散堆货、危险品货等必须由经过专门训练的人员监管。在业务管理中，业务开发、业务操作、后台管理一定要分开。这样才能加强业务管理，减少差错率。

全过程化是指质物的运输、加工、储存等全过程监管。这是客户和质权人的一致要求。监管企业也在向这个方向努力，但物流环节很多，每个环节又是一个专门的领域，很难把全过程统一起来。这就需要大型综合物流企业发挥领导作用，整合上下游资源，共同协助完成全程质押监管。

（本节选自笔者 2007 年的报告）

# 第七节　2009 年供应链金融服务的展望

席卷全球的金融风暴，打乱了所有的正常金融秩序和经济秩序，也给中国的供应链金融服务带来不小的冲击，主要表现在：企业还款能力急剧降低；原材料和产成品价格跌幅高达 50% ~ 70%，货物价值缩水；银行惜贷，不知贷款能否足额收回；企业资信评级标准失灵，不知道依据什么对企业放款；质物监管企业处境艰难，面临重大业务风险和危机。2008 年上半年的大好形势与下半年的急转直下形成从未有过的鲜明对照。

中国政府出台了一系列的刺激经济措施，包括扩大投资、减少税收、增加转移支付等财政政策，以及降低利率和存款准备金、扩大债券发行规模等货币政策。在这种大背景下，供应链金融服务 2009 年的走向备受关注。

展望 2009 年，供应链金融服务可能有以下趋势。

## （一）发展与危机并存

一方面，供应链金融服务有强烈的需求，加工制造业、贸易流通业、基础设施业需要大量的资金支持才能恢复正常状态，尤其是中小企业，资金的需求量更大。另一方面，这些企业中许多已经历了大的风暴，资信状况极差，启动速度缓慢，会造成银行贷款的呆滞，影响通货的流动性。当这些企业的生存受到威胁时，他们极有可能采取铤而走险的方式，逃债、弃债、赖债等情况可能会出现。

## （二）贸易监管融资业务会受到青睐

贸易监管融资业务是针对贸易中的商品进行全程监管，以这些质押监管的商品做担保而发放贷款。由于 2008 年的产品价格下跌较多，故市场价格对其价值的偏离度趋于稳定，只要质物选择得当、监管措施到位，这样业务的前景还是相当广阔的。2008年，中国物资储运总公司的监管业务比上年增长313%，2009年仍有增长势头。

## （三）供应链金融服务将更加理性化、规范化、科学化

经过金融风暴的洗礼，无论是金融机构还是借款人和监管人，都会更加理性地看待供应链金融业务，不会盲目冲动地"次贷"，业务的发展将更加规范，各方的权力责任将更加明晰，将会严格按规则办事。产品设计和操作过程将更加科学，减少漏洞和模糊约定。

## （四）鉴于国家支持中小企业融资担保公司的发展，供应链金融服务的形式会更加多样

质押监管融资业务可能会受到其他形式担保的冲击。但由于中国的市场足够大，而能够提供监管业务的企业较少，所以质押监管融资业务仍有大的发展空间。

（本节选自笔者2008年的报告）

# 第八节　2012年金融物流发展回顾与2013年展望

2012年，金融物流市场跌宕起伏。由于国家实施稳健的货币政策，前些年高速增长的信贷被逐步"点刹"，增速放缓，一些被掩盖的问题暴露出来，金融物流市场出现了一些案件和事件，影响了业务的发展速度和企业的信心，但其业务主流态势良好，预计2013年政府会对其大力进行业务整顿、行业调整，金融物流市场将得到规范发展。

## 一、2012年发展回顾

### （一）金融物流业务持续增长，但增速放缓

根据中国物资储运协会的调查，67家会员单位金融物流业务收入增长15%，低于上年30%增速15个百分点。质押监管量增长39%，融资额增长4%。数据表明，通过质押的方式融资遇到了下列问题：一是由于风险增加，银行和监管企业都提高了警戒

程度，选择客户的标准在提高；二是收入增长远低于工作量的增长，监管量增速超收入增速24个百分点，出质人讨价还价能力增强；三是受宏观经济下行的影响，小微企业经营困难，信贷需求下降，风险度上升。为此，管理当局要求放宽对小微企业不良贷款率的容忍度。

## （二）金融与物流两业联动，业务模式不断创新

金融物流业务创新主要来源于金融产品的创新。2011年年底，我国有银行业金融机构3800家、融资性担保机构8402家、非融资性担保机构1.38万家。金融机构的增加导致竞争的加剧，创新金融产品成为竞争的重要手段。存货、应收账款、预付账款等都成为融资的优良担保物。他们相继推出保兑仓、保理仓、订单融资、保单融资、动产质押、电商融资等多种业务。银监会还对一些业务进行了规范，例如，"保理业务是以债权人转让其应收账款为前提，集融资、应收账款催收、管理及坏账担保为一体的综合金融服务"。物流企业与金融企业合作，在动产质押贷款、抵押贷款、仓单质押等方面密切配合，"把看不见的信用风险转化为看得见的操作风险"，取得了较好效果。据银行业协会统计，2011年国内贸易融资额达到16.78万亿元。我们推算2012年应达18万亿元，而由物流企业参与监管的业务可能在3万亿元左右。

## （三）金融物流进入电子商务

2012年我国电子商务继续快速增长，估计电子交易超10万亿元，电子零售额超1万亿元，几乎所有电子商务公司都提供金融服务，即在提供交易平台的同时提供融资平台，为买、卖双方开展质押贷款。其中，涉及动产抵押和质押，仓单质押，货物交割、仓储、加工、运输、配送等业务，需要物流企业的合作。物流企业的作用是监管质物数量、监管质物进出流程与合同一致，提供相关物流服务，以协助电商交易最终实现。各主要国有银行、股份制银行都推出了针对电子商务的融资产品，如中国建设银行推出了金银仓、国内保理、法人账户透支、动产质押、订单融资、电子商务融资、仓单融资、保单融资、无监管公司的保兑仓等产品。中信银行推出了保兑仓、汽车融资、存货质押融资、应收账款转让等。

依托淘宝网交易平台，支付宝每日清算资金笔数已达3000万笔，金额超过3亿元。阿里巴巴自2010年开始就为商户提供免抵押担保的小额贷款，目前已累计为13万家企业提供近300亿元的融资服务。还有许多生产型企业也开始为整条供应链的交易提供金融物流服务。京东则将服务内容拓展到贸易资金保值增值领域，通过"资产包转移"业务，将供应商质押的应收账款以理财产品的方式转售给其他供应商，获得理财收益。

## （四）供应链金融物流渐成主流

供应链金融物流是指金融企业和物流企业在供应链的链条上寻找核心企业，并为其上下游企业融资，以扩大业务、提高贷款管理的控制力和资金的安全性。这样，银行就不是点对点地开发业务，而是一个一个行业地开发。电商、物流企业都拥有庞大的客户群，银行通过加强与此类企业的合作，可以较轻松地介入某一行业或领域。例如，许多银行开始与阿里巴巴合作，以较低成本获得海量客户资源，银行可以以点带面掌握企业信息，制作一体化营销和服务方案。此外，银行还可以以贸易金融服务为起点，加强客户维护，发掘并满足客户大额贷款、跨市场融资、理财等其他派生金融需求，拓展业务范围。同时，银行的业务还可以将信用证项下的融资、应收账款、应付账款、预付账款等作为担保物融资。物流企业也可通过监管业务开发供应链上有关企业的物流业务，利用关联关系多环节控货、一体化运营物流业务。实践证明，凡是开展了供应链金融物流的企业，事故率、纠纷、损失都大大降低。

## 二、金融物流业务的问题与风险

2012 年是金融物流业务诞生以来问题最多的一年，无论是发案次数、涉案金额、涉案企业数还是案件复杂程度，都是前所未有的。事件发端于 2011 年，在国家实施紧缩的货币政策的大背景下，企业资金紧缺，借贷成本普遍增高，有的地区高达 15% ~ 20%。在高利率的驱使下，一部分钢贸市场的经营者以市场内的钢材作质物，向银行借贷，套取资金后改变资金用途，违法发放高利贷，民间高利贷利率有的高达 100%。在违规放贷没有被及时制止的情况下，有的市场变本加厉，由质物量短少发展到以次充好、以假充真，乃至发展到出具虚假仓单、虚假质物清单的地步。这时，问题发生质变，由合法转为犯罪。在高利贷链条上的资金极不安全，一环断裂，全链受损。最初，上海一家钢市资金断裂，还有某省商会出面救援，修补了链条。然而，当多条链同时断裂时，就无力回天了。

## （一）案件类型

2012 年的监管案件，大致分为三类：一是恶意设计、精心策划，实施诈骗，例如，无锡一洲钢材市场老板李国清，在骗取质权人 10 亿元之后跑路，再如南京某仓储公司虚开质物清单，骗取银行贷款后失踪，仓库是租的，还有出质人以货物调包、以假充真、以次充好为手段进行诈骗等。二是应急类违规，出质人急于抓行情，但又来不及办提货手续，采取强行提货方式，原想事后补货，但因各种原因未能补上，形成官司。三是当事人各方沟通不足，合同约定有漏洞，问题没有被及时发现而酿成大案。

## （二）案件分布

全国各地均有发生，但上海钢材市场案发最多。这是因为自 2000 年以来，某一地区的商人在上海办了上百家钢材市场，先是以钢材量价不足方式取得贷款，得手后，演变成一笔货重复质押给两家、三家，甚至四家银行，继而在无任何质物的情况下，出具假单。这被称为"上海钢贸事件"。在天津、哈尔滨、大连、昆明等地也有案件发生。

## （三）质押案件发生的原因

（1）对金融物流业务的性质、特点、模式、风险不清楚、不明白，盲目开展业务，必然陷入诈骗者设计的圈套。平安银行开展金融物流业务 10 多年来，不良率只有 0.3%，是因为他们深刻理解这项业务，防范措施较严。

（2）客户选择不当，对客户的资质、信誉、财务状况了解不清，没有发现客户隐瞒的事项，容易被拖入风险；重信誉的企业会主动改错，不守信企业防不胜防。

（3）质物选择不当，选择了过期、变质、易挥发、有争议、无产权的货品进行质押，易产生法律纠纷。

（4）产生于当事人各方面的理解、沟通、传递等方面，也产生于监管方内部的工作安排、流程设计和操作、人员安排、利益冲突、道德风险等方面。有的是没有严格执行质物验收，给不法者提供了机会；有的是监管员被收买，串通作弊；有的是信贷员与借款企业合谋把风险转嫁给监管企业。

（5）管理者缺位。动产质押融资监管是一项新的业务形态，还没有一个有针对性的法规和跨部门的管理机构，没有研究预警和应对风险的方案。2007 年，上海就发生了套取银行贷款炒股事件，公安经侦介入查处，套现之风曾被遏制。

（6）考核机制引导业务做大，无论是银行，还是企业，都被考核指标压得想方设法扩大业务，无边界的创新模糊了罪与非罪的边界。

（7）缺乏该项业务的规范、标准、术语，行业缺少约束力。

（8）贪婪和赌性、过度逐利。一些人心存侥幸，认为击鼓传花不一定砸在自己手里，在利益的驱使下，越过了诚信和道德的底线。

## （四）案件的影响

2012 年的质押问题和案件，震动全国。管理部门多次下令严控对钢贸企业贷款，加上经济下行的作用，使钢贸企业陷入极困难境地。案件也打击了监管人的信心，几家主力监管企业都出现了风险事件，新进入的大企业产生的风险事件更大，多家监管企业采取收缩、退出的策略。银行也进退两难，进，缺少好的合作伙伴，退，将降低贷款量和安全度。最重要的是要考虑好如何化解有问题贷款的风险，如何减少质权人、监管人的损失。

## 三、2013 年的展望

金融物流因钢贸事件遭受挫折，但其主流仍然是积极向上的。这是因为中小企业已成为发展经济的主力军，而金融物流是助力中小企业发展的有效手段。随着电子商务和网上银行的发展，线上交易支付、线下管控货物必须紧密合作。网站要积累信用，就需要与优秀物流企业合作，以保证货物安全。展望 2013 年的金融物流，有以下趋势。

### （一）秩序重建，稳步发展

错误和挫折教训了企业，使他们更加聪明起来。快速扩张带来的粗放经营，正在向精细化管理转变。分析表明，绝大多数事故产生于管理不到位、客户选择失误、资信审核不严。在出事的案例中，生产制造业客户最少，而贸易类客户最多。因此，监管商收缩战线、整顿队伍、改造流程是正确的行为。金融业重新调整业务结构、选择合作伙伴也是必然。金融管理当局发布了七不准——不准以贷转存、不准存贷挂钩、不准以贷收费、不准浮利分费、不准借贷搭售、不准一浮到顶、不准转嫁成本，这是金融的秩序重建。监管的秩序重建，就是要把无序变成有序，把指导思想调整到"不急功近利、不盲目追求利润"上来，调整到支持中小企业发展上来。金融服务、物流服务都是为实体经济服务，而不是要刮"唐僧肉"，要重新洗牌，把违法违规的企业清除出这个行业。

### （二）行业协同，利益调整

很长时间以来，监管企业处于弱势地位，主要表现在监管收入低、额外责任多、承担风险大、退出机制不健全等方面。金融机构存在最终风险高、管理成本高等问题。二者根本利益一致，但双方分利分责意见不统一。金融机构希望监管企业承担更多责任，比如在质物保管、保质、保真、确认货权、价格确认、担保、安全等方面，而物流企业只愿承担监管责任。银行委托物流企业监管，应由银行支付监管费，现在却是被监管的企业付费，由此产生了一系列的问题。这些将在双方合作中通过协商和利益调整解决。当前的主要问题是，优质的全国性的有经验的监管企业较少，而开展金融物流业务的银行在逐渐增多，供求开始出现不平衡，需要加紧培育合格的物流企业和寻找新的业务模式。

## （三）建立标准，规范行为

金融物流业务诞生以来，我们一直希望有一项标准，用来统一语言、规范流程和行为，但由于种种原因而没能立项。2012 年，商务部委托中国物资储运协会等单位编制了《动产质押监管服务规范》《质押监管企业评估指标》两项标准，已通过专家评审，并在商务部网站公示。编制标准只是第一步，重要的是宣传、执行、修订、完善，使之成为真正的行规。我们还应看到，金融物流业务模式具有多样性，不断创新，不断发展，行业管理的方式方法也应不断变化。

## （四）防范风险，技术领先

在 2012 年事故频发时，一些监管企业和银行没有事故或少有事故，主要是他们的防范工作做得好。2013 年，要把风险防范放在重要位置。一是加强对经济形势和行业形势的分析，根据形势确定规模；二是加强客户审核，准确评估客户资信；三是坚持实地监管，各方均按合同执行；四是开展业务和企业评估，不合规的行为要纠正，不合格企业要出局；五是运用先进的防风险的技术，多用互联网、无线传输、计算机管理等信息化技术，银行、监管企业、出质人的信息系统对接，现场监控、远程查询、联合巡查等都是有效的防风险办法。

值得注意的是，银行对监管企业的不信任度在增加，这是因为一些监管企业管理不规范。在保兑仓业务中，有的银行已甩开物流企业，签署三方协议而不是四方协议。国家贷款新规规定：将贷款通过借款人账户支付给符合合同约定用途的借款人交易对象，确保信贷资金进入实体经济，防止空转和挪用。而监管企业对银行的不信任度也在增加，因为钢材市场量价不足、重复质押的现象，银行肯定知道，为何还要监管企业进入，显然是转嫁风险。因此，金融物流的发展，首要的问题是增进互信。

（本节选自笔者 2013 年的报告）

# 第九节  2013 年金融物流的回顾与 2014 年展望

## 一、金融物流业务的回顾

2013 年的金融物流行业变动较大，呈现总体下滑、优化整顿的态势。

## (一) 金融物流业务大幅下降

根据对本协会有关企业的调查，动产质押监管的业务量下降40%以上，业务收入下降30%以上。一部分国有大企业全面退出监管业务，没有全面退出的也主动收缩战线。与此同时，一部分民营企业趁机进入，承接了国有企业退出的项目。前两年形成的监管事故演变成诉讼案件。据报道，上海一年中大约有1000起质押业务的诉讼，一大批钢材市场和钢贸企业关门退出，银行业损失较大，有的银行坏账中，50%是质押融资坏账，部分责任人因此被撤职、降职，甚至受到法律惩处。

金融物流业务下滑的原因：一是2012年的业务事故，让银行和监管企业都提高了警戒程度，选择客户的标准在提高，一些企业的质押融资需求被拒；二是国资委发文，要求提高质押融资和融资性贸易的风险控制级别，上收业务审批权限，严格追究责任，致使央企业务全面收缩；三是宏观经济增速放缓，小微企业，尤其是贸易企业经营困难，信贷需求下降。

## (二) 金融物流业务在调整和整顿中发展

### 1. 许多监管企业收缩战线，清理不安全的业务模式

有的企业规定所有监管业务都必须在自有仓库做。有的加强了对客户的调查和审核，不合格的客户坚决不做。有的引入保险机制，让保险公司再加一道安全锁。

### 2. 供应链金融物流渐成主流

2013年，银行业大力发展供应链金融业务，开展了保兑仓融资、订单融资、厂商银等链上融资业务，安全系数大幅提高。当年新发生贷款事故大幅降低。物流企业也通过监管业务开发供应链上有关企业的物流业务，对链条环节掌控越多，业务越安全，把货代、运输、仓储、销售与监管结合起来，利用关联关系多环节控货、一体化运营物流业务。

2013年新发生的事故少，也说明金融物流业务设计是安全的，不安全因素主要来自管理执行和人员素质。

### 3. 电商平台融资发展迅猛

第三方电商平台的业务设计中，全部设计了融资功能。2013年7月，89家企业上报工信部电子商务平台规划，其中，国企及国有控股40家，占44.9%，民营及民营控股49家，占55.1%。资产1亿元以上企业35家，主要集中在制造企业和交易所。其基本模式是：电商与银行签战略合作协议，由电商推荐有融资需求的客户给银行，并负责部分征信工作。银行审核借款企业资质后，发放贷款。业务细分起来，又有订单融资、在线保理等不同形式。这里，电商要对相应的货物实施监管，由此产生了对物流监管企业的需求。

#### 4. 互联网金融异军突起

到 2013 年 6 月底, 银行金融机构网上银行个人客户 67922.5 万户, 企业客户 1310 万户, 交易额 972.5 万亿元。在大型电商企业中, 从 2009 年就开始利用互联网技术完成金融活动, 到了 2013 年, 呈爆发式增长。银行业协会常务副会长谈及此事时说, 互联网金融"让银行家彻夜难眠"。电商融资主要模式是基金理财、第三方支付、市场担保贷款等。余额宝日平均沉淀资金 200 亿元。这种建立在大数据分析基础上的金融模式, 通过数据分析判断借款者的资信, 通过小微贷来控制风险概率, 是很有竞争力的。需要指出的是, 这类业务目前与控货关系不大, 因此也存在一定问题, 如在线融资需不需电商平台担保? 担保是否可靠? 担保需不需要评估平台资产规模? 等等。

### (三) 金融物流业务的研究和管理

2012 年"上海钢贸事件"影响巨大, 引起广泛关注, 各方围绕金融物流开展了许多活动和工作。

(1) 举办了一系列的高峰论坛和研讨会, 如中国仓储协会、中国银行业协会在北京举办了仓储和担保品管理国际研讨会; 中国人民银行、天津市政府在天津举办了动产监管登记研讨会; 中物华商物流公司举办了动产质押在线登记系统论证会等。

(2) 成立了一些研究和合作的平台组织, 如 2013 年 12 月, 40 多家企业在南昌发起设立了供应链金融服务联盟。

(3) 商务部流通发展司主持召开了动产质押融资问题座谈会, 银行、物流行业协会、政府部门共同研究金融物流业务管理问题。商务部流通发展司还在青岛举办了学习班, 请专家介绍该项业务的发展与问题。

(4) 商务部委托的行业标准《动产质押监管服务规范》《质押监管企业评估指标》已于 2013 年 11 月 1 日生效。

(5) 商务部委托中国物资储运协会、西安交大的研究课题"动产质押监管体系研究"完成, 并通过专家组评审。

## 二、存在的问题

### (一) 对恶劣事件认识不足

"上海钢贸事件"严重挫伤了有关当事人的积极性, 但缺乏对事件的研究总结, 以致思想认识有偏差。有人认为是钢贸行业出了问题, 把板子打在钢贸企业身上是打错了, 真正做贸易的企业出事的并不多。在这类事件中, 银行和国企受损严重, 其根本原因在于地方政府主管部门怕担责。因此，如何管理新生的边缘事物，是地方政府部门需要面对的问题。

## （二）信息体系不透明

重复质押融资、量价不足欺骗，就是利用了信息不对称的漏洞。质物登记、公示无平台，无法定载体，主管部门各自为战，行业协会互不来往，银行之间相互封锁，征信不完整、不可信，让不法分子有机可乘。

## （三）法律环境不完善

一些银行家说，"事到临头，没有人帮助我们"。事故发生时，公安的职责里没有相关规定。起诉时，法院不知按哪部法规审理。这种业务参与方多、环节多、关系复杂、产品多样，是事故多发的原因。

# 三、2014 年展望

## （一）金融物流业务会稳步发展

（1）金融物流业务的主流仍然是积极向上的。在"上海钢贸事件"中，也有许多银行和监管企业没有出现一起恶性业务事故，没有实质性损失，不良贷款率在各类业务中是最低的，说明业务风险是可控的。

（2）我国中小企业已成为发展经济的主力军，而金融物流是助力中小企业发展的有效手段，有着庞大的需求基础。

（3）随着电子商务和网上银行的发展，线上交易支付、线下管控货物必将紧密合作。

（4）金融物流业务是银行和监管企业的重要利润来源。我国银行已达 3800 家左右，其中村镇银行突破 1000 家，加上融资性担保公司和小额贷款公司，共有 18000 多家金融机构。激烈的同业竞争、金融脱媒和利率市场化冲击使银行业不能放弃任何贷款的机会。互联网金融目前集中于小微贷，50 万元到 500 万元的贷款区域还是金融物流的空白。新兴市场群、较低的业务风险、较高的收入利润率，银行和物流企业没有理由不做这种业务。

## （二）金融物流各方协调利益，达成共识，合作发展

经过钢贸事件，各方认识到唯有合作才能共赢。那种一心想把责任、风险推给别

人的做法只能带来猜疑和俱损。痛定思痛，银行业愿意支付更多的费用来保证项目的安全，监管企业愿意加大人力和资金的投入。从长远看，为出质人服务，促实体发展是服务业的根本目的。在金融物流业务中，银行关注客户资信、货物权属、质物价格、质物数量、质物质量、市场趋势、监管状态、质物变现、监管企业资信等；监管企业关注客户资信、服务范围、质物数量、监管安全、合同责任、过程管理、风险控制、理念异同、经营状况等；出质企业关注借还方便、审批快速、成本低廉、满足经营。只要各方利益安排与责任一致，金融物流业务就会健康发展。

## （三）国家有关部门和行业监管体系会逐步完善

（1）搭建平台、沟通信息。建立政府、企业沟通平台，政府部门及时掌握业务动态，给以政策支持和方向指导；建立银行与监管企业沟通平台，以协调模式、流程和责权利关系；建立行业协会沟通平台，及时总结行业发展经验、动态，及时推广，发现问题，及时预警；建立质物登记、公示平台，方便各有关方查询和取证；建立企业资信评级、企业征信平台，奖优驱劣等。

（2）宣贯执行行业标准，规范行为。《动产质押监管服务规范》《质押监管企业评估指标》的推行，会使有关各方行为有矩。下一步，还将拟出动产质押融资格式合同以及质物计量方法等规范。

## （四）需要进一步研究的问题

（1）创新和混业经营问题。银行可不可建自己的监管公司？物流企业可不可参与金融业务？电商平台的融资受不受制约？

（2）监管与保管责任区分。银行认为监管企业应承担质物保管的责任，监管企业认为监管和保管是两种不同的责任。

（3）质物验收方式、验收标准如何确定。

（4）出质人、质权人、监管人之间的法律关系如何明确。

（5）质物质量、价格确认由谁负责。

（6）质物的变现方式、方法和时效。可不可建一个快速变现的平台，或经法院审核后的快速处置方式，以减少等待时间。

（7）业务各方的退出机制。

（8）质物留置权和仓储留置权发生矛盾时的解决方法。

（9）公示与登记的效力如何保证。

（10）仓单质押融资问题。要不要区分可转让仓单与不可转让仓单？可转让仓单的法律效力？要不要对开可转让仓单的单位进行管理？如何管理开仓单的单位？

（11）如何建立行业自律和诚信体系。目前通用的方法是树诚信典型、契约式管理加信息化监督、诚信评级诚信档案、积累信用、信息联网、奖惩结合。在这方面，建一个公共平台很有必要。

（本节选自笔者 2014 年的报告）

# 第十节  供应链金融服务的发展与问题

供应链金融服务是指在商品流通全过程中提供的金融服务。这个含义主要包括：服务的范围是商品流通的全过程，而不仅仅是某一两个环节；服务提供者主要是金融企业和物流企业，以及某些有能力提供相关服务的企业；服务的对象涉及供应商、制造商、销售商、金融机构等，是至今为止牵涉面最大、服务链条最长的业务形态之一。

## 一、供应链金融服务的发展

供应链金融服务的发展首先得益于供应链理论的产生和深入人心，它让人们学会从系统的角度研究分析各环节、各方面的金融需求，从而产生了许许多多的金融服务模式和业务形态；其次得益于供应链金融有关行业更新观念、不断探索。

当前，供应链金融服务呈现以下特点。

### （一）参与者日渐增多

以前，只有少数几家商业银行的分（支）行探索这项业务，到现在，几乎所有的银行都在开展此项业务。2007 年，与中储合作的银行有 22 家总行、238 家分（支）行。有的银行还设立了专门的机构开发业务，控制风险。此外还有担保公司、典当行、资金充裕的企业加入供应链金融服务的行列。从需求看，最初是小企业居多，现在大中型企业纷纷提出供应链金融服务的需求。从物流企业看，除中储、中远、中外运等开展此项业务较早的企业之外，铁路、港口码头、资产管理、担保等公司也纷纷加入，有的银行还专门成立了自己的监管公司。

### （二）业务模式多样化

业务模式多样化主要来源于金融机构产品多样化，主要有以下以下几种。

（1）开展质押监管融资业务。主要有以下三类相关业务。

①不动产抵押融资。这是传统的担保融资方式，这种方式有变现较难、评估变化大的缺陷。在房产、土地设施升值的条件下，仍不失为一种重要的担保融资方式。

②动产质押融资。这是新近受到青睐的业务模式，出质人以其占有或拥有的动产向金融机构出质，并取得贷款的方式。由于动产性能、价值、流通状况、市场价格、保管方式大不相同，金融机构需要寻找专业的监管单位完成质押管理，这就需要有资质的物流企业，尤其是仓储企业来承担。目前，动产质押业务模式有静态质押、动态质押、保兑仓、保管仓、信用证项下的动产质押等模式。其中动态质押又分为总量控制和逐笔控制两种，这是适应出质人日常生产需要不断更新质物的要求而创造的业务模式。

③权利质押融资。目前主要是仓单质押和提单质押两种模式。其他权利质押如采矿权、收费权、股权、股票质押等不在物流企业参与的范围之内。仓单和海运提单是公认的有价证券，因此可以出质。国外银行比较偏爱仓单、提单质押。

（2）选择核心企业，对其应收账款进行保理，及时支付其上游货款，增加对核心企业的支持力度。这项业务使银行加大了对核心企业及相关企业行业的研究，加强了对货物的控制能力；加强了对贷款使用方向和归还来源的控制。

（3）供应链金融服务有众多物流企业参与，因而产生了供应链金融服务的不同组合模式。

## （三）竞争手段以创新产品、服务竞争和价格竞争为主，由于该种业务具有充分竞争性，所以竞争的手段基本上是差异化服务和价格

差异化服务主要表现在银行新产品的开发和市场开拓方面，一些银行抓住供应链上的核心企业，向其上下游延伸，提货多环节的质押融资服务；有的银行专设某几类产品、某几类客户业务部门，力求做细、做精，打造钢铁链、能源链、有色产业链、汽车链等。从物流企业来看，主要手段是增加服务项目，如提供信息服务、承担连带担保责任、承诺回购等。除监管服务外，物流企业还提供运输、加工、包装、报关等物流服务。

## （四）业务风险在增大

供应链金融业务的风险随着涉及环节的增多、幅度的扩大和参与人员的增多而日益增大。当前主要的风险有信用风险、质物选择和行业变动风险、合同风险、管理风险和道德风险。信用风险是指当事人各方发生信用危机、资金链危机或中断，无法归还银行贷款，且采用不正当手段转移或占有质物。这类风险常常通过合法的方式表现

出来。比如制造一起诉讼案件，申请法律部门进行财产保全，或提供文件证明质物不属于出质人所以质押合同无效。质物选择和行业变动风险是指质物发生变质、变化造成价格损失，行业陷入不景气状态，质物变现困难，等等。合同风险是指当事人之间订立的各种合同有明显瑕疵，给当事人造成某些损失或给不法分子以可乘之机，如合同中约定的货物质量验收条款不明确、监管合同与借贷合同不一致、免责条款含糊不清等。管理风险是指业务量大了之后，当事人尤其是质权人、监管人管理幅度增大，管理链条延长、环节增多，所需的专业知识和技能增加，而出现的管理不到位风险。银行方面需增加运输、仓储、企业生产、贸易等知识。监管方需要了解银行的业务流程和控制方式以及出质人的情况等。在诸多环节中，一环疏漏，就有可能造成巨大损失。道德风险是指当事各方执行人故意违背操作流程和合同约定造成的风险，如银行业务人员与出质人共同谋划让监管方承担责任，监管方出具虚假仓单和出质清单，出质方以次充好、以假充真、强行提货等。

## 二、供应链金融服务中的问题

从金融机构看，供应链金融业务的发展需要研究下列问题。

（1）如何看待借款方的资信及审查问题。借款方资信是贷款方最关心和关注的问题。那么，用什么指标去评价对方资信，用什么方式去保证贷款的安全，需要认真研究。传统的授信担保方式是使用固定资产和土地担保，而供应链金融则看重借款方的货币资产、应收账款等。对借款方的资产负债率指标的关注度在降低，对其在供应链中的位置，上下游企业的信用及企业周转情况、现金流的关注度在提高。

（2）如何实施过程控制。传统的银行业务只看结果不看过程，供应链金融则要高度重视借款企业的生产经营过程，认真核查借款的用途和还款来源。

（3）如何建立与供应链金融业务相适应的组织机构和管理体制的问题。金融机构不仅要有金融业务的专家，还要有产业和行业的专家，要建立完备的风险控制体系和相应的管理机构。

（4）选择合作伙伴问题。无论是借款方还是监管方，都应谨慎地进行选择。

从物流企业看，需要研究以下问题。

（1）如何提高自身的综合服务能力。供应链金融服务的环节多、当事人多，涉及的法律问题较多，操作能力要求较高，对业务流程研究不透，对操作能力评估不足，极易造成损失。在供应链物流活动中，需要多次的货权交接，其准确度、信息系统的可靠度、单证的及时传递、质物的安全保管等，都需要严格的管理规范。

（2）物流外包链的建立。任何物流企业都无法完成供应链上的所有物流活动，这就需要外包，需要建立可靠的物流链。在质押监管业务中，重要的问题是对监管企业资质如何认定、第三方监管库应如何选择、如何回避监管风险等。

（3）物流企业同样需要建立相应的组织机构和管理体制，需要加强人才队伍建设，需要一整套的风险评估和控制机制。

从法律层面看，需要研究以下问题。

（1）要进一步明确出质人、质权人、监管人、保管人之间的法律关系。在物权法中，质权人应关注质物的质量，对质量做出相应的约定，但在实际操作中，质权人常常把质物质量的检验交给监管人来承担；同时，质权人负有保管质物的义务，但交给了保管人负责，这是一种委托关系。由于这种委托关系，监管方应向质权人收费，但在事实上，这个费用由出质人承担。

（2）质权如何对抗第三人权利要求。对一般的第三方权利人，质权优先，但对有效的法律判决，则无优先权，因此而造成质权人的损失。

（3）物权法规定了质权人不限于金融机构，但在银行法中，规定了企业之间不许从事融资业务，企业充当质权人开展融资业务不受保护，不得不采取变通的方式进行。

从社会经济层面上看，供应链金融服务放大了信用，在局部地区或一定层面上造成需求失真，与宏观调控的总体目标有偏差。例如，企业用自己的资产或信用担保取得贷款，用贷款进货，用货物质押再取得贷款，尽管有折扣，但仍然可以使信用放大60%～70%，由于乘数效应，使总信用可能放大更多倍。

从防范风险层面上看，风险的识别与控制愈来愈重要。利益机制和个人业绩考核机制，使得许多一线人员对风险都朝着对自己有利的一面判断。在银行方面，可能会由于对客户对行业判断的失误，选错了合作对象，负债的压力，常常使工作人员急功近利；在监管方面，监管企业出于同样的原因而产生扩张冲动，有可能放松管理，造成损失。从已知的情况看，出具不实出质清单、违规放货、不实时监控、操作与合同不一致、低价竞争而造成的投入不够等是主要风险。从出质人角度看，等候贷款时间长容易失去商机也是一种风险。

从规范运营的角度看，供应链金融服务还缺少统一的流程和规范语言。供应链金融概念的内涵和外延还有待统一；核心企业资信评价标准、体系需要进一步科学化，金融新商品的风险评估需要系统化；第三方物流企业资质也需要有一个标准的评价体系；等等。总之，供应链金融服务突破了原有金融服务的来源，是一种创新和革命。旧的秩序和标准被打破，新的秩序和标准还在建立之中，二者在动态中平衡，希望尽早有规范可循。

（本节选自笔者2008年的报告）

# 第十一节　"天津中盛粮油"事件给我们什么警示

据媒体报道，中盛粮油工业（天津）有限公司（以下简称天津中盛）涉嫌盗卖存货人储存的棕榈油，因其涉及金额巨大、牵扯企业众多而被人们关注。笔者就此事件涉及的问题做点分析，以便给同业者以警示。

## 一、事件概述

根据媒体报道，杭州市中级人民法院在审理杭州热联进口有限公司诉宁波杉科有限公司、天津中盛进口代理合同纠纷一案中，对存储在天津中盛的 2500 吨大豆原油进行诉讼保全，紧接着有四五家单位起诉天津中盛及其关联公司，并对其资金和存货进行了保全。这时人们才发现，货主的存货不翼而飞，现有存货大大少于货主存货数量，怀疑存货已被天津中盛盗卖。

从相关报道中可大概理出事件的来龙去脉。宁波杉科有限公司委托杭州热联进口有限公司等多家进口公司向天津中盛购买棕榈油，进出口公司与天津中盛签订采购合同并支付高额的费用，进出口公司向银行申请开出信用证，并支付给供方。货到后存入天津中盛，进出口公司以收货单向宁波杉科有限公司索取货款，宁波杉科有限公司渐渐付款延迟或不能付款。进出口公司发现危机后向法院起诉，并要求保全货物，发现货量不足，有可能造成巨大损失，追查存货去向时，发现存货已被天津中盛卖掉，货款已被提走。

## 二、事件涉及的问题

### （一）代理的误区

代理的原意是代理人在一定期限权限范围内，以被代理人的名义开展活动，并由被代理人承担活动后果的行为。在对外贸易活动中，由于一些企业无进出口权，常常委托有进出口资质的企业代为进口，货物价格、进货渠道、供应方及由此引起的物流费用、报关报检费用都由被代理人承担，代理企业收取代理费。后来，由于被代理人资金缺乏，上述行为演变为代理人利用自己的资信申请开立信用证，支付进口货物款项，收货后通知被代理人付款提货。

在"天津中盛粮油"事件中，代理人可能存在下列误区。

（1）认为是代理进口业务，出问题后由被代理人承担责任，因此对进口商、仓储商的资质审核有所放松，对被代理人与进口商是同一控制人的关联企业或者不清楚，或者为高额代理费所诱而冒险。

（2）认为代理货物单证在自己手上，从而放松了对货物流动过程的控制，以至货物被卖而不知晓。

### （二）期货交割库的误区

期货交割库是期货交易所用于实物交割的仓库，能成为期货交割库，需经过有关方面严格的资信审查和批准。天津中盛曾经是大商所的交割库，从而赢得了众多客户的信任。

在"天津中盛粮油"事件中，人们对交割库的误区在于以下三方面。

（1）交割库原有出资人有良好的信誉，不会做违法的事情，但忽视了该库的出资人已经换了，其行为有可能与前人不同。

（2）期交所对交割库有严格的监督，存货是保险的，但忽视了期交所监督的重点在于交割的货物，交割库经营的现货的保管业务，期交所无监管责任。

（3）对天津中盛的多种身份、多项业务缺乏了解。天津中盛的身份有三个：一是进出口商，有进出口货物的资质；二是销售商，有销货权；三是仓储商，有为客户保管货物的资格和交割库的资格。一般来讲，交割库是不能经销与交割货物同类的物品的，因为交割库知道交割货物的所有信息。

## 三、防治措施

"天津中盛粮油"事件之所以典型，是因为在此之前的同类案件，要么只发生在代理环节，要么监守自盗，只发生在仓储环节，而此案件是两个环节同时作案。针对此类事件，应采取下列防治措施。

（1）代理的内涵已经发生实质变化，成为购销行为。代理商需要独立承担购销过程中的责任，需要实时控货。

（2）代理商应对委托方和进口商的资质进行深入认真的考察，尤其是考察二者之间是否有关联，是否有串通舞弊的可能。

（3）货物盘查要准确到位，必要时设立存货公示牌。一些代理商也曾去天津中盛盘点货物,但有的未认真坚持打尺盘点,有的只看库存报表,未能尽职尽责盘点到位。由于货物必须在储存罐保管,无法看到货物数量,即使是打尺,也不能确认该货物的货权是属于代理商的。因为被代理人委托多家代理商进货,多家货物同存一罐,无法分清货物的归属。而代理商之间并不通气,不知道货物的总量是多少。解决的办法是在罐旁设公示牌,表明货权属于谁,或者在有权登记部门进行存货登记。

(4)坚持期货交割库不准经营同类货物的买卖规则。我们发现,仓储业的行业准入、行业管理法规不健全,使某些仓储企业有机可乘,或盗卖存货人货物,或开具虚假仓单。十余年来,大案不断,给仓储业的正常发展带来了负面影响。

(本节选自笔者 2008 年的报告)

# 第十二节 又见重复质押骗贷

2014 年 6 月 6 日,青岛传出某公司对一笔货开出多张仓单,在多家银行质押贷款 10 亿元的消息,令人愕然。不论案件的实际情况如何,都提醒人们,诈骗者没有停止活动,他们变换手法、转移阵地,千方百计骗取资金,也总有一些受骗者,盲人瞎马,没有吸取已有案件的教训。

重复质押骗取银行信贷资金的行为早已有之。一般来说有以下手法:一是出具虚假的仓单或质物清单,这往往需要仓储公司或现货市场的配合,以第三方身份出现更具有欺骗性,但独立的有土地和仓库的仓储公司是不会出具虚假仓单的,所以诈骗者会注册一个关联的仓储公司或现货市场公司制作假单。二是买通勾结仓库人员出具虚假单证。三是使用没有担保功能的仓单或入库单向银行出质。存储性仓单只表示对存储货物有提货权,而可担保的仓单必须保证货物的价值高于贷款数额,但仓单必须保证唯一性,即针对一笔货物只能开出一张仓单。

诈骗者之所以能得手,跟风控体系有漏洞有关。

(1)银行或质权人没有认真审核借款人的资信、借款用途、仓单真伪、财务状况、经营状况。

(2)没有区分仓单的性质,没有确认其能不能被作为借款担保物。保管合同的仓单并没有对货物的质量、价值进行评估,所以不能用来抵质押。

(3)没有对仓单和质物清单进行实质性审查,即没有对货物的真实性、存放地、数量、价值、权属、市场需求等进行验收、考察和分析。

（4）没有对监管企业进行考察和筛选，选择了资质较低的监管企业监管货物，甚至没有委托监管企业监管质物。

在宏观层面上，我们还缺乏仓储业管理的法规，例如仓储企业设立的条件、一般仓单和可转让仓单管理、质物登记的法律依据和效力等。

2012年，当"上海钢贸事件"出现之初，商务部流通发展司就委托中国物资储运协会制定了《动产质押监管服务规范》《质押监管企业评估指标》两个行业标准，用于规范质押融资市场，提出了防止重复质押的措施：设立质物存放专用区域，按照质权人的要求在监管现场安放质押公示牌；核实质物清单，清单内容包括质物的品名、规格、产地、数量等信息；核实质物初始库存数量，确保质物数量与合同约定一致；等等。在监管企业的评估方面，从形式到实质全面评估监管企业资质。

（本节选自笔者2014年的报告）

# 第十三节　供应链金融服务创新

## 一、供应链金融的内涵

供应链金融是运用供应链管理的理念和方法，为相互关联的企业提供金融服务的活动。其实质是为供应链链条上相关企业提供的金融服务。这种服务穿插在供应链之中，同时也是贸易带动下的金融与物流服务。其主要模式是以核心企业的上下游为服务对象，以真实的交易为前提，在采购、生产、销售等各个环节提供金融服务。每家企业都有自己的供应链，展现在人们面前的是一个庞大的供应链金融网络。不同的金融企业把自己的服务产品化，并赋予不同的产品名称，但这并不会改变供应链金融的本质。

银行业目前主要通过与电商企业、物流企业进行合作来发展新的市场领域。电商和物流企业都拥有庞大的客户群，银行通过他们可以轻松地介入某一行业或领域。

供应链金融具有很多益处：第一，能够为众多中小企业提供融资服务，解决中小企业贷款难的问题；第二，能够提高银行贷款的安全性，不良贷款率大大低于其他金融产品；第三，能够加快货币资金的流转速度，借贷方便，一次授信，多次使用；第四，能够快速提供经济预警，供应链上的波动信息能帮助人们准确判断风险；第五，能够促进多业融合，跨界经营，增强经济创新的动力。

## 二、供应链金融发展的特点

从发展的角度来看，当前的供应链金融主要呈现出以下特点。

### （一）金融业与物流业两业融合发展

供应链金融业务创新主要来源于金融产品创新，如银行业与物流业相结合可以创造出以下新产品：订单融资、保单融资、电商融资、金融物流、贸易融资、应收账款质押融资、预付账款质押融资、进出口项下质押融资、仓单质押、动产质押、担保品管理、保兑仓、保理仓、融资租赁、互联网金融等，这一系列新产品都需要与物流企业进行合作。

金融与物流都是交易中介，金融是付款的中介，物流是付货的中介，物流企业要保证货物的存在与交付。30 年来，交易形式发生了巨大变化，从百货店、专业店、超市、连锁，到今天的网络交易、电子交易，无论如何变化，只有货物交付才能代表交易的最终完成。

### （二）金融与物流融入电子商务平台

几乎所有的电子商务公司在提供交易平台的同时也提供融资平台，因此其网站必然具有两个方面的功能，其中一个是融资功能，另一个是物流功能。为面向买卖双方开展融资，各主要国有银行、股份制银行都推出了专门针对电子商务的融资产品。金融、物流与电商三者紧密联系在一起，就产生了新的业务形态，即网上交易、网上融资、网下交付。

电子商务改变了传统的交易方式。电子商务环境下，交易不再受制于时空限制，交易环节缩短，碎片化订单能够更好地反映真实需求，快速交易要求快速交付，能够为小企业提供销售市场，降低其融资和交易成本。

### （三）互联网金融潮流兴起

2013 年开始出现互联网金融，这是一种利用互联网技术完成的金融活动。这个定义是比较宽泛的。互联网金融活动突破了时间和空间的限制，大幅度降低了金融门店的交易成本，其主要表现为网上银行、单点对单点网络借贷、电商融资、基金理财、第三方支付、市场担保贷款等形式。

对非金融机构来讲，互联网金融主要指余额宝等活期理财增值服务，他们之所以会介入金融或类金融业务，其主要原因就是所有平台企业都看上了交易中的资金沉淀这一点。当然，其前提是供应商同意延期回款，大的电商可能半年才回款，有的一两个月回一次款，因此他们的业务特点就是大数据、小微贷，绝对不会一次性贷给企业上亿元的资金，因为这样风险太大。

对金融机构来讲，互联网金融主要表现为网络银行业务，如工商银行的网络银行业务占到了全部业务的78%，平均每秒就有6500笔网络银行业务产生。

## （四）在线供应链金融平台化

供应链金融的线上化并不改变供应链金融的实质，但改变了供应链金融的业务模式与风险管理技术。其特点有三个：一是发展行业金融、平台金融、生态金融。二是加快放贷速度，简化操作，提高效率。过去，银行对企业放贷至少需要一个星期的时间来进行审批，而现在借助在线供应链金融，提出申请后只需要四个小时就可以放贷了。三是利用大数据来管控风险，可以做到信息对称。

## （五）大宗商品在线交易艰难前行

商家对顾客（B2C）电子交易在零售业取得了成功，但大宗商品电子交易平台的经营遇到了困难。究其原因，主要包括七个内容：一是线上交易量不大，买卖双方仍然习惯于传统模式；二是政府限制远期合约交易，对上线交易吸引力减弱；三是系统开发与运营成本较高，许多企业资金不足；四是竞争激烈，目前有800家左右的大宗商品电子商务公司，其模式大同小异，集中度不高；五是与物流实体脱节，信息系统不统一，仓储运输环节能力不够，动力不足；六是大额交易，其合同与结算比较谨慎；七是大宗商品电子商务中，企业自营的平台比较多。宝钢、鞍钢、首钢都建设了自己的电商交易平台，销售自己而非其他钢铁厂的货物，这样的自营平台试图整合交易客户的内部供销链，而交易客户因存有疑虑并不愿意上线。大宗商品电商化应该是今后发展的方向，其市场量大，是生活品市场的十多倍，突破口可能在于金融与物流的相互结合，即融资与货物监管相结合。

## （六）在线融资业务需要综合考虑众多因素

很多电子商务公司开展了在线融资业务，开展这些电子商务业务必须综合考虑以下因素：一是在线融资产品设计与规则、信息系统与金融机构接口、授信额度及管理、融资客户的关键信息；二是融资管理因素，如账户、贷款、保证金、货值、流水、时间、合同、预警等；三是货物监管因素，如监管地、库、位、质物清单、价值总额、融资折扣、货物价值底线、人员管理、业务权限等；四是仓储系统因素，包括进出存、盘点、移位、补换货、查询、单证、标志、登记、公示、过户等；五是收费与结算因素，如多点、多客户、多货主、多银行统计、信息报送等；六是征信因素，如企业基本资料、评估报告、预警报告、证据等。

在线融资业务必须考虑所有相关要素，这是一个非常复杂的系统，很少有企业能够把这一整套做全。

## 三、2014 年供应链金融发展的情况

总体来看，2014 年我国质押融资的情况非常不好，经济增速放缓，产能过剩，行业风险过大，资金链条产生了多米诺骨牌效应。上下游企业账期过长，赊欠严重，透明度差，企业重组、人员变更等对链条的信用产生了严重的影响。在面临生死存亡的威胁时，企业诚信缺失状况严重。2014 年，金融企业为自保而抽回资金，多数企业选择不还贷款，一些地方政府已明令银行不许抽贷。在"上海钢贸事件"中遭受损失最大的就是银行，银行成为风险的最终承担者。可以说，银行对质押融资是又爱又恨。

"上海钢贸事件"所暴露出的企业联保制度的弊病，其实就是企业之间的关联互保，一家企业贷款，四家企业进行担保，贷款 100 万元的时候其他企业还有能力进行补偿，贷款 1 亿元的时候谁都不能互相担保了。

电商融资风险问题备受关注。电商的信用从何而来，一家电商的注册资本为 2 亿元，而其运营的资本是 4000 亿元，这个风险是极大的，因此电商需要进一步积累信用。

## 四、大数据背景下供应链金融的特点

在大数据背景下，供应链金融出现了一系列新的特点。

（1）速度快。交易的速度快，付款的速度快，要求物流的速度也得快。

（2）流程标准化。流程标准化实现之后进一步实现了信息化。人们之所以相信余额宝，其根本原因就在于它的流程是标准化的，并且实现了信息化，它的规则是透明的，是不会轻易变动的，进而实现了平台化。

（3）融合化。制造业、商贸业、金融业、物流业与市场之间形成了相互融合的局面。

上述特点要求我们在相应的物流业务方式上发生改变，即快速响应、快速分拣，以满足小批量、多批次、可视化、网络化等的需求。同时，上述特点也会对物流设施的规模、布局、构造等产生影响。过去，一个仓库只租给一个货主，现在是一个货架

就有六七个货主，且进货频次增加，由原来的一个月进一次货到现在的一个星期进一次货。物流企业必须尽快适应这种业务节拍。

## 五、供应链金融发展的趋势

### 1. 向信用担保方向发展

电商企业根据自己所掌握的数据，对客户的业务与信用进行分析，在安全范围内提供小量、短期融资，将沉淀在网上的无成本资金盘活。金融机构也在利用客户的历史资金流量数据对客户的信用进行评级，从而确定是否放贷。

### 2. 向实物担保方向发展

房地产、货品、仓单仍然是主要的担保物，是可靠的贷款保障。应收和预付的抵、质押融资，其背后也要有真实的贸易和债权债务存在。

### 3. 向商贸、金融、物流一体化方向发展

深圳式供应链金融融资模式的整个过程具体如下：研究需求、设计（发现）产品、委托加工（收购）、融资、支付、掌控物流各环节、海关两检、销售通道、货物交付。这是一种把金融、贸易、生产糅合到一起的供应链管理模式，该模式在各个行业都可以应用。

### 4. 向电商、金融、物流合作平台方向发展

电商、金融、物流合作平台是大数据的汇集者。交易平台与物流系统集成，与支付系统集成，与交易融资系统集成，实现信息流、资金流、物流、商流的统一，确保交易资源真实可靠、贸易行为真实可靠、担保物变现渠道畅通、担保物价格波动监控实时等。

如何为供应链金融提供更加安全的发展环境？

（1）要改变考核体制与机制，既不要填鸭式贷款，也不要釜底抽薪。"上海钢贸事件"的爆发就是一个填鸭式贷款非常典型的例子，是在供大于求情况下出现的诈骗行为。所以，我们既不要在同一地点再次跌倒，也不要跌倒后就不爬起来了。

（2）重视大数据，用好大数据。在行业判断、企业评估、风险控制中要让数据说话。

（3）构建供应链网络金融体系。必须把眼光放大到整个供应链网络的范围之内，才能发现到底是哪个点上出了问题，进而判断会不会传导以及何时会传导到某条链上，要防患于未然。

总之，希望供应链金融有一个良好的发展环境。

（本节选自笔者 2014 年的报告）

# 第十四节　供应链金融生态系统

　　近些年来，供应链金融成为热门话题。随着越来越多的机构进入该领域，笔者产生了想要研究其生态系统的意愿。粗略总结了一下，大约有以下问题需要探讨。

　　第一，正本清源。必须对供应链金融及其相关的概念赋予确定的定义，这些概念包括供应链金融、贸易金融、金融物流、贸易融资、应收保理、订单融资、金融租赁、互联网金融、P－P、仓单、提单等，以及行业习惯用语，如先票后货、先货后票、融通仓、保兑仓、保理仓等。搞清概念的内涵，讨论起来才有共同语言。

　　第二，厘清供应链金融生态中的各个当事人的角色、法律关系、商业模式、必要程度。比如，按借贷关系分，可以分为贷方银行业金融机构、融资性担保公司、小额贷款公司、融资租赁公司等，借方企业和个人，以及辅助性服务机构，如保险公司、保理公司、认证机构、评估机构、电子商务平台、商品交易所、信托公司、期货公司、证据存储与检验机构、物流企业等。如果从借款担保的方式来分，上述生态中的服务者会增加大数据公司、信用评级公司。我国的借款担保分为两类：一类是信用担保，借款方要被信用评级，大数据是信用评级的重要工具；另一类是实物担保，这类担保引入了专业的监管公司看管货物，引入了登记、公示平台机构。从服务项目上分，可分为物流服务、信息服务、技术服务、保险服务、征信服务、流程外包服务。各个当事人的法律关系是根据其进行的业务而定的，主要依据的法规有合同法、物权法、银行法、贷款通则、电子签名法、票据法及最高法院的相关司法解释。

　　第三，研究供应链金融的外部环境，包括政策环境、法律环境、行业规则。政策环境的焦点在于金融业务的创新和宏观监管的冲突，民间借贷、众筹、理财、远期合约交易等与非法集资的界限。金融涉及国家安全，监管是政府的职责，明确监管的度如何把控是当务之急。规定用途、规定资金存放、规定利息高低都解决不了问题。法律的制定修订时间很长，适用市场经济的法律体系还远不完善，这就使供应链金融当事人在法律的边缘上游走，承担着法律风险。

　　第四，研究供应链金融的商业模式种类及运营状况。各家金融机构、监管机构创造了许许多多的产品，出现了不少同类产品名称不同、同类名称模式不同的情况。其实，主干业务是借贷。借方的主体有企业法人，也有个体人，从而借款的种类分大额借款、小额借款、长期借款、短期借款、流动资金借款、固定投资借款。还款保证分为信用担保、实物担保、质押、抵押等。在金融领域高度竞争的条件下，贷款机构也在比审批速度、比成本、比诚信、比服务、比执行。一些银行或平台机构推出部分不收费项目，而在另外的支付、结算、保险、票据业务上收费。

第五，风险防控。在出现"上海钢贸事件"、青岛有色金属案之后，有关机构均提高了风控级别，但随之而来的是完全合格的企业减少，大量企业被评为缺陷企业。要不要与这些企业做业务、放贷款，成为银行的艰难选择。提高评估标准，可贷企业减少；降低评估标准，风险因素增大。所以如何建立一个简要、科学、适用的评估指标体系是银行业、征信业、保险业、担保业亟待解决的问题。我们在实践中常常是从事故、纠纷、案件中寻找防范风险的办法，但是往往防不胜防。新的环境因素、新的业务模式总会产生薄弱环节，薄弱环节就是风险。而且，银行业、保险业、风投业、证券业等各有各的风险防范重点，使风险防控体系更加复杂。当务之急是划定商业机密和可公开信息的界限，厘清各当事人的利益关系，公开发布业务规则和流程，使业务创新和底线规范相结合。

国家四部委制定的《网络借贷信息中介机构业务活动管理暂行办法》表明，保证国家金融安全、维护金融市场的稳定和安全，是国家的底线。供应链金融必须服从这个大局，在这个大局下服务实体企业，服务创新创业才是正确方向。

（本节选自笔者 2016 年的报告）

# 第十五节　产业链金融前景广阔

改革开放四十多年来，金融业变化很大。由人民银行"一枝独秀"变为两万多家机构的"浩荡大军"。融资规模变大、融资产品增多、融资模式多种多样，产业链金融就是其中的重要组成部分。

产业链金融是为产业链条上各个企业提供金融服务的业务模式，具有以下明显特点：这个链条上的企业相互关联度很大，是上下游的关系，利益密切相关；链条上的资金流方向与商品流方向相反，且按顺序流动，最适于按链条顺序融资；链条上的金融需求具有多样性，除了融资之外，还有财务管理、结算、支付、票据、贴现等；融资规模巨大。

随着社会分工的发展和技术进步，产业链上的环节在增加，而每增加一个环节，融资量也随之增加。为实现产业安全，产业的核心企业总会出现，尽可能地把更多的环节纳入自己的旗下，产业链金融变为大企业集团发展的重要手段。产业链金融与消费金融不同，它是生产性金融，是由机构和企业组织承担还款和担保责任的。

产业链金融服务的提供者是银行、基金公司、担保公司和财务公司。许多商业银行在选定的行业进行深耕，有的专注汽车，有的专注钢铁，有的专注有色，他们通过产业金融服务发现链条上的更多企业和需求。基金公司一般是按行业组建的，服务对象也是行业企业。财务公司则更具有行业性或集团性。根据财务公司协会发布的数据，2019 年，我国的财务公司有 253 家，分布在电力、电子电器、钢铁、机械、建材、交通、酒店旅游、军工、煤炭、民生消费、农林牧渔、汽车、商贸、石油化工、有色、投资控股 16 个行业。

产业链金融的业务模式很多，主要包括存贷款，贷款中的应收账款融资、应付账款融资，存货抵质押融资，联合保理，贴现再贴现转贴现，延伸产业链贴现，委托贷款，支付，结算，结汇，保函，担保，代理保险，池化融资，融资租赁，投资，证券投资，股票投资，财务管理，财务咨询，企业债等。

产业供应链金融的存在基础是产业，产业兴则金融兴。金融是为产业服务的，而不能凌驾于产业之上。金融机构不可从产业那里过多攫取，那样会削弱企业的造血能力。企业不能过度依赖金融，技术、产品、竞争力是企业的生存本领。因为链条上的企业紧密相连，资金闭环运行，信息发布充分，不良贷款率很低。财务公司协会数据显示，2018 年绝大部分财务公司不良资产率为零，不良贷款率在 0.1% 以下，远低于银行业的 1.5%。金融与产业发展紧密结合，深知行业前景、技术、风险、关键，也深知企业融资的需求、规模、节奏和周期，从而服务更加周到，提高了资金的使用效率和周转速度。

票据业务的放宽给产业链金融带来了机遇。除去银行承兑的贴现外，商业承兑的开立、流转、支付、结算、贴现，在一定程度上解决了企业资金不足的问题。随之而来的是关联企业间将以类数字货币解决相互间的债权债务。产品销售也会收下不少的商业票据，这些票据存在期限和金额不匹配，继而会出现票据闲置和短缺，这就推动了智能配票业务的发展。

产业供应链金融发展中的问题如下。

（1）银行与其他机构的协作不够。银行是主渠道，是主要的资金来源，金融牌照齐全，而担保、基金、财务公司在业务许可方面有不少限制，比如，社会存贷业务、保理业务等。各方在客户服务范围方面应有分工，加强银企结合，实现支持与监控的密切联动。

（2）集团内的资源分配问题。主贷款企业的经营自主权与财务公司的资金集中管理关系，要精心处理。

（3）各机构都要求全牌照运营，银行、基金、担保、财务公司之间的业务界限会不会被打破？产业银行会不会出现？

（4）产业之间的金融合作推进难。不同集团之间利益协调难度较大。

（5）财务公司为成员企业向银行出具保函和融资担保，其自身的信用基础是什么？财务公司的盈利从何而来，如果从本集团的各企业存贷利差而来，会不会分割集团的利润？其他问题还有：行业发展的规律和前景如何评估？数字货币如何在国家监管下运行？信用较差的商业承兑汇票会不会带来坏账？等等。

尽管还有不少问题，产业链金融依然生机勃勃，前途无量。因为它与产业的结合紧密，因为它的融资背后有实物的支撑，资金的使用效率最高。

（本节选自笔者 2019 年的报告）

# 第四章

# 物流行业发展

# 第一节 中国古代物流一瞥

中国古代的物流自然和今天的物流概念不同，但物的流动确实存在，而且具有相当大的规模。物流的管理世代相传，延续几千年。了解古代的物流，是很有意义的事。

## 一、中国古代的物流需求

### （一）农副产品的大范围流动，是古代占主要地位的物流活动

生产发展到农耕经济时代，农副产品的流动是物流的主要内容。这主要因为中国古代有着长期的、集权式的中央政府，皇室与政府的巨大消费，使得全国农副产品向京师和中心城市集中。秦统一六国，天下分三十六郡，形成以咸阳为核心的都市圈。都市人多消费大，不得不从全国调集粮食、布帛等生活用品。汉代初期，从关东调粟数十万石，送至京师，而到了汉武帝时调至京师的粮食已有 600 万石。汉高祖分封诸侯，各诸侯王都有自己的领地，也形成了以诸侯国都为核心的次都市圈。物品同样向这些次都市圈集中。宋代官员俸禄最厚，且实行实物供给制。从粮食到布帛，从薪炭到茶叶，无所不供。因此，京师所需物品最多。史载：宋至道初，每年汴河运米 300 万石，广济河运粟 12 万石，黄河运粟 50 万石……计 550 万石至京师。而到了大中祥符初年，京师已需粮 700 万石。除此之外还有金帛、缗钱、珠宝、香药、薪炭等。此外，还有金属冶炼业的发展，金属的产量和运输量也都大大增加。宋元丰元年，全国生产黄金 10700 多两、白银 215000 多两，铜 146 万斤，铁 550 万斤，锡 232 万斤，铝 920 万斤。由于是铸钱和制造兵器的材料，上述物品大都会被集中储存和保管。如此大的产量，其矿石的开采、冶炼，产品的运输，不知产生多少物流量。

中央政府为平抑物价，储粮赈灾，修建了不少粮仓。丰年时收购储存，灾年时粜粮赈灾。宋元祐二十八年，一次发放赈灾用粮 452 万斛（每斛合 5 斗）。历代政府都将粮仓作为重要设施建设和管理，清康熙三十年曾下令各县都建粮仓，大县存粮 5000 石，中县 4000 石，小县 3000 石，以备不时之需，之后又下令加倍贮存。

## （二）商品贸易的发展，使货物在国家内部以及国家之间流动

最著名的是汉武帝时派人通使西域，建立连通欧洲的丝绸之路，西域 36 国与中原的商品往来，延续了两千年。珠玉、马匹、丝绸、茶叶、瓷器、米、麦、棉、布都成了商品，在交通能达的区域内进行交流。

中国古代还有一种重要商品必须在全国范围内流动，那就是盐。古代的盐有池盐、井盐、海盐三类。池盐分布于西北地区，井盐分布于四川，海盐在沿海。自古以来，盐的流通是大量的、经常的。唐代初年，西北池盐每年产 1 万斛，河北产盐也在 1 万石以上。明洪武年间，产盐量竟达到 4.6 亿斤。

明清两朝手工业和商业发展迅速。乾隆年间，景德镇陶瓷业规模发展到了顶峰，瓷窑三百区，匠工几十万名，瓷器交易远达欧洲。乾隆五十年，中国出口的茶叶 2800 多磅，出口超 200 万两白银。在大西北，伊犁、喀什已成为对外商业贸易的中心和枢纽。常常有十万次以上的牲畜交易，上万匹的缎、绢、绸、绫被运往国外。

## （三）皇室宫殿、陵墓的物品需求，也是流量很大的物流

秦始皇时期，从咸阳到雍，"离宫三百，钟鼓帷帐，不移而具"。阿房殿东西 500 步，南北五十丈，上可以坐万人。唐贞观四年，唐太宗欲修洛阳宫乾阳殿，张玄素上书劝谏："……大木非随近所有，多从豫章采来。二千人曳一柱，其下施毂，皆以生铁为之，若用木轮，便即火出。铁毂既生，行一二里即有破坏，仍数百人别赍铁毂以随之，终日不过进三二十里。略计一柱，已用数十万功。"一根柱子尚且如此，一座宫殿需要多少材料！

皇室如此，王公大臣纷纷效仿，京师附近的树木被砍伐精光，不得不到江西、云贵，"伐之高山，引之穷谷，入海乘淮，逆河溯洛，工匠雕刻，连累日月……东至乐浪，西达敦煌，费力伤农于万里之地"。

除给活人修宫殿之外，还给死人修陵墓。秦汉有厚葬之风，秦始皇葬骊山，"吏徒数十万人，旷日十年"，"下锢三泉，上崇山坟。其高五十余丈，周回五里有余。石椁为游馆，人膏为灯烛，水银为江海，黄金为凫雁……又多杀宫人，生埋工匠，计以万数"，部分发掘的兵马俑，已成为世界奇迹。

"汉天子即位一年而为陵。天下贡赋三分之，一供宗庙，一供宾客，一充山陵"，可见陵墓耗费之多。中山简王陵墓，从常山、钜鹿、涿郡三郡伐木，不够，又从其他州郡砍伐。宫殿与陵墓的建设，耗费了大量的物力、人力、财力，其背后的物流量不可计数。

## （四）战争后勤物流

中国古代多战乱，战争的年份远远大于和平的年份。若三十年无战争，天下富庶。秦始皇统一六国，动辄发兵三四十万，其兵器制造、粮草征集、运输供应、马匹征养、盔甲被服，不知有多少人为之劳作。当时交通不便，运输工具落后，运输成本巨大，粮食运至军前，只剩下三十分之一。

汉高祖当上皇帝后，论功行赏。大家都说，曹参征战多年，受伤七十多处，攻城略地，功最多，宜第一。而汉高祖却把第一功给了萧何，因为萧何辗转关中，给食不乏，保证了战争的后勤供应，是万世之功，而不是一旦之功。由此可见，古人也是非常重视战争后勤的。

# 二、中国古代物流载体

中国古代物流载体首推漕运。漕运起于秦汉，河渠成为最早的通道。漕运的起点往往是产粮区，终点往往是京师，因为京师人多，消耗多，当地的粮食不足供应。宋代之前，京师多在西安、咸阳、洛阳，巴蜀粮食由关中运至京师，山东、河北粮食由黄河运至京师。北宋京师在汴，陕西粮食由惠民河转汴河入京，江淮粮食由淮水转汴河入京，山东粮食由五丈河入京。明代京师大部分时间在北京，粮食通过运河送达北京，并延续至清代，同时，还通过近海航运，将江南粮食经海路运到海河，终至京师。自元代开近海漕运，最远的航程达一万三千多里。

除水运之外，陆路运输多以人畜力拉驮。丝绸之路上的骆驼，崇山峻岭中的马、骡是主要的运输工具。

除运输之外，仓储是古代物流的重要载体。仓是存粮之所，贮粮以备不时之需。秦在河南设敖仓，隋在卫州设黎阳仓、洛州设河阳仓、陕州设常平仓、华州设广通仓。明代时，粮仓东移，设临清、德州两大仓，各容粮 300 万石。洪武年间，南京设军储仓 20 所。永乐年间，北京设 37 卫仓，并且规定各行省都要设仓。在京师，除粮仓之外，还设有专业库。内务府曾设十库，分别储存硫黄、硝石、布匹颜料、战鞋、裘帽、棉丝、铜铁、甲仗、钱钞、纱罗绫锦等物。

仓库的基本用途有储存和储备两大功能。储存是将漕运来的粮食保管起来，供皇室、吏官及人民日常消费；储备是为应付战争、灾荒及突发事件的。同时，仓储还有平抑物价之功能。粮丰时收进入仓，粮欠时出仓粜粮赈灾，以应对价格飞涨，防其影响市场稳定。

## 三、中国古代的物流管理

古代的物流管理，主要体现在三个方面。

### (一) 市场的管理

市场是贸易的场所，在春秋战国时期，商业就已经相当发达。《周易》记载："日中为市，致天下之民，聚天下之货，交易而退，各得其所。"古代的大政治家出身商人的并不少见，如管仲、弦高、范蠡、吕不韦等——同时也说明，天下之民带着天下之货，到市场上交易，交易完成之后，各得其所。隋代时已建有形市场，市场在居民区外设立，不与居民区混杂。政府设官员进行管理。唐代京城有东西两市，设一令二丞。在以后的朝代里，管理市场的官名虽然不一，但现货市场一直延续。朝廷设官管理也一直在延续。市场官员的职责在于保护交易、执行法令、平抑物价。"候物贵则减价出卖，物贱则加价收籴。权其轻重，以利疲民"。

### (二) 运输管理

最典型的例子是历代的漕运管理。自秦汉创立了漕运，历代都有官员管理。前述汉代萧何，就是著名的物流大师。他不仅保证了刘邦大军的作战物品的供应，还创建了一系列的管理制度。汉代漕运工程巨大，路途遥远，岁征 600 万石，用卒 6 万人，没有一整套的管理、调度、控制制度，是无法完成的。

此后唐、宋、元、明、清各代京师所费完全依赖漕运。唐高宗时期，漕运路途艰险，粮食损耗大，中宗景龙三年，京师农业歉收，粮食不够吃，有人建议朝廷迁到洛阳"就食"。中宗不肯，说"岂有逐粮天子邪?"他采取加大人力财力、疏浚河道、增选粮船、沿途设仓、派重要官员负责等办法，解决粮食危机。明代设漕运总兵官、总督，设立漕运衙门，有 101 个漕运卫所，运军 12 万多人，运船 1 万多艘。

由于没有新的能源动力出现，陆上运输工具较少，古代运输主要依靠水运。南北大运河开于清代，黄河、汴河、淮河、海河都是运输的主要通道。朝廷还设立治河官员，以保证河道畅通。除粮食之外，麻、丝、布、帛、茶、牲畜以及珠玉、金、银、盐、铁、铜的运输也很发达，商业发展到哪里，运输就跟到哪里。史料记载，汉唐时期，中国与西域异国通商较多，仅扬州一地，就聚集西域胡人上万人。伴随着他们的到来，异国物品源源不断运到中国，万里迢迢，必须有较高的运输管理水平才能办得到。

## （三）仓储管理

政府设专门机构和官员管理仓库。唐代，京师有太仓，州县有正仓，又有常平仓以均贵贱，有义仓以备不足。常平仓和义仓是储备性质的仓库。例如，宝历四年二月，以米贵出太仓粟四十万石，于两市贱粜，以惠平民。粮仓的分布，很有讲究。一开始，皇帝把粮食聚集于京师，后因漕运艰险，损耗较多，便在河道沿途设仓，派人监管，既减少损耗，又节省人力物力。

纵观古代仓储，大约有以下特点：一是仓储以粮食为主，这跟农耕社会，粮食的极端重要性有关。二是仓储分储备和储存两种。储备仓是为战争、灾荒而准备的。储存仓，进出库是经常性的。三是仓库专业化明显，存粮为仓，存其他物资为库。不同种类的物品分库保管。四是历代朝廷都设官员对仓库进行专业化管理。

中国历史悠久，物流故事比比皆是。如此一瞥，使人感到物流一词虽是现代名词，但物流活动古已有之。在人们为现代物流而苦苦探索、创建学科时，不妨回头看一看历史长河，那份厚重、那份深沉，告诫人们不要浅薄，不要浮躁。为这条长河添一滴水是我辈的荣幸。

（本节选自笔者 2006 年的报告）

# 第二节　商贸物流的理论与实践

商贸物流一词，是指为商贸活动进行的物流活动，与冷链物流、金融物流一样，源于两项活动的叠加。其定义及造词方式还有待商榷，其物流活动却是源远流长的。

商流带动物流，有了商品交易，才有了相关的物的转移，才有了物流的组织、管理、规划、经营。因此我们说商贸与物流虽是两项分离的活动，却是一个交易活动的两个组成部分。

商贸物流的涵盖面很广，涉及仓储、运输配送、装卸搬运等多项活动，也涉及结算、信息等服务领域，还涉及交易场所。当前突出的问题是，物流园区的规划建设中，60%以上的物流园区都设计了商贸交易场所，这就与现行的土地管理政策发生了冲突。我国规定商贸设施所用土地的出让金数倍于物流设施用地，物流园区要不要、能不能建设商贸设施，按什么价格取得土地成为物流园的焦点。

2008 年 1 月 9 日发布、2008 年 8 月 1 日起实施的中华人民共和国国家标准《物流园区分类与基本要求》（GB/T 21334—2008）（2018 年 4 月 1 日已废止）中规定：单个物流园区总用地面积宜不小于 1 平方千米；物流园区所配套的行政办公、生活服务设施用地面积，占园区总用地面积的比例，货运服务型和生产服务型应不大于 10%，贸易服务型和综合服务型应不大于 15%。

笔者个人认为，这个标准的规定是合适的。首先，物流园区是众多商贸企业和物流企业聚集的地方，必须有一定的办公设施和生活服务设施，以方便其进行业务活动；其次，规定了物流园区的主要功能是物流活动，对园区的功能、交通、环保和基础设施都有具体的要求；最后，无论是国内还是国外的物流园区，无一例外都设计了商品展示、交易洽谈、交易结算的区域，有的还引入了海关、商检等行政管理机关。

中国物资储运总公司是一家国有物流企业，在多年的经营中与商贸企业建立了良好的合作关系，为其提供了多方位的服务。

## （一）为商贸企业提供办公场所，形成前店后库的格局

中储把自己的库房改造成一个个交易间，提供给中小贸易商，引进工商管理、税务、银行、电信等部门。贸易商们聚集在一起，很容易了解价格、交易信息；同时，库内存着他们的商品，便于买主看货和提货。中储则增加了运输、配送、装卸和租金收入。十多年来，中储开办的这类市场占地面积达 40 万平方米，有 5000 家客户入驻。客户营业额每年达 2000 亿元以上。

## （二）金融物流服务

中储在国内首创了质押监管融资业务。主要为中小型企业提供入库货物质押融资服务。货主将货物存入中储，中储开出仓单或入库验收单，货主把单证拿到银行出质，银行放出贷款并通知中储代银行占有该批货物，直到货主还款以后，才通知中储放出货物。这项业务解决了中小企业贷款难的问题，也解决了银行资金安全问题，为物流企业提供了增值服务。

（1）如何看待金融物流业务，当前有不同意见。一些人认为物流企业应该只做物流，进入商贸领域是分割了商贸企业的利润。笔者不赞成这种观点：一是社会分工越来越细，物流企业参与金融服务有客观需求，商贸企业扩大了授信规模，扩大了业务范围。二是监管收入费率较低，年收费为贷款额的 0.8%～1%，比担保业收费低 70%。企业何乐而不为呢？三是物流企业承担了风险，付出了劳动，取得报酬是天经地义的事情。

（2）当前的金融物流业务如火如荼。几乎所有的银行都开展了这种业务，估计占其全年贷款额的 5%。中储、中远、中外运三家企业去年的该项业务总和达 2000 亿元贷款额度。

### （三）全程物流服务

交易活动其实是很简单的，商品质量、规格、价格谈妥之后，一纸协议即可完成买卖，但物流过程却极为复杂。不论交易的方式是现金交易还是电子交易，物流总是要完成货物的交接位移。其间千山万水、千难万险，物流企业都要去承担、去完成。中储的国际货运代理业务就是这个过程的组织和操作者。多年来，中储完成了首都机场航站楼、小浪底水利工程、云天化等二十多个大型重点工程装备的全程物流活动。当前，全程物流在向两头延伸，从供货到制造再到产成品，一直到用户手上，其间都有物流企业组织和操作。他们把无数复杂的环节串联在一起，最终使商贸活动全部完成。

### （四）商贸物流是一个既传统又新鲜的事物，其内涵和外延都在变化之中

早在春秋战国时期，我国就出现了市场。那时的市场，商贸交易和物流是同时发生的。在电子交易发达的今天，商贸交易与物流在时间和空间上是相对分开的。这就要求物流企业研究商贸物流的发展趋势，随时跟进并适应这个变化，创造新的历史篇章。

（本节选自笔者 2010 年的报告）

## 第三节 制造业物流现存问题及发展趋势

我国制造业的物流总量很大。2009 年我国粮食产量已经达到 5.3 亿吨、棉花 640 万吨、肉类 7642 万吨、水产品 5120 万吨、木材 6938 万立方米、水泥 16 亿吨、钢材 6.9 亿吨、汽车 1300 万辆、煤炭 31 亿吨。从以上这些数字可以看出，我国制造业的物流总量为物流业的发展提供了巨大的空间。

制造业的空间布局影响着物流布局，只讲物流布局，不讲制造业布局，有点本末

倒置。原材料的南北大移动、东西大移动带来了空车率的大幅度上升，导致南北货流量不对等的问题——均衡运输问题突出。我国的铁路运输空车率、汽车运输空车率都在40%以上，这是极大的资源浪费。

## 一、制造业布局亟待规划

制造业上下游所构成的产业链，几乎涉及国民经济各个主要部门。制造业物流具有以下几个特点：一是供应链链条长，流通的环节多。如钢铁制造业有一级市场、二级市场，甚至有三级市场。在每个市场中都存在转运、存放、配送等一系列物流问题。二是行业企业相对集中，物流大规模长距离运送比较多。如一个汽车制造厂可以年产100万台汽车，但其销售地在全国各地，那就要有大规模、长距离的产品流动。三是所需物流专用设备较多。由于产品的多样化、运输工具的多样化，所需要的专用设备也就多。

另外，企业物流在制造业中占据了重要地位。在一些发达国家，第三方物流和制造业自建物流比例大约是1：1，但在我国，制造业自建物流达到80%左右。

这些制造业布局的不合理现象，造成了社会资源浪费，也进一步使物流行业的成本大幅提升。例如，煤炭产业基地西移，但发电基地东移和南移，造成发电用煤大量从西部往东部和南部转移，长距离的运输容易出问题，也导致用高等级能源——柴油，来运送较低等级的能源——煤炭，其间不必要的浪费容易引发其他问题。

## 二、探究联动的困局所在

目前，我国制造业物流的发展呈现出三种特性。

（1）很多制造业在以产品为导向建立物流体系，如家电制造业海尔就以自己的产品为导向建立了海尔物流部、海尔物流中心等内部组织；苏宁、国美两大家电销售巨头也都在建立自己的大规模物流体系。

（2）少部分制造业企业的物流部门被独立出来，成立专业化的物流机构。目前这一个趋势发展得还比较迅速，如安吉物流就是从上汽的体系中独立出来的，安得物流源于家电制造业巨头美的集团。这样做的好处是，由于这些企业对自己的产品、销售渠道非常熟悉，其物流能提供更加便捷的辅助服务，使集团的发展更快。

（3）只有极少数大型的物流企业才能进入制造业内部，从事物流活动。如中储上海公司能进入一些造船厂做船板物流业务，但中小物流企业很难获得这样的机会。

制造业发展的现状必然导致两业联动过程中存在矛盾与不协调。主要有五个方面的问题需要两业共同努力克服。

（1）克服相互了解程度低的难题。双方产业相隔较远，互相都不了解。物流企业不了解制造业企业的需求，制造业企业也不了解物流企业的能力。虽然一些制造业企业提出，要将物流整体外包给物流企业，可是未必有一家物流企业敢拍胸脯从上游到下游包干到底，因为大多数的中小物流企业很难深入了解制造业供应链的每个环节，不具备这样的能力。

（2）物流外包也会遇到制造业员工的责难。中储曾给一个大型家电公司提供物流外包服务，管理其仓库设施。结果该公司原来物流部的100多人也因此失去了工作岗位，当时的情况真是"怨声载道"。另外，很多制造业企业有"物流外包会造成利润外流""纳税额增加"的错误观念。

（3）物流企业能力不足、准备不足，无法承接外包服务。我国物流企业的能力还需继续提升，很多制造业企业已经形成了规模性的物流体系，并且流程清晰，比如，苏宁自建的几个物流中心，能很好地衔接销售与各环节的工作，他们很怕一个不懂行的物流企业进入其中后，扰乱了系统原本的和谐。当然，物流企业也不敢贸然承接这样的业务。

（4）中小制造业企业需要物流企业提供质押监管融资服务，但是这样的业务只有中储、中铁、中外运这样的大型企业才能承揽，中小物流企业未必有这样的能力。

（5）双方信息化系统不能融合。制造业企业的物流信息系统和物流企业的物流信息系统有很多融合不起来，信息系统融合所要投入的精力与资金对不具实力的物流企业来说力所不及。

## 三、未来制造业物流如何发展

未来的制造业物流该如何发展，笔者在这里给予一些预测，希望能给两业联动带来新的思考角度，以促进两业快速发展。

### （一）企业物流和物流企业将各自发展

即使在发达国家，也没有完全实现由第三方物流企业承包所有的物流活动，因为企业物流还是占主导地位和主导作用的。笔者所访问过的日本的一些大型制造业企业，如汽车制造业企业、挖掘机制造业企业，基本上是自建物流体系。所以，物流企业和企业物流将长期并存各自发展。

### （二）制造业企业要主动接受物流技术和管理方法

当制造业企业主观上开始接受物流理念后，就有可能把一些物流业务外包给第三方物流企业，而这也能提升其物流的效益。

### （三） 专业化的物流必定受到制造业企业的欢迎

物流企业的专业化服务，如危险品物流就需要专业化服务，因其对安全的高要求，资质审批门槛也就更高。下一步，专业化家电物流、专业化汽车物流等，都将受到制造业企业的欢迎，迅速发展。

供应链物流的发展必定由业务模式齐全的大型物流企业主导。供应链越长，制造业企业就越需要专业化、国际化的大型物流企业。

要实现两业联动，还要考虑产业布局和政策导向的因素，要研究制造业与物流业联动的成熟商业模式。下一步就要求，在规划上、政策上、节点建设上、税收上都有所突破，建议研究制定两业联动的考核指标体系，这样就能衡量出已有的联动是不是达标，联动的结果是好还是坏。

（本节选自笔者 2010 年的报告）

# 第四节　整合，路在何方？

2004 年以来，物流市场风起云涌。国际上，各大跨国公司加大了资产重组和对外并购的力度。UPS 以 1.5 亿美元的现金及承担约 1.1 亿美元债务的形式，收购 CNF 公司旗下的万络全球货运代理公司；TNT 集团以 2.57 亿欧元收购 Nordic Capital 投资公司旗下的全球货运公司 Wilson 物流集团；UPS 全数收购其在日本的美日合资公司——UPS 大和速递；DHL 出资 1.22 亿美元，控股印度最大的国内快递公司蓝标快递。在国内，物流企业之间的整合也层出不穷。UPS 用 1 亿美元回购了与中外运合作时的大部分业务；嘉里建设收购大通国际运输 70% 的股权；联邦快递收购大田大局已定，只是早晚的问题。

## 一、兼并重组是物流企业发展的必然趋势

实际上早在 2002 年，国际物流市场就已经掀起了第一次兼并重组的高潮。据当时的统计，欧洲运输、物流市场共发生 890 宗大大小小的收购、结盟的商业活动，是欧洲有史以来企业收购、结盟活动最活跃的年份。其中，跨国物流企业的收购、结盟活

动比例非常高。

物流企业兼并重组的趋势十分明显。这种趋势的背后是整个市场环境的变化以及由此变化带来的对物流服务的新的需求，在这种需求的推动下，整个物流行业正经历着史无前例的巨大变化。

## 二、物流企业兼并重组的原因

当前的物流市场呈现出以下特点。

（1）客户需求不断升级。客户个性化、差异化、专业性的要求，迫使物流企业参与到客户的采购、生产、运输等活动中，成为客户供应链中不可分割的组成部分。

（2）经营风险不断增加。时间和质量以及降低物流成本的要求，促使物流企业既要追求优质服务，又要不断降低运作成本，双重压力使物流企业的经营风险系数增加。

（3）市场竞争日益加剧。随着外资的大规模进入，市场竞争已经不是局部的了，而是整体的、综合的。

（4）营销方式不断革新。销售方式的改变使物流方式相应发生变化，要求物流服务必须更快捷、更省钱，同时提供更多的增值服务。

（5）信息技术不断进步。信息技术是物流企业发展现代物流的基础之一，是企业满足客户需求的前提，智能业务、远程业务、全程业务早已广泛应用。

这些特点决定了当前以及未来，能够适应客户需求的物流应该是一种多环节活动，提供服务的物流企业必须具有规模效益，必须具有网络化、规模化的特征。

### （一）物流是多环节活动

传统的物流企业根据业务分为以下几类。

（1）水上运输的企业。这些企业所提供的服务包括集装箱、干散货、石油等物资的水上运输，以及与水上运输相关的集货运代理、租船经纪、外轮供应等业务。这类企业包括中远、中海、马士基、总统轮船等。

（2）空运企业。这些企业主要从事货物的空运以及与空运相关的揽货、订舱、仓储、中转、集装箱拼装拆箱、报关、报验、结算运杂费、保险和相关的短途运输等配套服务。各航空公司的货运公司和货运代理公司属于此类。

（3）储运企业。这些企业主要从事货物陆上运输、仓储、分拣、加工以及质押监管、现货市场等增值服务。这类企业包括中储以及地方各储运公司。

（4）基于管理的物流企业。这些企业通过自有或租用的方式，为客户提供快递、货物运输等服务。这类企业包括联邦快递、UPS、中外运空运、宝供等。

在整个物流系统中，这些企业基本上只提供单一环节的服务，或涉足的环节较少，这在一定的历史条件下，适应了市场竞争的需求。但是随着竞争的加剧，市场分工更加明细，大量的制造企业把更多的资源用于增强其自身的核心业务上，而要求其物流提供商能够提供有效的一体化综合物流服务。综合物流业务的开展需要实现海陆空等各种运输方式的一体化和各种物流功能的一体化，这就要求物流企业进入物流系统的多个环节和领域。

## （二）物流企业必须有规模

从物流的特点来看，一方面，物流业务要使用专门的物流设施、快速反应的信息系统，一般需要很高的固定资金投入，固定成本在总成本中占有很大的比例。这种状况决定了只有随着规模的扩大，物流平均成本才会呈现出下降的趋势，具有规模经济性。从市场竞争的要求来看，也只有拥有一定的规模，才能确保价格大于其平均成本，才可能赢利。因而，一定的规模是物流企业生存的必要条件。另一方面，物流业务的服务范围一般来说是全国性的甚至涉足国际市场，这就要求物流企业拥有一个遍布全国的网络体系，才能顺利完成每一笔业务的收取、存储、分拣、运输和递送工作，而运转这样一个体系所需要的资金、人员、设备等是巨大的，只有达到一定规模的大企业才能维系得起。纵观国内外大型的物流企业，其利润率在各自服务的领域中基本上处于较高的水平。日本邮船的利润率保持在 3% 左右的水平，UPS、FedEx 的利润率为 6% 左右，而中远航运在 2004 年的利润率更是达到 20% 以上。

## （三）物流企业必须网络化、国际化

现代物流的发展、物流效率的提高，最重要的条件是构建结构合理、布局优化、功能配套、运作高效的现代物流网络体系。物流网络包括物流设施网络、信息网络和业务经营网络。在物流企业的兼并重组中，经营网络往往被视为最有效的优势资源。

随着经济全球化进程逐渐加快，各国间经济发展的依赖程度日益提高，企业间的竞争也在全球范围内展开，而企业要获得竞争优势就必须在全球配置资源，这就使跨国公司在世界经济中的地位更加突出。据有关资料，全世界跨国公司控制了世界生产的 50%，贸易量的 60% ~70%，对外直接投资的 90%。跨国公司为了实现竞争优势和在全球范围内优化配置资源，根据比较成本优势的经济原则，将许多商品的原料生产、半成品生产、零部件加工、成品组装、包装和发运销售，分别安排在国内外许多不同的地方进行，并同生产、流通、分配、消费过程交叉结合，从而改变了传统的生产经营方式。这要求其物流提供商也能提供国际化服务。同时，电子商务的产生和发展，也对物流国际化提出了新的要求。国际化的电子商务需要有国际化的物流来支撑，而且对物流服务的时间性、准确性都提出了更高的要求。

## 三、物流企业兼并重组的模式

物流企业可以根据特定的内外部环境通过并购、合资、战略联盟、托管、特许经营等方式实现企业间的兼并重组。通过综合使用上述手段，剥离物流企业的非核心资产，理顺企业的业务功能，物流企业定将取得快速发展，这也是我国物流企业应对竞争的有效途径。

### （一）并购

企业的并购是现代市场经济中资源整合最重要的手段。并购能够促进生产经营要素和活动的集中，节省培养人才、开拓市场、开发技术等所需要的时间，迅速扩大企业规模，形成生产、营销、技术、资金、管理等方面的协同联合。美国著名经济学家乔治·斯蒂格勒曾说过："没有一个美国大公司不是通过某种程度、某种方式的兼并而成长起来的，几乎没有一家大公司是主要靠内部扩张成长起来的。"事实上，当代世界著名的大公司、大财团也都是在不断并购其他企业的过程中发展壮大的。进入21世纪以来的物流行业的两次大规模重组，主要方式就是并购。

在成熟的欧美市场，大型物流企业通过兼并进行业务单位的选择性交换，重组公司的资产，增强了核心竞争力；在中国这样的新兴市场，物流企业通过兼并进入市场或争取更大的市场份额。我国物流企业的兼并重组也不乏其例。例如，20世纪90年代中远对上海众城实业、2002年上海实业集团对大通国际运输、2004年中储对北京中储物流以及中远对中外理货等，到目前为止都取得了很好的效果。

### （二）合资

这种合资可以是物流企业与上、下游企业的合资。通过合资，上游企业可以获得可靠的客户源，下游企业也可以获得长期高效的服务。如上汽集团上海汽车工业销售总公司与天地物流控股公司合资组建的安吉天地汽车物流有限公司，主要在整车物流、零部件入厂以及售后物流等方面向上海大众、上海通用提供一体化、网络化的物流管理方案；UPS 与 Pricewaterhouse Coopers、Oracle、EXE Technologies 合资成立公司，向企业对企业的电子商务客户和企业对消费者的电子商务客户提供服务，公司的经营范围囊括了从技术咨询、金融管理到计算机技术、物资投递服务等所有的邮政类服务。

合资方式还可以是物流企业与物流企业的合资，通过这种合资，双方可以相互学习、共享资源和共享市场。如 TNT 与土耳其科克集团通过资源共享，利用 TNT 的物流及 IT 经验、科克集团的客源及本土优势，共同开拓土耳其、独联体国家、中东和巴尔干地区的物流市场，与英国邮政局及新加坡邮政局合资，成立全球最大的商业邮递机构 SPRING 以提供涵盖三百多个国家的跨国邮递业务等。

这种方式目前是外资进入我国物流市场的主要途径。通过合资，外国物流企业大多在市场进入、与政府关系、网络、客户关系等方面能迅速打开局面，而本土企业尤其是传统物流企业通过与跨国企业合资，也获得了企业发展急需的技术、管理理念和专业人才等，并且与跨国公司一起，通过充分挖掘自身的业务网络的潜力，实现了企业的跨越式发展。目前，许多大型的传统物流企业如中储、中外运等通过合资已经取得了整体发展。中储的合资项目以天津宝钢储菱和天津冈谷为代表，收效明显；随着物流业的全面开放，UPS、FedEx、TNT 尽管不再与中外远联营，但之前的项目无异对中外远近年来的发展起到了巨大作用。

## （三）战略联盟

战略联盟既包括非股权参与型的松散合作，也包括股权参与型的紧密合作，但不形成独立的法人实体。物流企业通过战略联盟可以实现资源共享、开拓新市场等特定战略目标，可以分享约定的资源和能力。这样的协议可以任意取消，而不必受到严格的惩罚。通过战略联盟，物流企业可以在未进行大规模的资本投资的情况下，利用伙伴企业的物流服务资源，增加物流服务品种，扩大物流服务的地理覆盖面，为客户提供一体化物流服务，提升市场份额和竞争能力。相同的文化背景、彼此的相互依赖、有效而积极的信息沟通、共同的企业经营目标和凝聚力、技术上的互补、双方高层管理人员在管理方面的共同努力等，是物流企业战略联盟成功的关键因素。

日本的物流企业主要就是通过建立战略联盟的方式来整合物流市场、强化与北美和欧洲的物流一体化运作的。例如，日本运输公司与辛克公司通过战略联盟，在全球供应链层面上展开合作；近铁物流公司与荷兰邮政集团通过战略联盟，为亚洲和欧洲的客户提供一体化的物流解决方案；伊藤忠商社与美国的 GATX 物流公司通过战略联盟，在北美和亚洲之间展开物流服务合作，以此作为进入对方物流市场的切入点。我国的一些大型物流企业也通过战略联盟获得共同发展。如中储与中远、中储与中国邮政、中远与日中国际轮渡株式会社、中联理货与中远、中海、中外运等。2004 年中储向广大储运企业发起倡议，拟成立中国储运联盟，目前正处在运作之中。通过这个联盟，成员企业可以互为代理异地仓储、区域配送和干线运输、质押贷款以及客户进出口货物的报关、报验等业务。

## （四）托管

物流企业也可以通过托管的方式，对其他物流企业或物流资源进行经营和资产方面的委托管理工作，包括资产重组、资本运作、内外部资源整合和项目开发等。通过托管，物流企业也可以在不进行大规模的投资的情况下，实现兼并重组从而延伸网络、做大规模。与战略联盟不同的是，在这种方式下，被托管的资源完全被纳入物流企业，避免了因利益分配、商业机密和技能的保密问题等带来的控制力度有限的瓶颈。同时，被托管企业或资源由于先进的管理、技术、人力资源、客户资源和网络优势，可以获得较托管前更高的资产回报率。

托管对于中国的物流现状具有很大的现实意义。受计划经济的影响，一方面，我国企业中"大而全""小而全"的现象仍普遍存在，这些企业拥有大量的物流设施，由于仅仅服务于本企业和客户资源匮乏，这些设施很多都处在半闲置状态，造成了巨大浪费；另一方面，众多的物流企业由于缺少发展所必需的资源而苦苦挣扎。托管是解决这一矛盾的行之有效的方法，通过托管可以在短时期内实现市场资源的优化配置，取得托管企业与被托管企业的双赢。

（本节选自笔者 2005 年的报告）

# 第五节　振兴物流业的当务之急

国务院发布的《物流业调整和振兴规划》对物流业来说，是一个划时代的文件，其意义在于，正式确立了物流业在国民经济中的地位，在抗击金融危机，促进社会分工、产业结构调整和增强国民经济竞争力方面有重要作用。物流业是国民经济中的重要组成部分，物流业发展的水平代表了国家经济发展的水平。调整和振兴物流业，是向着服务型经济迈出的重要一步。但是，这份规划还只是提供了物流业发展的设想，要将规划落到实处，还需要重点关注实施的渠道与过程。当务之急是要做好以下十件事情。

## 一、让更多的人认识物流

物流概念的引进已有三十年，大规模的宣传普及也有十年，但仍然有许多理论问题需要研究和统一认识。比如，什么是物流？什么是现代物流？什么是第三方物流乃至第 N 方物流？从概念到理论还比较混乱。有的把物流混同于第三方物流，有的把第三方物流限定在宝塔尖上，有的把物流说成是玄而又玄的高深学问，等等。再比如，物流产业是个什么样的产业？规划中提出是复合型产业，这就需要解释什么是复合，如何复合，复合的特征是什么，物流产业要不要分类，分类的标准如何确定，物流企业的评判标准和依据是什么，国家扶持物流的产业政策如何落实在物流企业上，物流业的运行规律是什么，它的发展受哪些因素的制约，物流业发展的评价指标体系如何建立，物流业增加值是如何统计出来的，物流成本占 GDP 的比例是不是评价物流业先进和落后的依据，等等。

许多理论需要成体系地建立，各个体系之间也需要相互支持。不如此，我们就无法向更多的人宣传物流，也缺乏物流发展的理论支撑。

## 二、客观评价物流业现状和发展趋势

我们不是等物流体系完全建立才去发展物流，而是要在物流产业的发展中去探索、研究，发现规律，运用规律。这就需要对物流业现状进行客观评价。

十年前，我们在讨论中国物流业的情况时，一致认为，中国的物流业存在散、小、乱的问题，以及基础设施薄弱，人才、资金匮乏，服务水平低等问题。十年后，这些问题是否得到根本性改变？答案是否定的。虽然有了些好转，但上述问题依然存在，主要表现在：缺乏有效的组织，行业规则不健全或无人遵守，企业数目众多但规模较小。根据 2004 年全国经济普查数据，全国仓储企业共有 10177 家，平均每个企业就业人数为 39.2 人，平均业务收入利润率为 2.6%，资产负债率为 69.5%，人均业务收入为 22.5 万元，人均利润率为 5900 元。北京的仓储企业每万元资产营业额仅为 2600 元。上述数据并不包括不以法人单位出现的仓储企业，据估计，租用农民土地建库经营的仓储单位数倍于统计数字。

过去，一些不法的仓储经营者盗卖仓库存货，卷款潜逃。比如，"天津中盛粮油"案，仓储经营者盗卖存货 10 多亿元，这是惊天大案。

为什么十年变化不大？根源在什么地方？这还需要建立一整套的评价标准体系，客观地对物流业进行一次诊断。

## 三、确定国家物流管理体系和加强部门之间的分工合作

物流业涉及众多的政府管理部门，面对的是整个社会，如政策的统一性、执行的

一致性、规则的严肃性等。物流规划由谁来做？谁来保证规划不因政府人员的变动而变动？城市发展规划如何与物流规划统一考虑？等等。再如用地，物流用地能否价格更低一些？土地财政的规模能否小一些？此外，基础设施建设、行业管理、项目审批、税收、工商、海关、生产安全、产业安全、商检、设备制造、道路、铁路、空港、水港、货代、仓储、储备、应急等各方面都要通力合作，才能使物流管理体系顺畅有效。

大部制带来希望，大部制的有效管理才是解决问题的根本。

## 四、物流市场的建设与规范运作

市场的两个基本要素是供给与需求。物流市场的建设要从供给与需求两个基本面入手。

### 1. 从供给看

物流企业存在的问题有：一是同质低水平。大多数在同一水平上运行，你能干的我也能干，你不能干的我也不能干。高端物流、供应链物流被国外大企业垄断。二是诚信机制尚未完全建立。盗卖、不守合同的情况较多。三是发展不平衡。沿海物流业聚集，中西部较少。四是过度竞争。价格一压再压。五是外资企业进入中国市场，中国企业尚无力进入国际市场，压力增大。

### 2. 从需求看

一是有效需求不足，相对于庞大的供给，物流需求不足。二是大型工商企业自建物流体系，增加自己的利润点。三是支付能力不足，不能按市场价格支付物流费用。

在物流市场上，无序竞争造成了资源的浪费。

## 五、研究物流企业兼并重组的方法和路径

过去，国际物流企业的兼并重组风起云涌，其目的是扩大物流网络，谋求垄断。马士基收购了铁行渣华后，一直稳坐海运第一；德国邮政收购Exel；新加坡国家投资公司收购普洛斯，使其成为中国最大的仓储地产企业；TNT收购华宇，耶路收购佳宇，联邦快递收购大田，使他们在中国拥有了几千个网点。

中国的物流企业很少有收购行为，原因是缺乏有效的兼并重组方式，缺乏稳定可靠的资金来源，缺乏大型的物流企业。这是一个涉及国家产业安全的重大问题，该认真研究对策和措施。

## 六、综合规划我国的物流设施

近年来，我国的物流基础设施发展较快，主要表现在港口、道路和铁路建设上。

目前存在的问题是：基础设施的综合规划不足，铁路、道路、水运不能形成有效连接。港口码头建设一哄而起；铁路专用线数量急剧减少，使铁路的集疏货能力降低；货运中心缺少有效布局，水平低下；物流园区功能没有充分使用，有的变为房地产；城市物流体系乱；多式联运进展不大；保税物流园和中心运营状况不佳，亏损较大；应急物流体系薄弱；危险品物流设施不足；战略储备和安全储备体系不健全，尤其是石油储备能力不足等。

以上问题都有一个适度问题，因此科学发展的关键在于科学，科学地确定发展的量与度，是综合规划的重中之重。

## 七、物流信息化水平亟待提升

当前存在的问题是物流企业的信息化水平较低，计算机管理的应用面不宽。这与物流企业基础工作的薄弱有关，其缺乏统一的业务流程和物品代码，通信技术不稳定，缺乏统一的业务科目，使得物流软件个性化而无法通用，价格高而不能普及。并且，社会公共物流平台未能建立，利用平台营利的冲动使公益性、服务性平台难产，而且信息技术也亟待优化提升。

## 八、物流标准化体系

物流标准因其涉及面众多而不能形成体系。标准制订缺乏统一规划和安排，基础性、通用性标准无人编制，利用制订标准获取收益的冲动较为强烈。同时，标准的强制力和执行力不够，大部分物流标准属于推荐性，这就使标准的应用不能推广。

## 九、新技术的开发与应用

物流业是高新技术应用最广的行业，计算机技术、信息采集与处理技术，通信技术、GPS和地理信息技术，装卸搬运、分拣技术等都可被物流业采用。现在的问题是：技术应用的成本过高，使许多物流企业望而却步。

## 十、物流人才的培养

物流人才是解决当前物流水平低的最重要因素。当前首要的问题是科学地预测人才需求。不仅要预测人才需求数量，还要预测人才需求的层级。经济普查显示，2004年我国的物流实体企业就业人员 760 万人，根据这一基本数据，我们不能盲目地预测物流人才需求缺口为多少万人，而是要根据业务需求和退休人员数差来科学预测。同时要科学设置课程，增加应用性课程的设置，配备有实践经验的师资，重视企业人力资源的培养。

振兴物流业需要做的事情很多，本节简要列出以上十个方面。需要强调的是，上述问题的解决不仅要靠政府部门，还要靠学校、研究机构、行业协会和业内人士的共同努力。

（本节选自笔者 2009 年的报告）

# 第六节　第二次全国经济普查物流行业数据解读

2009 年我国进行了第二次经济普查。与 2004 年相比，物流主体行业的指标减少了企业负债和所有者权益两项、利润总额指标被营业利润所取代。从公布的数据看，物流主体行业发生了巨大变化。

## 一、物流主体行业发展情况

下面从 2004 年与 2008 年的经济普查物流行业数据来解读物流主体行业的发展情况，如表 4 - 1 所示。

表 4 - 1　　　　　　2004 年与 2008 年经济普查物流行业数据

| 项目 | 法人单位（家） | | 从业人数（万人） | | 资产总额（亿元） | | 营业收入（亿元） | | 营业利润（亿元） | |
|---|---|---|---|---|---|---|---|---|---|---|
| | 2004 年 | 2008 年 | 2004 年 | 2008 年 | 2004 年 | 2008 年 | 2004 年 | 2008 年 | 2004 年 | 2008 年 |
| 铁路运输业 | 182 | 252 | 172.5 | 179.3 | 9972.5 | 14936.2 | 2126.1 | 3457.6 | 77.4 | 6.8 |
| 道路运输业 | 30356 | 66527 | 203.1 | 333.2 | 9181.3 | 24829.4 | 2481.0 | 9128.5 | 309.3 | 1909.6 |
| 城市公交业 | 5759 | 7503 | 123.5 | 159.0 | 1864.1 | 3517.6 | 647.3 | 1392.9 | 25.8 | -18.3 |
| 航空运输业 | 459 | 735 | 20.6 | 31.3 | 3771.4 | 6871.4 | 1406.3 | 2778.0 | 98.4 | -275.8 |

（续表）

| 项目 | 法人单位（家） | | 从业人数（万人） | | 资产总额（亿元） | | 营业收入（亿元） | | 营业利润（亿元） | |
|---|---|---|---|---|---|---|---|---|---|---|
| | 2004 年 | 2008 年 | 2004 年 | 2008 年 | 2004 年 | 2008 年 | 2004 年 | 2008 年 | 2004 年 | 2008 年 |
| 水上运输业 | 4700 | 7431 | 69.0 | 79.4 | 4736.4 | 10502.4 | 2048.8 | 5000.8 | 372.2 | 902.9 |
| 管道运输业 | 39 | 83 | 1.6 | 2.5 | 662.1 | 1286.9 | 101.2 | 344.2 | 15.8 | 85.0 |
| 装卸搬运业 | 19247 | 43955 | 63.0 | 106.0 | 1729.0 | 5585.6 | 1389.5 | 5106.0 | 110.9 | 441.7 |
| 仓储业 | 10177 | 17416 | 39.9 | 51.1 | 2578.0 | 5694.5 | 897.0 | 3020.9 | 23.6 | 240.3 |
| 邮政业 | 1834 | 4387 | 67.5 | 78.4 | 1268.4 | 1583.4 | 563.8 | 939.1 | −11.0 | −22.0 |
| 合计 | 72753 | 148289 | 760.7 | 1020.2 | 35763.2 | 74807.4 | 11661.0 | 31168.0 | 1022.4 | 3270.2 |

2008 年物流主体行业法人单位个数为 148289 家，与 2004 年相比增长 104%，其中道路运输业增长 119%，水上运输业增长 58%，装卸搬运业增长 128%，仓储业增长 71%。从业人员 1020.2 万人，增长 34%，其中道路运输业增长 64%，装卸搬运业增长 68%，仓储增长 28%。资产总额 74807.4 亿元，增长 109%，其中道路运输业增长 170%，水上运输业增长 122%，装卸搬运业增长 223%，仓储业增长 121%。营业收入 31168.0 亿元，增长 167%，其中道路运输业增长了 268%，水上运输业增长了 144%，装卸搬运业增长 267%，仓储业增长 237%。营业利润 3270.2 亿元，增长 220%，其中道路运输业增长 517%，水上运输业增长 143%，装卸搬运业增长 298%，仓储业增长 918%。

## 二、企业平均规模

与 2004 年相比，所有物流行业的单个企业的人数都在减少，说明用人单位人数并没有随着资产的增长而同比增加。平均资产方面，道路运输业增长 23% 左右，水上运输业平均增长 40% 左右，仓储业平均增长 29% 左右；平均营业收入与 2004 年相比，道路运输业增长 68% 左右，水上运输业增长 54% 左右，装卸搬运业增长 61% 左右，仓储业增长 97% 左右；平均营业利润，道路运输业增长 181% 左右，水上运输业增长 53% 左右，装卸搬运业增长 72% 左右，仓储业增长 500%，只有铁路行业平均利润下降 94% 左右，具体数据见表 4 − 2 和表 4 − 3。

表 4 - 2　　　　　　　2004 年与 2008 年物流主体行业企业平均规模

| 项目 | 平均人数（人） | | 平均资产（万元） | | 平均营业收入（万元） | | 平均营业利润（万元） | |
|---|---|---|---|---|---|---|---|---|
| | 2004 年 | 2008 年 | 2004 年 | 2008 年 | 2004 年 | 2008 年 | 2004 年 | 2008 年 |
| 铁路运输业 | 9478 | 7115 | 547940 | 592706 | 116819 | 137206 | 4253 | 270 |
| 道路运输业 | 67 | 50 | 3025 | 3732 | 817 | 1372 | 102 | 287 |
| 水上运输业 | 147 | 107 | 10077 | 14133 | 4359 | 6730 | 792 | 1215 |
| 装卸搬运业 | 33 | 24 | 898 | 1271 | 722 | 1162 | 58 | 100 |
| 仓储业 | 39 | 29 | 2533 | 3270 | 881 | 1735 | 23 | 138 |

表 4 - 3　　　　　　　2008 年较 2004 年物流主体行业增长情况

| 项目 | 平均人数增长（%） | 平均资产增长（%） | 平均营业收入增长（%） | 平均营业利润增长（%） |
|---|---|---|---|---|
| 铁路运输业 | - 24.93 | 8.17 | 17.45 | - 93.65 |
| 道路运输业 | - 25.37 | 23.37 | 67.93 | 181.37 |
| 水上运输业 | - 27.21 | 40.25 | 54.39 | 53.41 |
| 装卸搬运业 | - 27.27 | 41.54 | 60.94 | 72.41 |
| 仓储业 | - 25.64 | 29.10 | 96.94 | 500.00 |
| 平均 | - 26.08 | 28.49 | 59.53 | 150.03 |

　　从表 4 - 3 中我们可以看出，虽然仓储业的平均资产增长比例在所有物流主体行业中处于较低的水平，只有 29.10%，仅高于铁路运输业，但是仓储业的平均营业收入增长 96.94%，平均营业利润增长 500.00%，两者在所有物流主体行业中都处于第一的位置，这说明我国仓储业正处在快速增长期，与 2004 年相比，仓储业的创利能力有了显著的提高。

## 三、行业效益比较

　　从表 4 - 4 中可以看出，仓储业的效益较 2004 年有大幅度提高，总资产利润率增长 359%，营业收入利润率增长 202%，人均创利增长 697%，均远远高于其他物流主体行业。水上运输业则保持较高的收益水平，道路运输业虽然在 2008 年营业收入利润率为 20.92%，但人均创利低于水上运输业。

表4－4 物流主体行业效益

| 项目 | 总资产利润率（%） | | 营业收入利润率（%） | | 人均创利（万元） | |
|---|---|---|---|---|---|---|
| | 2004 年 | 2008 年 | 2004 年 | 2008 年 | 2004 年 | 2008 年 |
| 铁路运输业 | 0.78 | 0.04 | 3.64 | 0.20 | 0.45 | 0.04 |
| 道路运输业 | 3.37 | 7.69 | 12.47 | 20.92 | 1.52 | 5.73 |
| 水上运输业 | 7.86 | 8.60 | 18.17 | 18.06 | 5.39 | 11.37 |
| 装卸搬运业 | 6.41 | 7.91 | 7.98 | 8.65 | 1.76 | 4.17 |
| 仓储业 | 0.92 | 4.22 | 2.63 | 7.95 | 0.59 | 4.70 |

## 四、各省市仓储业情况分析

全国 30 个省市区发布的仓储业的调查结果如下。

（1）盈利最高的省份是山东，盈利70.8亿元，其次是江苏，为27.27亿元，辽宁为21.5亿元，福建为20.46亿元，河南为16.9亿元。有5个省区行业亏损，分别为青海、广西、西藏、宁夏、贵州，亏损最大的是贵州，亏损8.9亿元。

（2）仓储企业数最多的是山东，为2883家，其次是上海1612家，广东1163家，江苏1200家，河南1025家。长三角地区仓储企业数3367家，环渤海地区2301家，珠三角地区1163家，上述三个地区6831家，约占全国仓储企业数的40%，这一比例比2004年降低了10个百分点。

（3）营业收入最高的省份是山东，为494亿元，其次是河南332亿元，上海为228.5亿元，江苏为242.3亿元，广东为213亿元。

（4）仓储业总资产最多的是内蒙古，为640亿元，其次是广东，为478亿元，北京442亿元，上海441亿元，江苏352亿元。

（5）仓储业资产利润率最高的是山东，为66.95%，其次是重庆，为20.43%，海南16.07%，吉林14.22%，河南12.25%。

（6）仓储业营业收入利润率最高的是重庆，为25.65%，其次是陕西，为22.03%，湖南20.2%，吉林14.69%，辽宁14.65%，山东14.25%。

（7）万元资产收入最高的是山东，为46942.07元，其次是河北，为38629.41元，河南24105.07元，海南14821.43元，吉林9675.68元，重庆7967.68元，江苏6887.44元，西藏6806.72元。

（8）平均每企业资产最高的是广西，为27927.17万元，以下分别是内蒙古18497.11万元、北京6616.77万元、黑龙江4447.14万元、宁夏4285万元。

（9）平均每单位用人最多的是黑龙江，为 55 人，以下分别是重庆 51 人、江西 46 人、湖南 38 人、贵州 37 人、河南 36 人。

需要说明的是，铁路运输业、道路运输业、水上运输业、航空运输业均含客运，客货比例没有提供。

## 五、中储在全国仓储行业中的地位

2008 年，中储营业收入为 204 亿元，占全国的 6.75%，利润总额 2.8 亿元，占全国的 1.17%，资产总额 125 亿元，占全国的 2.20%。中储的总资产利润率为 2.24%，全国仓储业总资产利润率为 4.22%；中储营业收入利润率为 1.37%，全国仓储业平均营业收入利润率为 7.95%。

（本节选自笔者 2012 年的报告）

# 第七节　从第四次经济普查数据看物流高质量发展

2019 年 3 月，国家发展改革委发布了《关于推动物流高质量发展促进形成强大国内市场的意见》，提出了物流业高质量发展的路径。在"十四五"规划即将拉开大幕的 2020 年，物流高质量发展应该是物流业的主流。

根据国家第四次经济普查数据，2018 年末，我国物流企业数 57 万家，比 2008 年的 14.8 万家增加 42.2 万家，增长 285%；就业人数 1396.7 万人，比 2008 年的 1020.2 万人增长 37%；总资产 352215.1 亿元，比 2008 年的 74807.4 亿元增长 371%；负债 213663.6 亿元，资产负债率 60.7%；营业收入 86365.5 亿元，比 2008 年的 31168.0 亿元增加 55197.5 亿元，增长 177%；资本产出率 2018 年为 24.5%，2008 年为 41.7%。平均每家物流企业人数 25 人，比 2008 年的 23 人增加 2 人。普查数据表明，国有物流企业 0.6 万家，从业人员 101.2 万人，平均每企业 169 人。有限责任公司 8.3 万家，从业人员 606.9 万人，平均每公司 73 人。外资企业 0.2 万家，从业人员 19.6 万人，平均每企业 98 人。

以上数据表明，物流业规模在迅速增长，企业数量、资产规模、营业收入增长翻倍，但就业人数只增长 37%，并没有像人们期待的那样同比增长。资本产出率下降了约 17 个百分点。

从仓储业的情况看，因仓储业与装卸搬运合为一类，2008 年的该类企业数为 61371 家，从业人数 157.1 万人，资产数为 11280.1 亿元，营业收入为 8126.9 亿元。相应的每企业人数为 26 人，平均每企业资产 1838 万元，资本产出率 72%。而 2018 年，该类企业为 7.1 万家，从业人数 117.7 万人，总资产 32999.0 亿元，总负债 23440.8 亿元，营业收入 9133.3 亿元。相应的平均数为每单位人数 17 人，平均每企业资产 4648 万元，资产负债率 71.0%，产出率 27.7%。同样是资产翻两倍，产出率减少 44.3 个百分点，每企业人数减少 9 人。

这次经济普查增加了多式联运和运输代理业，该行业企业 9.6 万家，从业人员 100.5 万人，平均每单位 10 人。总资产 13708.8 亿元，负债 7753.1 亿元，资产负债率 56.6%，收入 13257.7 亿元，资本产出率 96.7%。其他行业的资本产出率为铁路运输业 10.2%、道路运输业为 20.0%、水上运输业 25.8%、航空运输业 31.7%、管道运输业 55.0%、邮政业 130.9%。多式联运尤其是集装箱多式联运因为种种原因而停步不前。部分地方政府出于 GDP 增速的考虑，会把有限的土地用于高产出高交税的行业，把物流企业赶出城区，导致各种物流要素的匹配程度不高、港口码头的数量超过需求、存储设施与货物品种不匹配等问题。

高质量发展物流业，首要的问题是一盘棋规划物流业，地方政府负责土地分配，物流主管部门负责规划，企业掌握资金，三方有效配合，项目才能落地，物流业才能发展。其次是关键部门的改革，主要是铁路、海关和税收部门。比如，铁路货运改革已经进行多年，但仍未形成市场化的物流运营体系，门到门业务服务不到位、铁路运输成本高于公路运输、铁路专用线的设计和建造成本较高，使 80% 的码头引入铁路专用线成为空谈。再次是建设公共物流信息平台。国家的多个文件都提出建设公共物流信息平台，但这个平台始终未露真容。关键问题是政府和企业诉求不一、投资和运营主体不明、需求基础不清晰。从次是培育高水平国际化的物流企业。主要用国际业务占物流业务的比重、国际业务规模和网点数量来衡量。今后，物流企业小散乱的问题必须解决。最后是发展智慧物流。一流的设施设备要提供一流的服务，智慧化必须是物流全要素的智慧化，而不是仅仅停留在车货匹配阶段。要在辅助决策、自动执行、大数据应用方面飞速全面进展。

高质量发展迫在眉睫，物流人不可等闲视之。

（本节选自笔者 2020 年的报告）

# 第八节　物流业应加速信息化进程

1996 年，笔者参加了中储总公司在美国纽约圣约翰大学举办的物流培训班，五天的课堂学习和实地参观，我得出一个结论：仓储业是能够应用最先进科学技术的行业。16 年过去了。信息化技术获得了突飞猛进的发展，现在笔者要说的是：物流业应加速信息化的进程。

## 一、信息化是物流企业发展的新动力

物流业是第三方服务业，其职责就是保证货物的接收、运送、交付等，对准确、快速、安全的要求很高。首先，涉及货物的交接、验收、保管、拣选、运输、配送、加工、交付、回收等诸多环节，每一个环节都需要相关责任人的交接，不能错收错发，出了错就要承担赔偿的责任。其次，涉及货物运行的速度。时间就是金钱，在一个快速运转的社会中，货物的运行速度必须要加快。当资金只用 0.1 秒完成异地支付时，人们对物的运行速度有着同样的需求。在人工作业环境下，大量到货时来不及收取，频繁提货时拣选不出来，会引发客户的不满。再次，涉及客户与物流企业的沟通。货物一旦交付给物流企业，客户就会十分关心货物的状况、货物运动的轨迹信息，以便自己做出下一步的安排。最后，涉及全产业链的运行速度和信息准确度。在供应链的每一个环节，上下游之间有着紧密的联系。上下游的原材料、零部件不能准时到达，将会影响本环节的库存、生产及对下游的供给。

近年来，一些先进的物流企业狠抓信息化建设，把物流业务与信息化技术很好地融合在一起，大大提高了物流的速度，帮助企业在短时期内扩大。物流信息化成为他们制胜的法宝。

秦皇岛港是一个国有大港，承担着我国北煤南运的重要任务。该港大力发展信息化，建设了生产应用、商务应用、OA 办公、管理、电子商务五大计算机管理体系，运行了煤运输各部门合署办公、船舶自动识别实时跟踪、煤炭信息平台和动力煤指数、海关港口联动、路港运输联动等系统。信息化支撑了业务增长，2011 年煤炭吞吐量达 2.79 亿吨，杂货 3000 万吨，石油 1000 万吨。

## 二、物流企业信息化的特点

以上两个案例仅仅是无数物流企业信息化的代表。综观物流企业信息化的模式，可以发现以下特点。

（1）物流企业的信息化往往从内部办公系统做起，逐步加入财务系统、人事管理系统和业务系统，不断优化企业经营管理，形成了独特的信息化路程。据赛迪顾问公司的研究，美国的信息化进程是从物料管理信息系统开始的，而后融入财务、生产计划、资源计划后形成了 ERP 系统。

（2）物流企业信息化不论从哪里开始，都在构建对内和对外管理的两大系统，以适应市场发展的需要。对外系统包括门户网站、信息发布、交易、金融物流、电子商务、诚信识别管理、呼叫中心、客户服务、查询追踪、行情分析、仓储配送能力查询等。对内系统包括企业内部办公系统、财务管理、人事管理、生产管理、进销存管理、运输管理、统计系统、决策分析系统等。同时还在信息系统的有关方面留下对外接口，以不断完善对内对外的功能，适应技术进步和不断增长的需求。

（3）物流企业信息系统正在向供应链的上下游延伸，与制造业和商贸企业的信息系统融合。曾经存在的以邻为壑、深沟高垒式的封闭型信息孤岛一个一个被突破。在供应链业务环节上共享信息，减少重复录入、重复建网的浪费，实现协同式发展。

## 三、物流企业信息化存在的问题及解决方案

不少物流企业反映，物流企业实现信息化是迫在眉睫之事。虽然也取得了长足的进展，但仍存在一系列问题。

（1）物流企业信息化的能力偏弱，既懂业务又懂信息的人才极为缺乏，致使信息企业与物流企业结合度低，结合成本高。

（2）缺少物流信息化的基础标准。如缺少标准模式、标准流程、标准单证、标准科目单元、标准术语等，以至于每一个企业各自开发使用专用信息系统，无法实现批量化制作销售软件，造成成本过高，应用不普遍。

（3）信息化成本过高。建立一套信息系统，动辄上千万元，多则几亿元，使许多物流企业望而却步。公共服务性的信息化服务平台迟迟不能建立，也与建设成本和运营成本过高有关。

（4）缺少政府有关部门的组织引导。物流企业信息化的过程，是不断探索和试错的过程。缺少政府引导、主导和组织，其后果是无法形成规范、标准和示范。

要解决上述问题，也很简单，最重要的是发挥企业和政府部门的主观能动作用，认真梳理问题，认真从基础抓起，制订标准、推荐技术、规范市场、部门合力，坚持几年，必有效果。

（本节选自笔者 2013 年的报告）

# 第九节　物流的传统与创新

2014 年，笔者参加了长青集团物流考察团赴东京等地的考察。这是笔者第六次考察日本物流，距 2001 年的第一次考察，过去了十三年半。其间，日本物流设施哪些在变？哪些没变？传统与创新如何结合？是我们要思考的东西。

TRC 物流中心是日本 20 世纪 60 年代填海造田建起的仓储设施，基本设施是两栋普通楼库，每栋 6 层，建筑面积 17.2 万平方米，两端设有货车上下车道，每层设货运道路和停车位。楼库一层地面荷载 3 吨，2 层及以上荷载 2 吨。这些都没有变化，45 年来，一直经营着最基础的仓储业务。变化的是，TRC 的服务功能在增加。修建了 6.6 万平方米的办公楼供入驻企业使用，修建了两个展示厅共 6500 平方米，可随意分割；设大小不等的普通会议室、活动厅、特别会议室、餐厅、医院、便利店等。设施出租率为 80%，上年度收入 90 亿日元，合 5.4 亿元人民币。有 5000 名人员在这里工作。

1987 年，日本国家铁路改为民营，成立 6 个客运公司、1 个货运公司。货运公司拥有 6 个货运场站、652 台机车、61614 个集装箱、6100 名员工。2013 年度货物处理量是 3000 万吨，收入 1300 亿日元，约合人民币 78 亿元。东京物流中心占地 75 万平方米，其中 24 万平方米是铁路线和货场，其余是库房、配套设施、办公、道路用地。较大的变化是停止散货运输，集装箱运输占 90%；开行定时班列，编组 26 辆，载重 1300 吨；拥有 5 吨箱、冷藏箱、液体箱、60 英尺箱等多种箱体，适应大中小客户的需要；建立了强大的信息系统，实现追踪、追溯、查询、指挥、决策功能。

东京的物流设施也存在变动和迁址问题，物流中心在逐步外迁。都市物流需要考虑物流体系整体有效、满足物流的增值服务功能的需求、交通设施与节点规划、法律保障、环境保护、应急措施等问题。较大的变化是：储存性仓库向流通性仓库转变、低层库向高层库转变、旧物流团地向新物流团地转变、市内的配送中心化整为零变为楼宇的共同配送站。

在东京，也有多年不变的物流场所，如筑地水产市场，依然是早晨的拍卖，依然是鱼贩摊位林立，依然是几十种型号的冷藏车来回穿梭。置身其间，与国内的菜市场没什么两样。细细观察，也有一些变化，如翼展式货运车增加了，2004年笔者在大田批发市场见到一台，感觉很新鲜。2011年在东京观察，大约有10%的货车是翼展式的，而这一次根据在停车场和道路上的观察，竟然有50%的翼展车，说明装卸搬运的设施设备在变化。

我国的物流业又何尝不是如此，基本的作业和功能没有变化，像收货、发货、运输、装卸等还是一如既往。变化的是技术、工具、管理理念和管理方法。电商的发展引领了快递，快递已成为人们生活的组成部分；多批次、少批量的流通改变了仓储运输作业方式方法，流转型仓库多了起来；城市的发展驱赶了物流节点，物流中心转移到城市的数十公里之外，多式联运功能的枢纽正在形成；运输配送成本在逐步加大，不断地优化网点、流程、管理将成为物流企业降低成本的举措；信息化、自动化、机械化将填补由于人力成本抬高而产生的空档。我国正在成为物流大国，大国物流如何牢固基础，积极创新，适应新经济条件下的物流要求，是每个物流人和政府机构应考虑的事情。

（本节选自笔者2014年的报告）

# 第十节　新常态下新物流

中央提出，中国的新常态主要表现为经济从高速增长转为中高速增长；经济结构不断优化升级；从要素驱动、投资驱动转向创新驱动。那么，物流业应该怎样适应新常态的大环境呢？

## 一、迅速厘清和补救高速度增长下掩盖的隐患和问题

比如，在高速增长时期，一些工程粗制滥造，存在重大的安全隐患。不少厂区出现的火灾、爆炸事件，都与此不无关系。一些高指标下膨胀的业务摊子，从模式到流程、从产品到资金都要重新评估。一些公司贸易出现的巨大亏损，就是思想上贪大、流程控制不严造成的。今后，业务增速下来了，竞争将更加激烈，要重新审视物流节点项目，超大规模的园区要尽快瘦身，尽快形成生产能力。

## 二、迅速转型升级以适应经济结构的调整

（1）确立新的评估指标体系，以需求为导向重新评估企业的战略定位，企业的方向应以做强为主而不是以做大为主。高主营收入增长率指标要让位于质量、效益和就业指标。

（2）以服务为导向调整业务体系。不断从客户的现实需求和潜在需求中找到自己的服务定位，服务标准化、标准透明化，自加压力，提升服务档次。只算计客户不维护客户的合作是不能长久的。比如，在质押监管业务中，许多物流企业对提供市场价格信息、回购、确认物权等避之不及，而有的企业则把这些需求接下来，同时加强风险防控，收入是原来的4倍。

（3）用供应链管理的理念重新组建业务管理体系，公司业务一盘棋统筹。深圳式的供应链金融业务就包括了供应链融资方案设计、贸易货代通关物流方案规划、融资、办税、结算、结汇、保险、仓储、运输、配送、加工、包装、市场营销拓展等。一些公司"块块式"的组织体系显然不合时宜。

## 三、加快信息化建设步伐

物流信息化是实现物流规模化、网络化的重要支撑。

（1）加快企业内各类信息的互联互通，帮助各项业务快速准确进行。收货、验货、入库、分拣、装卸、运配、可视、结算、统计、查询相连接，满足不同客户的不同需要。

（2）建设并用好大数据。业务中每天都产生大量数据，应充分挖掘这些数据的价值。比如，分析客户进出货的时间、数量、规格、品种、价格、方向，上下游客户情况等，可提供更为精准的服务，减少等待时间，提高服务质量，增加服务项目。

（3）利用大数据做好宏观形势分析和行业分析，帮助企业决策。任何事件的发生都是有征兆的，只不过我们还没有把相关的因果信息发掘出来。仓储物的量、价与制造业、商贸业关系极大，仓储价格和仓储价格指数与宏观经济关联，铜铝的进口数量、时间、储量与国际期货交易行情紧密相连。我们不能身在宝库而不知其价值。

## 四、关注跨界融合

当前是一个各相关行业加快融合的时期，线路和节点融合、不同运输方式融合、

金融与物流融合、物流与电商融合，在融合中创新需求、开拓市场。从融合的方式上看，产权并购是一种方式，但更多的是联盟，是协同。应抓紧研究融合的方式方法路径，以及协同组织解决方案。为此，物流企业必须走出小圈子，放眼世界。

除以上四点外，还应注意绿色物流、对外开放、队伍建设、考核体系等方面。在新的形势下，物流企业必须高度重视自身建设，打铁还需本身硬，苦练内功仍不过时。

（本节选自笔者 2015 年的报告）

# 第十一节　珍惜 7% 的增速

应兵工物资公司之邀，笔者参加了在香港举办的 LME 亚洲年会，听到来自全球的专家、企业家的发言，收获颇多。

LME 是具有百年历史的知名交易所，2007 年，笔者受公司委托曾去伦敦访问该所，目的是探寻在中国设立有色金属期货交割库的可能性。后由于国内政策的原因未能成功。2012 年，香港交易所收购了 LME，于是就有了亚洲年会，这是中国人的骄傲。年会上，几十位发言者从不同的角度谈了对世界经济的看法，笔者试图做个整理，与大家分享。

## 一、世界经济存在 150 年长周期，目前处于长周期的第三个小周期

每个小周期都有 30~40 年的上升期，第三周期也不例外，目前处于低谷，但上升势头已经出现。尤其是亚洲，城市化才刚刚开始，大约会有 30 年的增长。市场的中心从欧洲移到亚洲，中国、印度等新兴市场的发展给世界带来了机遇。

## 二、中国经济在迅速开放

"一带一路"、亚投行、金融改革等的提出，给世界经济带来新的动力。一些专家说，中国正在扮演主导角色，是 6 种金属的第一消费国，是能源的第一消费国。中国的铜消费占全球的 45%，但铜的进口依然处于高位。

### 三、市场参与者更看重实物

会议组织者举办了一次模拟辩论，一组专家认为应该注重实物交割合约，因为这代表了真实的贸易行为，市场相信实物交割合约。另一组专家认为，金融可以创造交易标的，不通过实体交易合约便可以获利，其理由是，期货交易中只有大约1%的实物交割。参与模拟辩论的专家中赞成重视实物交割的占多数。

### 四、有色金属市场

中国的经济与有色金属关系很大，集中反映在房地产、制造业的关联上。影响有色金属价格的主要因素在于：产能增长速度与需求增速、货币升贬值幅度、煤和电的价格变动。铜的公允价在5800美元一吨，可能会保持在6500美元左右，铝在2000美元每吨较为合理。有色金属的融资功能有所减弱，主要是受上年青岛港事件的影响较大。已经发生的事件，凸显仓储的重要性，真实库存、真实的凭证是保证贸易金融安全的条件。以融资为前提的贸易将会消失。

听了专家的发言，笔者有很多感想。

#### （一）如何看待7%的增速

相对于10%以上的速度，7%是低的，但基数是63万亿元，增长7%，也就是4.4万亿元的生产总值。同时，在大的经济体中，这个增速依然是最高的。不仅我国经济的转型、就业、财政需要这个速度，许多国家也需要中国保持这个速度。我们不能因增速降低而气馁，从而丧失信心和斗志。

#### （二）要快速融入世界经济

"一带一路"需要更多的企业走出去，但我们还缺乏对国外政治、经济、文化、习惯的了解，缺乏驾驭复杂经济系统的能力。一些民营企业和经营户已走向世界，但他们对经济的把控能力和定价能力显然不足，所投资的餐饮、贸易等服务项目在当地入不了主流。正如汪鸣先生所讲，投资国外比较容易，但软服务的能力建设就没那么容易了。资本、商品输出之后，如果服务跟不上，仍然不能达到政策沟通、设施联通、贸易畅通、资金融通、民心相通的要求，投资的效益会大幅度降低。

（本节选自笔者2015年的报告）

# 第十二节　降低物流成本要明确目标

2017 年全国掀起了降低物流成本的热潮。这是一件好事，若通过本次关注和行动，使物流成本大幅度降低，对中国制造的国际竞争力大有益处，也会让老百姓得到更多实惠。

有人从宏观的角度研究物流成本，认为社会物流总成本占 GDP 的比重代表着物流成本的高低。那么，1991 年我国的物流成本占 GDP 的比重为 24%，2016 年大约为 13.8%，已经有很大幅度的降低，为什么还要降？他们参照的指标是发达国家的8%~10%，认为还有下降空间。有人从微观的角度研究物流成本，认为物流企业的成本在增加，主要是人工成本、土地成本、税费成本增长较快，必须降低以获取生存空间。还有人从消费和商贸的角度研究，认为物流成本推高了商品售价，影响了人民生活。

物流成本问题是一个极其复杂的问题。从物流环节看，社会物流总成本分为运输成本、仓储保管成本、管理成本，大体上分别占总成本的比例为 54%、34%、12%。这个比例是否合理，应该如何改进另当别论。仅从我国的经济布局看，矿产类资源分布在西部和西北部，而生产与消费地在东部和东南部，每年都有近 30 亿吨的煤炭运出，且陆路运距在 1000 公里以上，必然产生较高物流成本。以前，铁路运力不足，每天有 4 万辆大卡车往返于内蒙古至秦皇岛码头的京藏线上。随着价格更为低廉的铁路、水运的增加，物流成本占 GDP 的比重很快降低，说明这个指标与运输方式、货品结构、经济结构关联度较大。从成本科目上看，物流成本分为折旧、维修、水电、油料、轮胎、路桥费、罚款、设施设备租赁、包装、信息、无形资产摊销、人员工资及五险一金、差旅、办公、咨询、财务费、融资成本、营业税、增值税、城市建设维护费、教育费附加、地方教育费附加、房产税、土地使用税、印花税、所得税等。所有费用均从企业经营收入中列支，再扣除公积金、公益金，剩下的才是企业净利润。收入增加，成本增加低于收入增加，企业盈利才会增加；收入不变，成本降低，收入降低、成本更多降低，盈利也会增加。

在充分竞争的环境中，物流企业往往是降低服务价格以取得市场份额。在过去的三十年中，汽车货运单价从吨公里 0.5 元下降到 0.25 元，不升反降。直到 2016 年的治超，价格才有回升。在相当长的时间内，汽车普通货运的收入利润率为 5%，仓储业为

2.5%。实际上，物流实体企业的获利能力已经很弱，刚性成本不断增加。降低物流成本，实在不应该在物流企业上打更多主意。那么，从政府那里降低物流成本如何呢？税收改革试点后，物流企业纷纷反映税收负担不降反增，许多年过去了，依然没能解决。这说明政府确有难处，一是政府负担沉重，百业待兴需要资金。政府的负债已达GDP的40%以上，土地财政难以为继。各业都减税，政府必须加大赤字财政，寅吃卯粮。二是部分收费标准还在。比如，土地收储、平整、测量，安全设施技术咨询，安全评估，文物发掘与文物保护，库区规划设计，铁路专线可行性研究报告等，这些在物流园区的建设中，占工程造价的12%~20%。

降低物流成本，应该把视野放得更远些，方法才会更多。

（1）做好物流规划，物流设施应该与城市规划、土地利用规划、交通规划同步进行。物流设施距城区60公里，仓储、运输和配送成本必然增加，污染和交通拥堵必然加重。

（2）调整产业布局，生产地和消费地距离不要太远。地产地销会减少很多运输成本。

（3）落实多式联运。18个部委联合下发的《关于进一步鼓励开展多式联运工作的通知》，无疑看到了问题的症结，但实际只有两个关键问题：实现设施设备的通用和完善联运规则体系。

（4）加强物流组织和运行监督。公路治超把货源推向铁路，如果铁路运费上涨则抵消治超的成果，降成本的目的并未达到。

（5）妥善处理当事各方的利益关系。政府减税能否让物流价格下降？回答是不一定。

（6）尽快使用适用的物流技术和管理技术，包括装卸搬运技术、存储技术、自动分拣技术、信息技术、共同配送技术、包装技术和运载技术，以提高效率，降低成本。

（7）确定降低成本的目标，做到什么程度才算降了成本，要有明确的指标体系。

降低物流成本，说着容易做着难，是一个复杂体系。只有各当事方共同努力，才有可能完成。

（本节选自笔者2017年的报告）

# 第十三节　多式联运之路

笔者曾看到一份研究报告，是关于中国多式联运的。许多年过去了，报告的具体内容已忘记，但有一点依然记忆犹新：1993年，中国集装箱海铁联运的比例为2.5%~

3%，发达国家为20%。

截至2017年，我国的集装箱多式联运数量虽大幅度增加，但铁水联运比例降到2%以下。2016年12月28日，交通运输部等18个部委联合下发了《关于进一步鼓励开展多式联运工作的通知》，对多式联运作出了新的部署。

多式联运的路并不好走，如果好走，就不会出现比例降低的情况了。分析其中原因如下。

（1）18个部委会签一个物流细分行业的规划，说明多式联运的体制性障碍还较大。

（2）基础设施建设与改造，工程浩大，困难多多。若干意见要求，到2018年，全国80%的主要港口和大型物流园区引入铁路。这条规定既清楚又模糊。主要港口和大型物流园区有几个？多少已经有铁路？多少需要新建铁路？需要征用多少土地？工程量多大？费用多少？规划设计建设周期多长？有专家说，我国大多数港口的大规模建设期已经结束，错过了在规划阶段统筹布局"硬件配置"的黄金时期，打补丁的工程很难做。以宁波港为例，受地形所限，宁波港建设了7个集装箱码头，2016年吞吐2200TEU。北仑保税港90%到港集装箱需要转港，而转港是需要费用的。

（3）已进港铁路作业长度短，不能实现班列的整列到发，列车在车站解体，分段进港，编组时间长，作业效率低。站场面积小，堆场不足，机械作业场狭小。场前道路宽度不足，取箱、还箱、周转车辆和等待车辆交织一起，常常堵塞道路。铁路进入既有港口，会打乱原有的功能布局和作业工艺，侵占现有的堆场、吊车轨道和库房，反而会影响装卸船的效率。

（4）铁、水运营规则不统一，信息系统未链接。进口海运箱偏重偏载，铁路要求拿到箱内货物证明和布局，但拿不到。开箱检验产生费用；铁路注重车号，海运注重箱号，客户查询只能查船号。铁路箱下水，水运箱上铁路还有限制。长江水铁联运的主要问题是铁路进港的不多，一方面受地形影响，有些江港因江岸陡峭无法修铁路；另一方面受翻坝、投资、土地征收、成本、政策的影响，有关部门修建铁路的积极性不高。在运河水系上，沿途修了不少码头，但铁路进港也不太多。

（5）多种运输方式的多式联运是更加复杂的系统。公铁联运的痛点是运费和便捷性，以及适箱货物名录的扩大。当前铁路总公司已经在试验驮背运输、高铁快运，相信不久会有模式推广。但在化危品、特种物品上还没大的突破，空铁联运还没有规模。

多式联运已成为降低物流成本、提高物流效率、实现绿色物流的重要内容，是我国物流业发展中长期规划的重要方面和重点任务，国务院有关部委都发了文件。方向已经明确，缺的是规划落地。对此，首先，转变理念，不能再贪大求洋，一味追求世界第几大港，盲目追大会使土地不够用。生产能力过于集中，使物流微循环堵塞。其次，做好科学规划。要从操作的角度规划联运场所，铁路专线不一定非修到吊机之下，但一定要减少短驳作业。还要做好业务模式、操作流程的规划，使各种运输方式实现无缝连接。最后，铁路、港口、公路、航空、管道、货主、货代、船公司、海关、商检、金融、保险要合力打造信息平台，共同完成信息化建设。

多式联运之路还很长。

（本节选自笔者 2017 年的报告）

# 第十四节　物流业要高质量发展

党的十九大报告指出，我国经济已由高速增长阶段转向高质量发展阶段，正处在转变发展方式、优化经济结构、转换增长动力的攻关期。这是对我国经济发展的总体判断，这个判断也同样适用于物流业。

改革开放以来，我国的物流业快速发展，在一个较长时间里，物流业增加值增长远高于 GDP 的增速。2007 年到 2014 年，物流业增加值的增速为 9.1% ~20.3%；但在 2016 年，这个增速已降为 6.1%，低于 GDP 增速。这表明，物流业的发展已经到了关口，即粗放式发展要转变为精益式发展，数量型扩张要转变为质量提升型，资源大量占有模式要转变为资源整合模式。

## 一、物流业高质量发展，需要提升物流人素质

多年来，我国的物流教育事业发展很快，400 多所高校开设物流专业，学科齐全，师资水平提升。学生们知识结构全面，系统性强，研究能力、操作能力、创新能力均超过他们的上一代。但是，我们也应该看到，他们的成长还需要在严酷的市场竞争中磨炼。

## 二、物流业高质量发展，需要对业务模式、业务流程、服务水平、服务标准进行不断优化、不断改进、不断创新

新的服务体系要求，物流业与制造业、农业高度融合，除生产环节外，其他所有的环节都可以外包，如采购、入厂、加工、包装、运输配送、销售、结算、支付、进

出口、零配件、维修、市场开发、客户管理等，将由专门的机构进行，卖产品变为卖服务。对此物流企业应有充分的准备，这样的需求很快就会大量出现。

## 三、物流业高质量发展，需要完善基础设施网络

党的十九大报告特别强调，加强水利、铁路、公路、水运、航空、管道、电网、信息、物流等基础设施网络建设。这是第一次在最高级别文件中把物流设施列为基础设施，第一次提出来物流应与铁、公、水、空、管、电、信息连接成大网。这方面还有很多事情要做。比如，多种运输方式的集结点选择和建设，各种物流节点的互联互通，物流各个组成要素的协同发展，等等。

## 四、物流业高质量发展，需要研发和应用先进的科学技术，尤其是信息技术、互联网、大数据、人工智能技术

例如，单证、合同、指令、查询、追踪、检索、信息收集整理存储，支付、结算电子化，征信、预测、风险识别与防范及处理大数据化，学习、改进、评估、优化、创新、决策、执行智能化。这也是很快就会到来的事情，人工能判断的事情，计算机能更快地判断，并提出多个解决方案。

## 五、物流业高质量发展，需要在绿色环保上下功夫

物流业的绿色环保有很多事情可做。比如，包材可循环、可降解，新能源广泛使用，太阳能发电供热，降水的收集使用，变频节能设备改造，作业效率提升，准时衔接响应等。报告说，在中高端消费、创新引领、绿色低碳、共享经济、现代供应链、人力资本服务等领域培育新增长点、形成新动能。绿色环保将是物流业的重要使命。

## 六、物流业高质量发展，需要建立新的政府管理体制和放管服模式

党的十九大报告指出，创新和完善宏观调控，发挥国家发展规划的战略导向作用，健全财政、货币、产业、区域等经济政策协调机制。我们应把减税减费、补贴补助、金融支持与创造良好的营商环境结合起来。过去，一些部门把主要精力放在奖励、贴息、资金注入上，忽视了授之以渔的问题；把企业的注意力吸引到争资金、争牌照、争称号上，放松了对企业经营能力的培养。企业同质化低水平竞争，造成资源的巨大浪费。

## 七、物流业高质量发展，需要物流企业走出国门成为国际化的物流企业

长期以来，我国物流企业止步于国门，越过船舷的业务很少有国内的企业来做。随着我国经济的开放和"一带一路"倡议的实施，需要物流企业和贸易企业、建设企业、制造企业一起走出去。报告要求：赋予自由贸易试验区更大改革自主权，探索建设自由贸易港。我国比任何时候都需要走向世界，因此，国际物流通道和物流节点的建设和运营，国际规则的学习和改造，中国标准的形成和推广，是新一代物流人的光荣使命。

党的十九大报告虽然涉及物流的文字并不多，但提出的各项工作均与现代化物流有关。任重道远，新的征程在呼唤新老物流人，奋斗未有穷期。

（本节选自笔者 2017 年的报告）

# 第十五节　漫谈快递行业发展问题

2017 年，全国快递业务量累计完成 400.6 亿件，同比增长 28%；业务收入累计完成 4957.1 亿元，同比增长 24.7%。而 2016 年完成 312.8 亿件，同比增长 51.3%，业务收入累计完成 3974.4 亿元，同比增长 43.5%。业务量增速降低 23.3 个百分点，业务收入增速降低 18.8 个百分点。2017 年平均每件收入 12.37 元，比 2016 年的每件 12.71 元降低 0.34 元。快递业的迅速发展，有着坚实的需求基础。概括起来如下。

（1）经济的快速增长，带动货物的流通量增大。企业生产规模增大，销售范围扩广，货品要通过多个通道流动、多个节点集散。

（2）商品交易方式发生变化。消费品电子交易、电商平台交易带来快速的、碎片化的货品交付。电子商务为快递业带来巨大的需求。

（3）城市扩张，交通拥堵，居民取货的时间和费用增加，而快递业集中送货相对节约成本。同时，年轻一代消费观念变化，愿意以快递方式换取自主的时间。

快递业的发展也遇到一些问题。

（1）快递物流体系尚未完全建立。从本质上说，快递是运输的范畴，具有运输活动的所有特征，但又有自己的特点，即速度快、交付准确，这就要求收、运、分拣、

送达各环节整体运作。协同的要求、考绩的要求、利益分割的要求、查询追溯的要求、安全防范的要求都很高，包括网络体系建立、各相关企业的协同、国家部门的监管、银行保险仓储以及各种运输方式的衔接等。

（2）电子商务与快递物流之间不匹配。电子交易主要依赖互联网和信息技术的发展，信息技术的引进比较容易，而快递物流发展的速度远远落后。物流需要大量的投资，资金的来源因物流行业利润较低而不充足。物流需要大量的土地来建设分拨中心，而土地的供给同样受到行业利税贡献的阻碍。所以，快递业普遍存在的临建分拨中心、简易分拣设备已经不能适应电子商务的要求。

（3）快递物流装备、基础设施与城市管理的矛盾。大城市人口多，客运、货运车辆多，交通拥堵、排放超标、污染严重。交通管理部门以交通安全通畅为基本原则和工作要求。当前的快递工具基本上是电动三轮车，而城市交通管理从本质上是排斥电动三轮车的；货物交付的方式基本上是人员送达和自提两种。自提又分代理交付和自提柜两种，这种方式涉及效率、分配与社区秩序以及安全问题；分拨中心的建设涉及网络规划、建设规划、土地供应、城市规划、产业规划、资金投入、税负贡献等问题，解决起来更为复杂。笔者曾经做过一个调查，某地区快递企业使用的分拨中心 80% 以上是临时建筑，土地没有正规手续、建筑没有报批备案、库房没有安全验收。

2018 年 1 月，国务院办公厅发布了 1 号文件《关于推进电子商务与快递物流协同发展的意见》，共 6 章 18 条。所做规定详尽，要求具体。主要包括：做好规划，构建适应电子商务发展的快递物流服务体系。保障基础设施建设用地，利用存量建筑的，5 年内保持土地原用途和权利类型不变，5 年期满后需办理相关用地手续的，可采取协议方式办理。鼓励传统物流园区适应电子商务和快递业发展需求转型升级。完善优化快递物流网络布局，加强网络节点建设，构建层级合理、规模适当、匹配需求的电子商务快递物流网络。此外，还在交通运输、便利通行、物流技术、信息互通、绿色环保等方面做了规定。

快递业的发展千头万绪，根本的问题是利益、土地、监管和规模四方面。利益上，不仅要考虑快递物流当事企业的利益，还要考虑政府、土地原所有者的利益，在快递业利润率下降、竞争日趋激烈的情况下，利益的平衡很困难。土地指标少、土地价格高、用地附加条件苛刻是物流用地的老问题，北京、上海、深圳、广州等城市因物流的收益低而不欢迎物流企业的行为，正在向其他城市传递。监管部门的职责和分工不协调，是物流交通难以顺畅的根本原因。虽然快递企业规模较大，但在末端配送上不"经济"，最后一公里的统一配送，或许是真正的规模经济。此外，快递货运车辆研发、激活"僵尸"车牌用于快递车辆，减少"蝗虫"般的电动三轮车，或许是提质增效的办法之一。

（本节选自笔者 2018 年的报告）

# 第十六节　煤炭物流发展新趋势

笔者曾在朔州参加了一个煤炭物流论坛，有一些收获与大家分享（其中有一些观点是其他专家的）。

煤炭是我国的主要能源，在相当长的时期内不会被取代。煤藏量主要集中在西北部，西煤东运、北煤南运的格局基本不会改变，因此煤炭物流成为我国大宗商品运输的头号问题。经过煤炭物流整顿整合优化，我国煤炭物流通道体系已基本形成：大规模的公路长途运煤方式基本结束，铁路的煤炭运量占全国煤炭运输量的60%以上。晋、陕、蒙煤炭通过大秦线运至秦皇岛、唐山、曹妃甸、天津四个港口，转水运到东南沿海；通过朔黄线、瓦日线运煤到河南、河北、山东；未来的蒙华线承担华中地区煤炭运输，向山西、河南、湖北、湖南、江西提供煤炭；新疆煤炭则通过兰渝线向四川、重庆、云南、广西、贵州供应煤炭。

影响煤炭物流的重要因素。一是环保政策，汽车不能长途运煤，不能进京津冀、长三角、珠三角。二是煤炭资源西移，煤炭集结地要重新布局，增加设施设备投入。三是降低物流成本的要求，不仅仅是国务院的要求，而且是企业自身的要求。四是末端煤炭配送中心布局尚未完成，煤炭的最后一公里通行不畅。五是煤炭生产企业、贸易企业单一化运营，网络理念淡薄，供应链管理意识尚未形成。六是部分产煤地区发煤能力过剩，正在探索社会化物流服务的路子。

煤炭物流节点的选址、优化和建设成为短板，主要表现在：一部分物流园区距矿区较远，铁路线无法到达，需要汽车短驳到铁路装卸线；环保不达标，一些园区露天堆放，阴雨天气和大风带来环境污染；洗选配能力差，主要体现在设备落后、污染多，增加值较少；通过型园区较多，加工型园区少；物流技术落后，管理粗放；集装化水平低、装载设备不足、精细化管理不足，一般货多，需求定制的少，不仅造成资源浪费，还卖不出好价钱；等等。

我国的发电量中，有73%是煤炭发电。优质煤用于发电是很可惜的事。要重视配煤，尤其是动力煤，节用慎用低硫煤，高硫煤用于煤化工。建议如下。

（1）重新修订煤炭物流发展规划，尤其是调整物流节点的布局。做出整合、改造、撤销、变更用途的建议，尤其是土地用途要适时调整。

（2）加强行业研究。深入研究煤炭行业的资源、品质与产业布局和迁移的关系；

研究煤炭的生产、消费、转运、分拨方案的优化；研究客户的数量需求、质量需求、期限需求等。

（3）煤炭产品要向精细化发展，提高商品附加值。产煤地原煤运输量减少，降低无效运输。

（4）加大集装箱运输比例，方便门到门运输，减少短驳、减少装卸，节约成本，减少遗撒；当精煤粉时代到来时，专用的加工、仓储、运输、包装等设备会提到日程上来。

（5）煤炭超市的做法很好，但可以更进一步做到量身定做。应该发展商贸物流，缩短煤炭供应链链条，减少中间环节。

（6）运营中的问题在于拖欠货款、账期较长。政府可以出面引导企业建设供应链管理链条，发展供应链金融、商业票据流转、应收账款融资等金融工具，建立诚信的生态运营体系。

（本节选自笔者 2018 年的报告）

# 第十七节　水铁联运依然在路上

笔者曾与铁龙物流李长宏部长一起调研集装箱多式联运情况，加上之前访问过长江航运公司和多家港口，对水铁多式联运业务新进展有比较深入的了解。总的来看，在国家有关部委的大力倡导下，水铁联运引起了各地政府和企业的高度重视。各主要港口都建设了集装箱泊位、堆场，吊装设备齐全，有的还成为海关特殊监管区的组成部分。在广西防城、钦州，地方政府给予集装箱水铁联运企业优惠政策；在武汉，铁路专用线已经进港；在岳阳，集装箱多式联运已成为港口的主要业务，进港铁路专用线即将动工；在大丰、南通、太仓等港口，货物吞吐量和集装箱吞吐量增长迅速。但是，在调研中我们也发现，多式联运的影响因素还有很多，需要一项一项梳理解决。

## 一、联运的基础设施和条件要基本具备，设施设备的建设要相互匹配

影响多式联运的基本因素有天气、水深、岸线、船型、闸坝、装备、集疏运道路、桥高、货物类别、装卸条件、运力结构、频次、运距、时效、环境保护、普通集装箱、特种集装箱、路况、车型、载重、回程、成本、司机、装载方式、安全等。由于我国大多数港口的大规模建设期已经结束，错过了在规划阶段统筹布局"硬件配置"的黄

金时期，铁路进港很难在原有港区实现，打补丁的工程很难做。已进港铁路作业长度短，不能实现班列的整列到发，列车在车站解体，分段进港，编组时间长，作业效率低。站场面积小，堆场不足，机械作业场狭小。场前道路宽度不足，取箱、还箱、周转车辆和等待车辆交织一起，常常堵塞道路，影响装卸船的效率。运输和装载工具不配套，装端和卸端不配套等问题依然存在。

## 二、标准和规则需要统一

铁路、公路和轮船等运载工具的标准要统一，否则不能实现顺畅换载。公路、铁路的集装箱尺寸经常扩大，宽体陆运箱上船，经常要多租仓位，造成空间浪费。美国规定海运箱运硫黄，每箱计费20吨，而我国规定每箱计费27吨，这时海转铁，每箱亏7吨运量，需拆箱补吨。危险品的名单，铁、水、公不一致，如硫黄，铁路按危货列入，而海运不列入。铁、水运营规则不统一，信息系统未链接。进口海运注重整船装载均衡，而铁路注重单箱的载货平衡。铁路要求从船公司拿到箱内货物证明和布局，通常不能及时得到满足，开箱检验会降低效率和产生费用，还要看是整箱联运还是拼箱联运，拼箱联运要增加拆装箱费，水、铁整箱联运的比例还不高。

## 三、利益协调

多式联运涉及的环节和当事人较多，利益关系较为复杂，处理不好，便不能达成一致。铁路、港口、公路、司机、货主、箱主、货代、船公司、海关、商检、金融、保险，组成大的分工链条，利益分割是大家关注的。公路运输和铁路运输在运距、成本、门到门之间竞争。从理论上讲，公路运输的费用高于铁路，但在实际操作中，公路运费常常低于铁路，这是因为门到门运输时，铁路比公路多了一装一卸，增加了费用，如果公路运输找到回程汽车，费用可能更低。2019年铁路平均运费每吨公里0.14～0.21元，公路运输每吨公里0.30～0.5元，长江水运价格0.08元每吨公里。另外还要考虑运力竞争、丰水枯水、天气、安全等因素。但问题是铁路运费优惠变动大，有时有，有时没有，客户不敢签长期合同，且各个路局运费优惠不一致。铁路整车运输和集装箱运输成本差距较大，铁路整车运输转为集装箱运输时，要重新装箱，增加装卸成本，而装卸工的工资因从业者减少而不断增加；集装箱运输是多式联运的重要方面，但空箱回程是大麻烦，铁路箱回空箱不收费，企业自备敞顶箱返空收费40%，优惠时对等车站减30个百分点，付费10%，船公司的空箱要到还箱站存储，管理公司收费，因此铁转水的下水箱优先使用船箱。此外，散货按吨计价，箱货按箱计价，也是承运人考虑的利益因素。

在与广西某物流公司高管座谈时，笔者感到水铁联运是大势所趋，从业者寄予很大的希望，但要把该模式落地，需要在设施、规则和利益三方面下大功夫，需要主管部门协调当事各方，提出切实可行的方案。

（本节选自笔者 2019 年的报告）

# 第十八节　内陆港的发展问题

内陆港是在内陆地区建设的与港口紧密相连、具有国际贸易和国际物流功能的产业聚集区，功能包括国际采购和分销、进出口贸易、国际中转、仓储配送、多式联运、商品展示、产品研发、加工制造、金融保险、检测维修等。目标是把港口的海关特殊监管区的功能和政策延伸到非沿海口岸的内陆地区。内陆港的保税功能主要集中在入境货物关外存储，来料加工、区内贸易不征关税以及出口退税，等等。

内陆港属物流园区和物流枢纽的范畴，同时也属于海关特殊监管区的范畴。

截至 2018 年 2 月，批准成立的国家级经济开发区、保税区、高新技术产业开发区、出口加工区、边境经济开发区等各类园区共 552 家，其中海关特殊监管区 135 家，批准占地 45678 公顷，平均每个占地 338 公顷。内陆港存在的基本条件是：与水港有密切的业务关联、有大规模的货物流动、有多种交通运输方式连接、有基本的查验和仓储设施、有多种物流功能的整合、有国家海关的监管。

我国的内陆港发展很快，大约有上百家内陆港，既有普通业务也有保税业务，快速发展的主要原因如下。

（1）经济快速发展，推动物流量和进出口贸易量增加。2007 年，我国进出口总额 16.68 万亿元，2017 年，进出口额 27.79 亿元，比 2007 年增长 67%。2007 年货运量 227 亿吨，2017 年 471 亿吨，比 2007 年增长 107%，货流量的增加尤其是进出口的增加要求内陆港增加。

（2）沿海与内地发展程度缩小，内地有强烈的国际贸易、国际物流的需求，要求通过海港找到顺畅流通的渠道。沿海港口的竞争激烈，迫切需要扩展腹地，增加货源。

内陆港发展中存在的问题如下。

（1）缺少整体规划或规划不科学。主要表现在集疏运体系、场地、工具、运输方式不匹配，运营规则不清晰、不适用等。

（2）保税区占地面积过大，保税业务量不足，土地、建库、检验设施、海关查验设施、铁路专用线、办公大楼投资较大，进出口货物的保税收费不足以支撑。

（3）我国自贸试验区扩大到 11 个省区，同时批准海南岛全岛成为自贸试验区，仅仅只有货物流通业务的内陆港，面临的压力更大。

（4）一些内陆港出于利益的考量，与港口的合作逐步淡化，合作协议名存实亡。

发展内陆港的建议如下。

（1）内陆港要有强大的产业支撑。没有产业支撑，就没有大量的货物进出口，内陆港建设的必要性就存疑问。

（2）内陆港的园区规划和业务规划要科学。首先要确定进出口货物的品类，不同品类货物的仓储、装卸设施设备是不一样的。其次是物流量预测，50 万平方米能满足的就不要建 100 万平方米。形象工程造成的浪费太多了。海关总署于 2019 年修订了保税物流中心的面积要求，从原来的仓储面积不低于 10 万平方米（东部）和 5 万平方米（中西部），分别降低到 5 万平方米和 2 万平方米。A 型物流中心不低于 4000 平方米（东部）和 2000 平方米（中西部）。

（3）按原要求建设的内陆港保税物流中心，要实事求是地缩园，可以存储保税货物和非保税货物，只要在物理上隔断，监控上加强即可。

（4）建立内陆港的生态系统。内陆港只是提供了平台，利用平台唱戏的是各类企业。包括进出口贸易企业、货运代理企业、展览展销企业、金融保险企业、仓储运输企业、生产制造企业、财务评估企业、维修维护企业等。要创造一个各类企业和谐共存的环境。要做好公共服务工作，进行"放管服"改革，实施负面清单，减轻企业负担。企业环境越宽松，进来的企业就越多。

（5）部门协同。我们的问题需要部门协同才能推进解决。包括基础设施建设、投资便利化、投融资体制和渠道、行业研究与选择、企业引进和培育、财政税收金融配合、上下游企业利益协调、公共事务和监管事项、"放管服"的制度性改革等。

（6）兼顾各方利益。内陆港运作是许多机构、人员共同参与的活动，有很多规则和标准。在新技术、新流程大量出现的情况下，一环不通，整个流程停顿。内陆港要与水港协同一致，不同地区的政策规定和要求要与海港同步。

（本节选自笔者 2019 年的报告）

# 第十九节　现货市场要升级改造

现货市场有别于期货市场，其主要不同点在于商品的买卖是同时发生的。在我国城市化和互联网迅速发展的今天，现货市场的升级改造更为重要。现货市场的形成大致有以下路径。

（1）现货市场紧靠消费地而建，只有这样，商品才能快速完成"飞跃"，价值才能实现。广东乐从的钢材市场、无锡的不锈钢市场、广州的塑料市场、北京的新发地市场等，都是这样形成的。

（2）在货物中转地建设现货市场，中转前后价格、保险、责任的变动较大，是一次利益和风险的重新分配。比如秦皇岛的煤炭市场、日照的铁矿石市场等。

（3）在某些提供良好交易服务的地区，现货市场也能发展起来。如浙江义乌小商品市场、山东临沂商品市场等。

现货市场给商贸业、房地产业、加工制造业、物流业、金融业等带来了巨大的发展机遇，也为百姓的生活提供了便利。正是全国几万个大大小小的现货市场，托起了数十万亿级的商品销售额。然而，现货市场也在受到多种冲击。

（1）与城市发展的不协调，交通上人货混杂，安全上隐患较多。几乎所有的城市都把现货市场，尤其是货车穿梭的市场赶到城外。

（2）受电商的冲击，商品交易和交付发生在时间空间上产生分离。有形市场的份额被"电子交易市场＋快递"占去，而且有进一步扩大的趋势。

（3）生产企业库存前移，需要把货物存进市场。贸易商成为渠道商，小批量多批次进货，需要货源的长期性和稳定性。金融机构的放贷，需要有一定的货物作为担保物并被妥善保管。

（4）现货市场自身存在缺陷。如布局不合理、功能不完善、物流设施不配套等。有的现货市场是原有建筑改造的，存在安全隐患。有的功能分区不合理，车道狭窄，加工区与商贸区混杂，电线乱扯，工艺顺序和流程不合理。有的现货市场按房产开发模式进行，把商铺卖给商户，市场管理者缺位，共同事务无人协调，意见不能统一，市场不能正常运营。

在经济发展从高速度向高质量转变的大背景下，现货市场需要创建高质量的营商环境，提供更便捷的服务。市场商铺逐步告别"二房东"式的简单模式，向高度参与经营的"深度联营"模式转变，加大自营比例。卖产品和卖服务相结合，专业服务与综合服务相结合。为顾客营造舒适、愉悦的购物体验。更多地使用大数据等先进的技术，针对不同种类的需求进行精准营销。

建设新型现货市场，要有新的规划理念。

（1）把现货市场规划为商贸物流结合的场所。商贸设施与物流通道无障碍连通，销售、库存和补货自主决策。为现货市场引进电商企业，把呼叫中心和快递分拨中心、配送中心连接起来，实现仓配一体化。

（2）要与现代城市的发展融为一体。要在规划城市建筑时规划物流建筑，规划人流通道时规划货流通道，商业网点与物流网点配套。大宗商品和原材料市场布局在城乡接合部，扩大其辐射范围。日常生活用品则要尽可能靠近居民区，方便居民购买，降低短途运输的成本。

（3）把城市楼宇物流和社区物流的建设提上日程。一栋商业大楼，每天要有几百辆各种车辆进出，文件、餐食、办公用品、商品补货等，造成交通问题。解决的办法就是物流设施设备贴近消费地，开展最后 100 米共同配送。

（4）建设商贸物流平台。把现货市场的覆盖范围通过互联网扩展到全球，相应的物流也要全球覆盖。要使用先进的科学技术，包括大数据、云计算、卫星通信、物联网技术和多式联运技术，把货物快速安全送达。

（5）打造现货市场生态群。把产业链上的企业，包括主机制造企业、零部件生产企业、商贸流通企业整体系引进，与物流企业及金融、保险、保理、电商、贸易、维护维修、餐饮企业有机整合在一起。

（6）建立现货交易市场的诚信体系。包括交易规则的合理化、透明化，交易规则的监督执行和效果评价。实践证明，一个公正的市场管理体制是现货市场生命力的基本保证。包括市场准入、质量保证、先行赔付、奖励惩戒等。

今后的现货市场应该是线上线下结合、商贸物流金融协同、设施设备先进、购物环境良好、商品服务质优的场所。不管是生活品市场还是大宗商品市场，都应如此。

（本节选自笔者 2019 年的报告）

# 第二十节 物流发展新动向

2020 年 11 月，笔者参加了中物联举办的物流学术年会和物流企业家年会，很有收获。

## 一、会议规模大

两个会的参会人员均超过千人，在经济下行压力加大的今天，参会人数不减，是为取得发展真经，还是寻求合作、抱团过冬？笔者未经调查，不敢臆断。然而参会人员的年轻化，给笔者留下了深刻印象。满场望去，尽是年轻面孔，30岁上下的年轻人占了大多数。真是长江后浪推前浪，一代新人在成长。他们的理论知识全面系统，注重科学，思维缜密，是中国物流事业的希望。

## 二、关注物流发展的路该怎么走

2020年，"十三五"即将结束，"十四五"即将开启。物流大国怎样走向物流强国？笔者从几位嘉宾的发言中感悟到以下几点。

（1）物流国际化。只做好国内物流是不行的，必须在国际物流中占有份额。包括企业的国际业务比例、以国际先进企业为标杆的赶超率、个人跨境交易的数量等。

（2）企业的专业化程度。要注重专业技术、专项产品是否为国际先进水平，企业的平均寿命是否为全球较高行列，企业寿命长，意味着有特殊的竞争力。

（3）物流要素的能级。今后评估的标准不仅要看企业有多大规模，还要看企业掌控的物流资源能发挥什么级别的作用。

（4）物流标准的制定以及先进性。有先进的业务流程才能制定先进的物流标准，没有国际化的业务实践，很难制定出国际企业所乐于使用的标准。没有先进的标准，物流要素难以顺利对接，各自为政将大大降低物流效率。

（5）物流的治理能力。包括物流方向战略的确定、投资的选择、部门的协同、技术路线的选择、重大技术的攻关等。物流早就是多部门协同才能完成的活动。要确保物流节点与运输线路的顺利衔接。我国修建了很多道路和园区，但对二者结合的问题考虑不足，这又与产业布局和城市发展的空间布局密切相关。在质量提升、消费升级、大数据时代的要求下，物流强国需要细细筹划。

（6）效率和效益的评价。不仅要看物流规模有多大，还要看投入多少达到这样的规模。不仅要看设施设备如何先进，还要看先进的设施设备提供了什么等级的服务。

## 三、注重基础建设

万丈高楼起于累土的道理谁都懂，但在实际中很多人都希望走捷径，结果是浪费了金钱和时间。过去，有多少人砸钱搞平台，但常常忘记了交易的基础是企业需求。2000家交易平台惨淡支撑，没有业务的平台是无本之木。但也有一些平台建立在需求之上，取得了阶段性成功。比如车货匹配平台、行车安全管理平台、园区公共事务管理平台等。还有许多企业从自身需求出发，建设企业平台。主要做法是，把企业的各种业务软件系统整合起来，打通企业资源库，实现业务数据化；建立业务主导型的门户网站，为客户、供应商提供一站式服务等。只有基础性元素齐备了，才有可能集合成无障碍的公共平台。"业务标准化—业务数据化—数据平台化—数据价值化"，才是平台应有的路径。

## 四、物流枢纽规划的落地建设

国家经济普查数据发布：2018 年底，物流行业企业数 57 万家，从业人数 1396.7 万人，总资产 352215.1 亿元，负债 213663.6 亿元，营业收入 86365.5 亿元。相应的分析数据为物流企业平均每单位 25 人，平均资产 6179 万元，资产负债率 60.7%，资产产出率 24.5%。仓储业与装卸搬运业法人数 7.1 万家左右，比 2008 年增加 1 万家左右。从业人数 117.7 万人，平均每企业 17 人，比 2008 年减少 9 人。总资产 32999 亿元，比 2008 年增加 21720 亿元左右，资产负债率 71.0%，资产产出率 27.7%。这组数据表明，我国物流企业的小散状态仍未改变，资本投入与形成的有效资产有差距。据统计局数据，十年来仓储业投入 4.6 万亿元，但形成资产只有 3.3 万元，这差额可能产生于城市拆迁、企业转行等，也有可能形成了无效投入。这种高投入低产出的状况应该在"十四五"期间改变。

国家物流枢纽建设要高起点，不能复制古董，要突出时代特点，包括技术、布局、效率和绿色。中国的内外环境在变，人们的消费方式和偏好在变，储蓄率在变，科学技术在变，因此物流枢纽的建设也要变，要变得亲民，还要提高服务质量和降低成本。物流枢纽建设是下一个五年计划的重点工作，基础设施需要优化布局。各自为政发展起来的物流设施，将面临整合、淘汰、改造、提升。物流枢纽和设施的技术构成要提高，先进的技术装备要普遍应用。物流枢纽建设要促进枢纽经济的发展，充分发挥其引领作用。

（本节选自笔者 2020 年的报告）

第五章

物流企业与管理

# 第一节　物流企业与企业物流

物流概念引进不久，许多人只重视第三方物流，忽视企业物流。物流企业是专门从事货物位移及管理活动的法人，因其独立于货物买卖双方之外，被称为第三方物流企业。企业物流则是以自己的产品和商品为导向开展的货物位移及管理的活动。二者的共同之处是都从事物流业务，不同之处是物流企业不拥有货权，而企业物流拥有货权。

笔者认为，在当前的经济环境下，企业物流和物流企业当长期共存，相互交融，相互促进，原因如下。

## 一、第三方物流企业是从企业物流中分离出来的

正如工业是从农业和手工业中分离出来、商业从工农业中分离出来一样，专业化的发展，使物流活动从工商业中分离出来，形成专门从事物流活动的企业。一旦独立于原企业之外，它就不再是原企业的组成部分，而是第三方物流企业了，如美的的物流公司、东芝的物流公司等。正因为如此，第三方物流企业与企业物流有着千丝万缕的联系，它必须服务于工商企业，否则就无物可流，必须遵循利益法则，当其运营成本大于企业物流的运营成本时，就无法继续存在下去。

## 二、企业物流不可能完全独立地完成物流任务，必须依托众多第三方物流企业来完成

海尔物流拥有 42 个物流中心，很大一部分是租用第三方物流企业的仓库。对海尔来讲，以商品为主导整合了社会资源；对第三方物流企业来讲，以资产和管理技术为依托，整合了海尔的商品。

生产力的发展和科学技术的进步，使企业商品销售的地域越来越广，一日之内，货流全球，中间不知经过多少环节，任何企业都无法独立承担这种物流业务，必须依靠众多企业的合作才能完成。企业物流离不开第三方物流企业。

### 三、第三方物流企业的发展依赖于专业化分工的发展和自身行为能力的提高，归根结底依赖于社会需求

工商企业是否选择第三方物流企业作为外包方，主要取决于以下条件：一是能否完成任务。是否有能力将货物准时、准量、安全地送到客户手上；是否有能力完成物流各环节的衔接和调配；能否提供即时的货物信息。二是能否节约成本或相对成本。因此，对物流企业的发展要有平常心，不要揠苗助长，否则会引起对第三方物流企业的盲目投资，造成过度竞争。

日本有关统计显示：2003 年企业自用车辆为 804 万台，而物流企业营业车辆为 134 万台，分别占总量的 85.7% 和 14.3%，而运输量的承担分别为 15.9% 和 84.1%。也就是说，占车辆总数 14.3% 的物流企业运营车辆，承担了道路货运量的 84.1%。这表明，当社会经济发展到一定阶段时，必然会增加对第三方物流的需求。

（本节选自笔者 2004 年的报告）

# 第二节　为铁路货运改革叫好

2014 年 8 月 2 日，北京铁路局召开京津冀货物快运业务研讨会，有关负责人通报了该局开行货运列车的情况。7 月 19 日，京津冀货物快运列车启动运营，该列车每天一班，天津南仓站出发，途经天津、北京、河北 70 个铁路车站停靠，承运能力 1000 吨；该局还开通了跨 10 个铁路局的货运班列，与哈尔滨、上海、杭州、广州、成都、重庆、西安、拉萨、乌鲁木齐等 14 个城市连通，零担货物 10 公斤以上、1.5 吨以下，做到门到门服务。上述改革，只是整个铁路货运改革的缩影。自铁道部改为铁路总公司后，铁路货运的组织系统就面向市场，成立了许多货运中心，每个中心站设立若干业务部门、几十个业务办理站和上千名货运代表。2013 年，实行运力公开，网上申报车皮，价格公开。

听完北京铁路局有关负责人的介绍，笔者感慨很多。一是多年的"铁老大"终于放下身段，走向市场。零散白货大规模运输的时代终于到来了。这是一场了不起的革命。一个庞大的运输企业巨人，是可以做少批量、多批次的业务的。二是铁路货运改

革会改变我国货物运输的格局。公路的干线运量比例将会降低。某位快运专家估计，我国公路整车货运市场份额在 1.1 万亿元到 1.3 万亿元，公路零担货运份额为 5000 亿元左右。假如铁路快运能揽下三成，可以节约 2000 亿元的运输成本。三是铁路运输具有减少二氧化碳排放、减少高等级能源消耗、占地面积小、运输效率高、全天候运营、准时准点等诸多优势，受到客户的青睐。申通的一位高管曾说，过去铁路运输只占其业务的 5%，空运占 30%，公路占 65%，铁路货物快运开通之后，全路畅通，仓位大，安全、平稳，没有公路运输中的道路拥堵、收费站多、安全事故多、管理困难的问题，很受欢迎。四是城市物流枢纽将以铁路中心站为核心设立，而不是以公路货运站为中心设立。多功能的铁路枢纽会带来货物聚集、资金聚集、人员聚集、运输方式聚集。现在可以肯定地说，未来的电商分拨中心、快运分拨中心，不一定设在空港，但一定设在铁港。

笔者在 2009 年前后多次呼吁，仓储业要关注铁路的改革。因为那时就已经显示铁路客货分离的趋势，一旦高速铁路网形成，既有铁路必然释放出巨大的运力，物流业应当有所应对。随着我国铁路通车里程超 10 万公里，高速铁路超 1 万公里，加上经济结构调整和重化工业增速放缓，铁路运输货源下降等因素的复合作用，这一天已经到来。仓储业准备好了吗？仓储业自身变革的动力和压力在哪里？铁路都改了，仓储业还有理由故步自封、自我欣赏吗？就在 2014 年 8 月 1 日，申通的老总从广州发了 10 个车皮的快件，停了 18 台 17.5 米的甩挂车、12 台 9.6 米的汽车，显得极为轻松，因为他不必为 60 个司机的行车和货物的安全担心了。

当然，铁路货物快运还有很多事情要做，比如：如何进行铁路枢纽的选址？如何方便集散和短途运输？如何做到门对门以减少装卸搬运费用和货物损毁？如何规划建设新型的铁路物流中心而不是铁路场站？如何设计专门的集装器具以减少多次分拣和方便装卸？如何把业务标准化变为产品？等等。等到这一切都解决了、完善了，我们该怎么做呢？请大家认真思考。

（本节选自笔者 2014 年的报告）

# 第三节　物流企业的重要责任

2014 年 9 月 25 日和 10 月 4 日，国务院分别印发了《关于依托黄金水道推动长江经济带发展的指导意见》《物流业发展中长期规划（2014—2020 年）》，两份重要文件不仅指明物流业发展的方向，也让人们感到肩上的担子更加沉重。

多年来大家习惯于向上要政策、要支持、要资金、要土地，物流企业把搞不好的原因推给环境、推给政府，很少有人认真检讨一下自身的原因。面对与发达国家的物流差距和技术水平低下，每一个物流企业都应认真想一想能做些什么。

我们应该更深刻认识到物流业在国民经济中的重要作用，《物流业发展中长期规划（2014—2020年）》指出：物流业是支撑国民经济发展的基础性、战略性产业。加快发展现代物流业，对于促进产业结构调整、转变发展方式、提高国民经济竞争力和建设生态文明具有重要意义。在这个高度认识和理解物流业，将会提高物流人的责任感和使命感。行业在一代一代地传承和发展，物流人有责任做到提升和创新。

我们应掌握和应用先进的物流技术和管理技术，缩短与发达国家的差距，要"加强北斗导航、物联网、云计算、大数据、移动互联等先进信息技术在物流领域的应用。加强物流核心技术和装备研发，推动关键技术装备产业化，鼓励物流企业采用先进适用技术和装备"。物流企业应该在技术装备方面加大投入，尤其是在装卸、搬运、分拣、配送、集装、安全方面尽快实现机械化、自动化；信息技术要尽快覆盖所有业务流程，并尽快形成物流大数据体系，实现与服务对象的信息对接。要在供应链管理实践上大步前进，向精益化管理要效益。

我们应加强队伍建设和提升企业经营管理水平。尽管有不少物流企业迅速发展的案例，但物流行业仍然缺少领袖级企业和卓越的物流企业家。每当看到由于经营失误造成的重大损失和企业破产案例时，大家都痛心疾首、扼腕叹息。或因麻痹轻率，或因好大喜功，或因指标压顶，或因媚上媚下，一脚踏空，万劫不复。这些都是企业家功力太浅的原因。只有基础牢固的创新才是真正的创新，缺乏基础的创新，实际是空中楼阁。

我们应打造物流网络体系。在物流行业中，最有价值的是网络，业务网络、运输配送网络、仓储网络、综合交通物流、信息网络是这两个文件中反复强调的内容。首先，一个企业内部要形成网络，部门分割、业务隔离、资源分散，企业注定做不大。其次，企业之间要形成网络，企业再大，也不可能包打天下。正像铁路总公司垄断铁路干线运输，也需要其他企业为之集散货物、装卸搬运一样。最后，不同的物流细分行业之间也要连接成网。网络结构对优化物流运营、降低物流成本有重要作用。

我们应建立完善的国际物流体系。两个丝绸之路经济带建设和长江经济带的发展，是我国新一轮对外开放的重大措施。与国际对接，就要引入国际思维，谋求双赢而不是独占利益；引入国际标准，谋求最优而不是唯我独尊；引进技术装备，谋求集成而不是全面依赖。任何物流都具有国际性，走出去是国家的新要求。

研读两份物流文件，最大的感受是方向明确、目标明确。关键是，在经济增速放缓、结构调整加快、发展基础不稳、企业经营困难、国际竞争加剧的条件下，如何实现这个宏伟目标。笔者认为，临渊羡鱼，不如退而结网，既抬头看路，又埋头拉车，分析环境，制定战略，苦练内功，抓紧转型，不失为好的选择。

（本节选自笔者 2014 年的报告）

# 第四节　物流企业该为 "一带一路" 做些什么？

2015 年博鳌论坛期间，国家发展改革委、外交部、商务部联合发布了《推动共建丝绸之路经济带和 21 世纪海上丝绸之路的愿景与行动》，全面阐述了我国推动一带一路建设的设想。这是一份宏大的蓝图，等待着各行各业去描绘和充实。

在过去的很多年里，我国一直是商品出口大国。2009 年，我国出口商品总额 12016 亿美元[①]，其中工业制成品出口 11385 亿美元，占出口总额的 94.7%；同年商品进口总额 10059 亿美元，其中初级产品 2898 亿美元，占进口总额的 28.8%。到了 2013 年，出口总额为 22090 亿美元，其中工业制成品出口 21017 亿美元，占出口总额的 95.1%；进口总额 19500 亿美元，其中初级产品 6581 亿美元，占 33.7%。2014 年，我国出口总额为 23423 亿美元，进口总额 19592 亿美元，进口大豆 7140 万吨，403 亿美元；进口原油 3.1 亿吨，2283 亿美元，数量比上年增长 9.5%；进口煤炭 2.9 亿吨，比上年减少 10.9%。这种国际经济结构，决定了我国是资源消耗型经济，也是大国际物流形态。

在 "一带一路" 的蓝图中，我国将要走资本输出的路子。

（1）我国特殊的外汇管理政策，积累了 4 万亿美元的外汇储备，很少用于国外实体经济的投入，购买了大量的外国债务，单一性的投资项目具有较大的风险。据统计，我国 2013 年年底，累计对外投资存量 6605 亿美元，其中矿业投资 1061 亿美元，制造业投资 420 亿美元，交通运输仓储邮政业投资 322 亿美元，批发零售业投资 876 亿美元，金融业投资 1171 亿美元，租赁商务业投资 1957 亿美元。与我国利用外资的数量有较大的逆差。2004—2013 年，我国累计实际利用外资 8230 亿美元。

（2）许多国家出现制造业回归趋势，特别是美、德、日等制造业强国都在实施工业 4.0 或类似的发展战略。我国的 "中国制造 2025" 就是应对新一轮科技革命和产业

---

① 本节数据据国家统计局官网年度数据查询结果四舍五入取整。

变革，立足我国转变经济发展方式实际需要，提出的加快制造业转型升级、提质增效的重大战略任务和重大政策举措。

（3）国际大分工、大合作，"一带一路"还需物流畅通。在蓝图中，要求实现政策沟通、设施联通、贸易畅通、资金融通、民心相通。贯穿始终的是物流畅通。"一带一路"涉及亚、欧、非、大洋四洲众多国家，人口近五十亿。需要打通的事项很多。比如海关关税、海关商检查验、基础设施标准、铁路轨道统一、货运车辆统一、贸易壁垒和非贸易壁垒、运营规则、文化风俗、民族传统等。物流的任务很重。

面对"一带一路"的蓝图，物流企业应积极应对，否则巨大的物流市场会被发达国家的物流企业占领。正如几十年来，我国物流企业的活动边界止于国门一样，商品打出去了，物流却没跟着出去，以至于大多数的中欧班列必须与国外企业合作才能完成，还要有关政府部门的高额补贴。根据笔者以往的经验，我国物流企业走出去，应做如下努力。

（1）要有全球供应链的视角和理念。制造业的工厂要全球布局，物流也要全球布局。我国的联想、吉利、海尔、华为等大企业已成跨国公司，物流企业也应有跨国公司。

（2）要进行物流节点的战略选址。过去的对外投资，较多的是商贸设施投资，今后，应该是商贸物流设施一体化投资。战略选址要科学，必须进行详细的考察、测算、判断。

（3）组建国际化的物流运营队伍，不拘一格选用国际型的物流人才。很多人担心不是自己人容易有异心，不可靠。其实，制度不完善才是出问题的关键。

（4）金融和外汇管理要适应走出去的需要。2014 年，我国的银行业金融机构境内本外币资产 172.3 万亿元，比上年增长 13.9%。商业银行净利润 1.55 万亿元，同比增长 9.7%。存贷款比例为 65.1%，还有大量的资金闲置。资本输出需要银行放松银根。

有抱负的企业家们，探索"一带一路"上的物流通道吧。

（本节选自笔者 2015 年的报告）

# 第五节　仓库职业经理人亮起红灯

最近，笔者在国内和日本的一些仓储企业考察，得到了一个强烈信号：现代化的仓库经理紧缺。一些老板抱怨，很难找到一个让他们满意的仓库经理。日本一个高等职业技术学校的校长说，很多企业都向他提出需要高等级仓库管理人才的需求。

细细想来，这个现象的出现是十分正常的。物流业务、物流技术、物流环境已发生了巨大变化，仓库和仓储业务的重要程度大幅度提高，一是由于经济的全球化，原材料和产品在全世界流动，集散节点数量增加；二是多批次、少批量、快节奏的需求出现，引发仓储作业方式和专业流程的变化；三是机械化、自动化、信息化水平的提高，使各种生产要素的匹配、协同难度加大；四是经营环境的复杂多变，工商、税务、行业、法律、金融、契约、文化等多方面要求企业尽快适应。上述变化要求仓储功能发生变化，主要表现在：保障供应的仓储管理，增减库存的价格调节，商品交易的中介服务，节约成本的库存控制，提高效益的增值功能，质押融资的金融功能，电子商务的物质基础，市场营销的库存前移，产业链条的重要节点。同时，仓库数量也在不断增加之中，而且，随着电商的发展，分拣型仓库在急剧增加。日本的大和物流株式会社拥有分拣仓库68个，建筑面积67万平方米，2015年又新建3座仓库。日本三九株式会社也计划改建新建3座仓库，以适应业务需要。

那么，现代的仓库经理需要具备什么样的素质和能力呢？

（1）爱物。所有存储的物资都是劳动的结晶，仓库经理要爱惜。有了爱物之心，就会时时刻刻想到保护物品，就不容许野蛮装卸和货物损毁。

（2）爱人。仓库员工是同事、伙伴和兄弟，而不仅仅是部下。关心他们的生活和成长，是仓库经理的本分。

（3）有高尚的职业操守。货是有价值的，也是有诱惑力的，盗窃、挪用、出卖、泄密等行为是可耻的行为。

（4）敬业。全心全意为存货人和投资人负责。

（5）有较高的系统的物流和供应链的理论水平和发现问题解决问题的能力。在新常态下，有许多物流人感到迷茫，找不到方向，这就是缺乏理论和方法的表现。

（6）有了解和掌握现代科学技术的能力。仓库规划、设计、建造要符合物流工艺，符合效率、绿色环保要求；仓库的设施设备要满足功能的需要，既不能落后，也不要过度超前；作业安排科学合理，人与人、人与物、物与物的匹配关系适度；设施装备的使用率、完好率要有较高水平；掌握适用的信息化技术，作业、管理、决策要有大数据的支撑。

（7）要有跨界合作的能力。仓储与运输、配送、电商、快递、冷链、大宗商品、金融、贸易商、生产厂、保险、能源电力、水务、船公司、航空、铁路、公路、管道等都有交集。与各方良好合作，是仓库经理的基本素质。

（8）有与政府部门合作的能力。仓库与政府在土地、税收、规划、立项、环保、劳资、资质、财政、统计等方面密切关联。接受、服从、协商、诉求、贡献等行为是交错在一起的。

提升仓库经理的素质和能力，要从以下方面入手：一是加强职业自我修养和教育，这是道德范畴，需要持续地进行。二是院校物流学科要设仓库管理专业，为仓库经理的培养打下雄厚的基础。三是开展在职培训，为在职人员的发展和晋升提供条件。四是仓库经理的进修提高。假如每年十天的进修形成制度，坚持五年，必然大有改观。在课程设置方面，既要有理论、宏观的方向性课程，也要有操作管理的实战性课程，院校、行业协会、企业共同开发课程内容，选择一批实训基地和教学基地，做好理论与实际结合。在笔者看来，物流前沿理论和实践、物流中心设计规划、物料装卸搬运、机械与电气、国际贸易与国际物流、国学与管理学、大数据与智能化等都是急需培训的课程。

中国需要一大批仓库职业经理人。

（本节选自笔者 2016 年的报告）

# 第六节　丢掉幻想　准备奋斗

2016 年，我国 GDP 为 744127 亿元，比上年增长 6.7%；固定资产投资额为 606466 亿元，实际增长 8.6%，其中，民间固定资产投资增长 3.2%；社会商品零售总额 33.23 万亿元，比上年增长 10.4%，其中城镇 28.58 万亿元，乡村 4.65 万亿元；进出口总额 24.3 万亿元，同比下降 0.9%；货运量 440 亿吨，增长 5.7%。其中铁路货运 33 亿吨，下降 0.8%，公路 336 亿吨，增长 6.8%，航空 667 亿吨，增长 6%。以上数据表明，我国的经济新常态已经趋于稳定。

不仅如此，未来的道路还有相当多的不确定性。

## 一、国际上贸易保护主义抬头，成为经济增长缓慢国家的普遍自保措施

2008 年的金融危机，首先在开放的发达的自由贸易国家迅速传播。一国下滑，拖累他国。因此才出现英国脱离欧盟的公投、美国对他国出口商品增加贸易制裁。时任美国总统特朗普主要实施了减税、贸易保护、基础投资三项经济政策，它们对美国经济和世界经济的影响还无法确定。减税的目的是增加企业资本，增强竞争能

力，但减税会降低国家财政收入，与扩大投资的政策相矛盾，唯一的办法是扩大赤字财政；贸易保护政策会引起对等贸易国家的报复性措施，减少进口的另一面是本国产品出口难。美国的真正问题是贫富差距扩大。IMF 前副总裁朱民说，在过去的五年里，美国中产阶级的收入占整个收入的比例从 58% 降到 46%，工资收入占 GDP 的比重从 65% 下降到 58%。

## 二、国内经济的不确定性

虽然经济趋于稳定，但不确定性因素也在增长。首先是资源环境约束加大，我国石油天然气资源不足，对外依赖率高达 60%，一旦遇到别国恶意威胁或封锁，必将遭到重大损失。2016 年，我国进口铁矿砂和精矿 10.2 亿吨，增长 7.5%；进口铜矿砂和精矿 1696 万吨，增长 27.6%；进口原油 3.8 亿吨，增长 13.6%。铁、铜、铝、镍、木材、纸浆对外依存度大。其次是政府债务高，过分依赖土地财政。政府债务额占 GDP 的比例接近 40%。2016 年，全国一般公共预算收入 159552 亿元，一般公共预算支出达到 187841 亿元，赤字 28289 亿元，赤字预算 2.18 万亿元。再次是金融风险。银行不良资产率在增加，有的银行已接近警戒线。房地产、居民个人贷款（居民累计新增贷款 6.3 万亿元，已超过企业部门的 6.1 万亿元）、工业企业贷款杠杆加大，许多企业的资产负债率高达 100% 以上。一旦崩盘，后果不堪设想。金融脱实向虚的态势明显，近三年，我国商业银行理财产品年均增速超过 40%，截至 2016 年上半年，商业银行理财余额达到 26.3 万亿元，其中同业理财 4.02 万亿元规模。最后是经济发展的内生动力不足。如果说，前三十年我国经济增长的动力是摆脱贫困，今后的动力是什么？欧洲的一些国家因高福利而走向停滞，美国也在向欧洲靠拢。科技进步并未取得适用的实质进展，2014 年科技经费投入统计公报表明，全国科技经费投入 13015.6 亿元，强度（投资占 GDP 的比例）为 2.05%。北京 1268.8 亿元，强度 5.95%；重庆只有 201.9 亿元，强度 1.42%；四川 449.3 亿元，强度 1.57%。

未来面临的形势相当严峻，国际国内的财政政策、货币政策、产业政策、贸易政策、政治局势、军备与安全，都存在许多不确定性。需要打起精神来，勇于担当，担当起大国的责任，担当起为后世铺路的责任。

（本节选自笔者 2017 年的报告）

# 第七节　物流服务的质量在提升

笔者曾做过一个演讲，呼吁业界注意服务质量的问题。当时，针对服务质量差的现象，笔者提出三项改进措施。

（1）建立畅通有效的沟通渠道，包括企业与客户的沟通、企业内部管理层与操作层的沟通和企业与其他各方的沟通。

（2）抓住服务质量三要素。第一是制度和程序要有相应的制度保证服务质量的可靠性，具有准确履行企业服务承诺的能力。24 小时服务、3‰以下的货损率要从各方面予以保证，说到就要做到。第二是人员。所有员工都必须以服务客户为基本行为准则，从管理者到一线员工，都要服从这个要求。主动了解客户服务客户，而不是被动地执行指令。要从激励制度上保证这个动力，持久坚持，而不是运动式的一时一事地抓服务质量。需要强调的是，一线人员是顾客的直接接触者和服务的实现者，要把一线人员的培训和激励认真落实到位。第三是环境和设备。服务大厅、道路和交通指示、车场、作业现场及货牌、吊装设备、工作人员的着装、有效的调度与协调，构成了服务质量的硬件要素，应该一项一项落实和改进。

（3）对服务质量进行过程控制，而不仅仅是结果控制。服务质量管理是全员参与的活动，是各部门统一协调的行为。质量指标的分解应与总体质量目标一致。只有进行过程控制，才能发现服务质量管理中存在的问题和关键环节，保证服务质量的实现。提高服务质量，贵在坚持，贵在不断改进。

2017 年，应上海铁路局原副局长之邀，笔者考察了义乌和金华的两个铁路物流中心，发现铁路物流的服务质量有了巨大的变化。

（1）设施设备的变化。义乌货运西站的面积扩充到 1800 亩，有 7 条铁路到发线，其中 2 条 1050 贯通式到发线。客户服务大厅宽敞明亮舒适，客户在这里一站式办理所有手续。海关和商品检验检疫部门入驻，方便办理进出口手续。集装箱正面吊、门式起重机满足集装箱到发的需求。

（2）服务理念的变化。该中心负责人说，铁路物流中心的建设主要考虑客户和市场的需求，设计方案时充分听取使用者的意见。道路、库房和功能区的布局满足客户的作业和市场要求。

（3）业务模式的变化。"铁老大"放下"架子"，创造具有铁路特色的物流业务，包括中欧物流班列和海运班列、零担快运循环班列、接取送达、通关、装卸搬运、加工包装等。行包快运每天发车 36 辆，循环班列每天发运 100～150 辆车。

（4）平台的融合。铁路、公路、海运、航空、国际货代、政府各类平台融合到一起，共同完成新时代的物流业务。义乌市政府不搞 PPP，承担提供土地的主要费用，注重的是城市功能的提升。副局长强调，铁路物流一定要紧紧盯住市场需求、客户需求，注重质量、注重时效。营销工作做到三进，即进政府、进园区、进企业。要完成上述任务，基础工作必须扎实，包括管理制度的建设与认真执行。

金华货运中心占地 480 亩，5 条铁路到发线，是为工业品物流而设计的。机械化作业达 99%，物流强度达 620 万吨。其主要特点是设计规范，线库联结合理适用，工作标准科学细致，执行严格。在现场能看到，货物堆码整齐，场地整洁，工作人员精神饱满。其背后的管理功力非同一般。

通过上述案例，笔者已经能深刻感受到物流服务质量的巨大提升。

（1）提升了理念。市场的理念和客户的理念深入人心，没有人再固守铁饭碗的理念了，一切都要靠努力、靠劳动得来。

（2）提升了技术。无论是管理技术还是物流技术都有大幅度提升。近几年，供应链管理在物流业被广泛应用，行业研究、行业追踪、全程服务到处可见。机器人、机械手、穿梭机、自动库、RFID、可视化的应用也很常见。车货匹配、共同配送、电商快递发展迅猛，其支撑技术是信息化。

（3）提升了地位。物流行业被各级政府和社会团体重视，成为国民经济的支柱性产业。标准化水平在日益提高，物流业与其他行业融合的速度加快。物流领域各个细分行业无一不被高度重视。

物流服务质量的提升，归根结底是因为中国存在巨大物流需求，近 400 亿吨货运量，足以推动物流业的快速发展。然而还应该看到物流服务质量仍然存在许多问题，如运作粗放、成本较高、协同不足、多式联运比例多年未增等。这一切问题将在数年内改善，物流优化也永远在路上。

（本节选自笔者 2017 年的报告）

# 第八节　中欧班列要打造精品

中央电视台报道，截至 2017 年 9 月 7 日，中欧班列开行已经累计 5000 列。全国开行中欧班列运行线路 52 条，国内开行城市达到 32 个，到达欧洲 12 个国家 32 个城市。这是一件了不起的事情。中欧班列是世界上最长的铁路物流大通道，全长超 1 万公里，中欧班列打破众多国家的关检限制，大大减少了物流时间，运输时间从海运的 45 天缩短到 14 天之内，带来了沿途及邻近国家的货物大流通、资金大融通、民心大相通。

当然，中欧班列应打造精品班列，提高班列的档次和水平。理由如下。

## 一、我国经济总体进入了精益化发展阶段

供给侧结构性改革取得成效，高耗能、高污染、低品质产业逐步退出，产品、管理、资源、科技、市场普遍走向精益化。

## 二、精品中欧班列是各国市场的需求

中欧班列有力地推动了我国全面向西开放，是国家形象的代表。产品和投资的精益化要求物流精益化。随着技术的进步和人民生活水平的提高，我国物流市场的特点已经产生变化，多批次、少批量时代已经到来。在电商业迅速发展的情况下，安全、快速、准确地交付货物，是购买者的普遍要求。因此，物流速度、货品包装、装卸搬运、集拼、回程、分拣、配送、快速通关、检验检疫、外汇管理等需要无缝衔接，而要实现这些要求，必须进行精益化的管理。

## 三、降低中欧班列运营成本的需要

当前，各地政府部门对开行中欧班列都给予数额不等的补贴，但不计成本的开行只能存在于宣传推广期，政府补贴需要逐步减少或取消。铁水运输比价始终存在，铁路运费是海运的 7~10 倍，对于时效要求不强的货物，完全没必要非走铁路不可。与空运比价格，与海运比时间的同时，还要与海运比价格，与空运比时间。单位产品的物流成本和单位货值的物流成本的降低，应该是中欧班列考核的指标之一。

## 四、开辟和巩固后产品市场的需要

产品进入别国市场只是第一步，真正的收益在于售后服务，真正的竞争在于长期的市场占有率。进入市场、守住市场、服务市场，信任比什么都重要。笔者在金边访

问期间，发现满大街跑的全是日本车，这表明日本汽车业的后服务市场工作做得好，完全占领了金边市场。

为了打造精品中欧班列，笔者建议如下。

（1）尽快落实班列运营协调机制。铁路总公司发布了中欧班列建设发展规划，希望尽快落地。国内协调中欧班列发运地、集结地、班列品牌，国外协调目的国目的站、辐射范围和区域划分。

（2）规范班列产品，不搞恶性竞争，减少政府的补贴数额和缩短政府的补贴时间。重视品牌建设和资源整合，无论是单品牌还是多品牌，对外应统称中欧班列，然后分线、号。重要的是保持班列的核心竞争力，在价格、频次、服务、堆场、信息方面下功夫。聚焦关键通道、关键城市、关键项目；规划建设国家级中欧班列集结中心，实现班列常态化。国际国内班列集散中心的条件包括地理位置、交通条件、设施设备、产业基础、分拨能力、服务标准水平、通关便利性、运营体系、货品结构、流量流向、口岸便利性、联运组织、班列换装编组连接（国内班列与国际班列）、成本费用、人才队伍等。

（3）把好出口产品质量关，不让伪劣商品搅乱市场。

（4）建好海外仓。海外仓是出口商品的分拨中心、回程货物的集结中心，具有关键性的作用，只重视运输线路是不够的，还应该建设好运用好海外仓。关键是投融资渠道和运营队伍的建设。为此笔者建议，建立新的投融资体制机制，提供源源不断的资金供给（基金、社保、财政、企业众筹）。降低投资回报预期，追求长期稳定回报（3%～6%）。培育载体企业，聚集商贸物流精英队伍。

"一带一路"是国家的重要倡议，中欧班列是这个倡议的主要载体。物的流动推动了资金的流动、人员的流动和资源的流动，推动了投资项目的落地。这是一个百年大计，我国物流业应该认真精心地运营好中欧班列，让它成为国家对外交往史上的里程碑。

（本节选自笔者2017年的报告）

# 第九节 怎样看待供应链核心企业？

供应链核心企业是二十多年来出现频率较高的词，但也是定义模糊的词。笔者认为核心企业的确认标准是：产业供应链居于关键位置的企业，它的存在决定了产业供应链的存在；掌握核心技术的企业，这个核心技术可以是生产制造技术，也可以是管理或信息技术；生产经营规模或资金规模居于链条上的相关企业之首。具备以上全部条件之一或以上全部条件者，都可被看作核心企业。相关的支撑指标应该是：主营业务收入和其占行业收入的比重；市场占有率绝对或相对较高；资产总额和净资产的规模及其占产业的比重；利润总额和净利润的数额；生产或管理技术的先进程度；专利拥有量和重要性评估；负债数量和比率；等等。

核心企业的担子很重。俗话说大有大的难处，核心企业也不全是风光无限。规模大了，资金周转的量就大。准备的资金多了，会造成浪费，少了，会头寸紧张，信用受影响。核心企业是各类金融机构的优质客户，大家争相授信，使核心企业的可用资金增多，诱发该企业投资的欲望，希望能进一步扩大规模，提高市场占有率。当资金量足够大的时候，开始跨行业投资，甚至进行风险投资，搞资本运作，杠杆过大，风险也在积累。企业大了，资产的分布量大面广，采购、生产、销售、物流、信息、辅助、安全、渠道、研发、风控、培训、车辆、公益、餐饮、生活等，都占用相当多的资金，再加上历年的沉淀、坏账、无法冲销的资金，使资产的流动性大大降低。核心企业面临比较大的竞争压力。任何一个行业中，不只是一家企业处于核心地位，有数量就必然存在竞争。在现代经济中，人才的竞争是根本的竞争，这就需要支付大量的人才队伍养护费用和技术研发储备费用。华为在美国的打压之下，如果没有十多年前的"备胎"，恐怕已经"趴下"了。核心企业的担子很重，在资本固化之后，所有的支出都来源于销售收入。销售是企业"惊险的一跃"。如果商品或服务卖不出去，此前的所有投入都成为亏损，企业必然垮台。

由于供应链金融频出风险，大家把防控风险的责任放到核心企业身上，中国银保监会发布的《关于推动供应链金融服务实体经济的指导意见》中提出，核心企业要承担以下责任：担保、回购、差额补足。所谓担保，即为下游买方企业的订单融资进行担保。所谓回购，是指在下游买方进行货物质押融资，无法归还借款时，核心企业要将销售给下游企业的货物买回，款项交付银行。所谓差额补足可能是下游企业归还借款时不足部分由核心企业补足。

这里的问题是，核心企业作为企业法人，有没有责任和义务为另一企业法人无偿提供单方面担保、进行回购和差额补足。买卖行为以合同生效为划分权利责任和义务的依据，买卖双方是平等的，加上担保、回购、差额补足后，就不平等了。在实施过程中，核心企业不为其他企业担保，是否会受到惩处？惩处的数量和依据从何而来？还有，核心企业自身的信用处在变化之中，企业经营失误、诉讼大案、违法违规都有可能使其陷入破产境地，哪里还有实力兑现承诺？每个企业都有自己的经营自主权，对于可能危害自身的行为，哪个企业愿意做？哪个企业领导敢这样做呢？同样的道理，金融企业也是企业，也应该为自己的经营行为负责。那种风险别人承担，自己稳得利益的企业，是没有人愿意与其合作的。

　　说到这里，不由得联想起 2005 年左右发生在上海钢材市场上的五家联保的做法，即市场内五家企业互相担保，一家到期还不上借款，其他四家负责偿还。看起来规避了风险，实际上积累了更大的风险。所以，企业之间的互相担保，不是一种好的制度设计，别人花钱我负债担责，许多企业是吃了大亏的。

（本节选自笔者 2019 年的报告）

第六章

现代物流体系：规划
与政策

# 第一节　优化城市物流体系

城市物流是我国物流体系的重要组成部分。城市聚集了我国大部分人口，聚集了工业、流通业、服务业，是工业品、农产品的主要消费地。城市物流"一头连着生产，一头连着消费"，不可有须臾的停顿。

随着城市的迅速扩张，城市物流体系的不适应性日渐显现。

（1）几乎各个城市都在扩建新区，一般情况下，新区面积大过老区。如陕西的西咸新区，面积 882 平方公里，兰州新区面积 1744 平方公里，天津滨海新区面积 2270 平方公里。原有的物流体系被打乱，仓储、货站、道路、铁路、码头、港口的布局需要重新规划。

（2）交通组织管理与需求不相适应。人口和建筑的聚集给城市道路通行带来拥堵、噪声，货车进城受到严格控制。货物供应不足会导致物价上涨，群众有意见。

（3）土地商品化，有偿使用，低端商贸和物流迁至更远的地方，使用价格更高的土地，利润越来越薄。税制改革也没能让物流企业减负。

（4）监管物流的政府部门多，政令和信息不能统一和互通，决策速度慢。

重建或优化城市物流体系建议如下。

（1）要解决城市物流体系的规划问题。物流规划应与城市发展规划相结合、与土地利用规划相结合、与交通规划相结合、与产业规划相结合、与环境保护相结合。2013 年 11 月 22 日，青岛经济技术开发区的东黄输油管道泄漏原油进入市政排水暗渠，在形成密闭空间的暗渠内油气积聚，遇火花发生爆炸，造成 62 人死亡、136 人受伤，直接经济损失 75172 万元。这是一起典型的物流设施与人居混杂导致的惨剧。2014 年 6 月 30 日，辽宁省大连市金州开发区的一条输油管线原油泄漏引发大火。这是建筑施工单位钻破管线所致。新的物流规划要采用国际标准，集约节约使用资源，使物流体系通达顺畅，留有发展余地。

（2）发展第三方物流，加快企业物流向物流企业的转换。多元化融合与专业化发展不可偏废。铁路运输企业应市场化，要和上下游企业充分合作，实现共赢。

（3）做好综合交通和节点建设。规划建设好物流枢纽设施和集疏运通道，实现多式联运。搞好物流园区和物流中心、货物集散和配送中心、末端站点布局配比。建立城市共同配送体系，包括末端共同配送、农产品共同配送、便利店网购自提、网购送货等。

（4）重点做好城市物流信息化工作，形成城市的大数据体系。

（5）建设城市物流的基础标准，包括物流设施占地面积，物流强度，物流设施、物流通道、综合交通管理标准，还包括物流行业的管理标准，如招商条件、服务内容、评估指标、评估程序、经营秩序、统计信息、土地管理、物业管理等。

城市物流体系极为庞杂，每个群体都有自己的利益关系，这就是很多好的政策不能落地的主要原因。比如，治理超载，只管运输环节，不管货运汽车改装环节，实在是本末倒置。

物流体系落后，会拖国家经济的后腿，并造成极大的浪费，如港口码头的过剩、道路交通的使用率低下、物流园区商业设施供大于求。

2015年1月2日13时，哈尔滨市北方南勋陶瓷大市场仓库起火，22时，仓库上部的居民楼坍塌，造成5名消防队员牺牲，14名消防人员受伤。该建筑于20世纪90年代建成，地面三层是库房和商铺，四层至十一层为居民住宅。仓库和商贸、居住设施混合，是灾难发生的首要因素。仓库是储存货物的场所，要远离危险源，远离人群，同时，仓库里储存的货物有可能发生自燃、泄漏，仓储作业和仓储设施的维修，都要与人群隔离，以免发生伤害事件。

应该建设一个什么样的城市物流体系，使物流能为城市服务，而不是带来灾难呢？第一，应当把物流当作基础性产业。城市装卸货站点、配送中心、物流中心是必备建筑，应给它们以单独的土地和空间，与居住区、商业区保持安全距离。第二，仓库管理要严格。一般认为，仓库是安全的场所，但如果仓库作业不规范，其就变成了最易发生事故的场所。近年来，仓库失火的案例不少，大都与违规作业、电线老化、使用大功率电器、动用明火、库区吸烟等有关。第三，政府部门要对城市物流安全实施监管。所有与社会仓储有关的设施都要登记造册，所有仓库都要通过相关的安全评估和检查，所有仓储建筑物都要与居住区、商业区保持安全距离，所有仓储区都要建设消防通道，并保持畅通。第四，部门协同，建立和谐顺畅的城市物流体系。城市物流一般涉及道路、交通管理、配送车辆、现货市场、配送站点等，分别归交通、交管、工信、商业、规划、城管等部门管理，应加强各部门的沟通与协作。

（本节选自笔者2014年的报告）

# 第二节 与中东欧合作的机遇与挑战

2015 年 11 月，在苏州召开了中国 – 中东欧 16 国首脑会议，各国共商发展大计。阿尔巴尼亚、波黑、保加利亚、克罗地亚、捷克、爱沙尼亚、匈牙利、拉脱维亚、立陶宛、马其顿（2019 年国名更改为北马其顿共和国）、黑山、波兰、罗马尼亚、塞尔维亚、斯洛伐克、斯洛文尼亚等国领导人出席。2016 年 3 月 28 日，习近平主席出访捷克，掀开了与中东欧合作的新篇章。

16 国紧靠亚洲大陆，国土面积 133.6 万平方公里，人口约 1.2 亿，2014 年 GDP 约 15491 亿美元。整体上看，这些国家有以下特点。

（1）国土面积不大，最大的是波兰，约 31 万平方公里，最小的是黑山，只有 1.39 万平方公里。单个国家经济结构不完整，必须与其他国家进行经济交流，互通有无。

（2）历史上存在战乱和分裂。"二战"后，中东欧的许多国家属于社会主义制度，计划经济的色彩浓厚。苏联解体后，一些国家加入欧盟，但由于历史的原因，融入的进度不是那么快。加上欧盟持续经济衰退，这些加入国得到的好处并不多。

（3）国民财富差距较大。2014 年，波兰的 GDP 为 5484 亿美元，马其顿 GDP 为 113 亿美元。人均 GDP 捷克为 18514 美元，斯洛伐克为 17688 美元，16 国人均 GDP 约为 13000 美元。

（4）经济部门门类偏重工业，机械装备、汽车、钢铁、有色金属、医药、石油、煤炭、机床、电子、数控等行业较为发达。匈牙利、波兰等国农业比重较大，农产品出口较多。

（5）人口质量较高。劳动人口的大多数受过高等教育或职业技能训练，工匠文化普及。但目前各国经济发展放缓，均有较高失业率，其中马其顿失业率高达 31%，波黑 27.5%，失业率较低的是罗马尼亚，为 7.1%。

应该从战略角度看中国与中东欧 16 国的关系。首先，中东欧是欧洲大陆相对落后地区，有较大的发展空间。2013 年，欧盟人均 GDP 为 34038 美元，而中东欧 16 国人均 13000 美元，有较大的成长空间。其次，中东欧是丝绸之路必经区域，中欧班列经过该地区抵达西欧，是理想的物流集散地和物流通道。保持与中东欧国家的良好关系，就保证了物流的畅通，还可以扩大当地的采购和销售市场。再次，中东欧地区相对于欧盟，存在较大的人口红利空间。该地区劳动人口约占 50%，工资水平和社会福利远低于欧盟。失业率高，易于招募工作人员和支付较低的人工成本，从而使产品具有竞争力。从次，商品贸易和服务贸易条件好。近年来，我国与中东欧国家的经济往来较多，与中东欧 16 国进出口贸易额由 2010 年的 439 亿美元增至 602 亿美元，增长了近 40%，中国企业在中东欧的直接投资总额也达到 50 亿美元。最后，中东欧国家正在经历欧债危机后的经济结构调整，基础设施急需升级换代，需要中国的资金和市场，而中国"一带一路"也需要找到中间站和着力点。

我国与中东欧国家的合作是多方面的。

（1）贸易。两地区产品有一定的互补性。我国可出口轻工业品如服装、鞋帽、农副产品、电子产品、家电、橡胶、焦炭等，进口当地的矿产、机床、农畜产品。

（2）技术合作。16 国的不少产品技术领先，尤其是在原社会主义体制下，装备机械、冶金纳米、发动机、船用曲轴、环保、民用航空、医疗和纺织机械等基础性产业基础雄厚。我国已有不少企业收购、参股当地企业，快速进入欧洲市场，2005 年四川长虹就在捷克投资建厂。

（3）金融合作。我国银行在当地设立分支机构，发行债券并开展人民币结算业务。

（4）物流合作。中欧班列的重要一站是波兰的罗兹市，从成都到罗兹铁路运输已缩短到 11 天，还有匈塞铁路、比雷埃夫斯港及中欧陆海快线，波罗的海高铁及农业园等一大批物流项目正在建设中。

据中国驻捷克大使介绍，目前中国企业对捷克的关注度很高，截至 2015 年年底，中国对捷克投资约 16 亿美元，捷克对华投资超过 18 亿美元。西安陕鼓动力股份有限公司收购捷克 EKOL 公司 100% 股权，总金额约 13.4 亿克朗（约 8 亿元人民币）。

（本节选自笔者 2016 年的报告）

# 第三节　落实规划　路途迢迢

2016 年结束，"十三五"规划期还剩四年时间。许多地方的物流规划已制定完毕，但还有些地区的物流规划尚在拟定之中。落实物流发展规划，路途迢迢。

落实规划的难点之一是认识不到位。许多人对物流与经济民生的关系认识不清，要么认为物流企业占地多、税赋贡献少，要么认为物流能解决当地发展的所有问题。

在规划执行中或者表现为对物流业不热心，或者对物流业寄予过高的期望。有的把国家物流费用占 GDP 的比重大等同于物流成本高，在规划中要求压缩成本。

落实规划的难点之二是需求预测。在经济增速趋缓的条件下，如何确定"十三五"发展的目标，如物流业增加值，货运量，吞吐量，物流设施规模、布局、结构、要素匹配关系等，是一大难题。

落实规划的难点之三是物流规划与其他规划脱节，未能形成有机整体，规划之间存在矛盾，冲突之处较多。

落实规划的难点之四是规划文本概念性理论多，实际操作性要求少。比如，规划中提出多式联运工程，落地的时候就要考虑选址、土地指标、功能定位、联运设施设备、运营主体等。

要落实规划，必须有切实的通道和措施。

（1）正确认识物流行业。物流业是基础性行业，没有物流业，就没有流通，生产生活就会中断。物流业发展了，能为当地的招商引资创造良好的环境，并支撑生产生活的正常运转，是不可或缺的行业。

（2）做好调查研究，这是最基础和最重要的工作。通过调研，分析物流业的现状，发现存在的薄弱环节和问题，找到未来五年物流业发展的方向、趋势、目标、任务，准确预测物流业增长速度、各产业产生的物流量以及对物流功能的需求。

（3）拟定各种实现规划的方案、路径、政策和措施以及评估规划成败的指标。比如，确定规划的统筹协调部门，做好上下位规划、平行规划之间的匹配和衔接；补齐缺项和短板规划，如物流枢纽规划（含五种运输方式和电力、电信管廊）、物流大数据规划（含物流信息平台）；把物流规划纳入城乡建设规划，使之成为城乡建设规划的组成部分，能有效解决多项规划之间的冲突和矛盾。

（4）做好各种平衡和要素匹配。做好区域布局、通道网络、节点安排、信息平台、技术装备、土地利用、绿色环保等物流体系建设。

（5）完善管理体制。比如，各部门协同，统一交通执法，解决乱收费乱罚款问题；统一城市配送车辆标准和标识，解决客货混杂、客车运货问题；建设城市物流末端站点，解决配送车辆城区通行、停靠和装卸作业难问题；建设公共型配送中心，解决各企业自我服务、效率不高问题；多规统筹、五证合一，减少重复审查；涉外贸易中工商、质监、食药监和物价部门"四合一"综合执法监管；等等。

（6）制定促进物流业发展的政策。当前的关键是激发物流企业投资、运营的积极性，减轻税费负担；优化经营环境，降低信用成本；通过树诚信典型、诚信评级、建立诚信档案、信息联网、奖惩结合、积累信用、契约式管理、信息化监督等方法，建设物流诚信体系；注重物流人才、团队的培养和建设。

解决以上所列工作中的共性问题，关键是方法论和"度"的把握。政府的主要职责是维护公平公正的秩序，解决公共性的矛盾和冲突。比如，既要招商引资，又要保护环境；既要激发企业活力，又要防止有人搅乱市场，损害别人利益；既要发展互联网金融，给民间资本出路，又要防止高利贷、非法集资，防止"庞氏骗局"敛财。

我国的物流业刚刚经历过十年左右的高速发展，虽然有一些成就，但基础还相当薄弱，在设施设备、运营管理、方式方法、抗风险能力等方面，还需要"强身健体"。城市的发展规划应格外关心呵护物流行业，创造良好环境，落实优惠政策，让物流产业具备走向世界、引领世界的能力。

（本节选自笔者 2016 年的报告）

# 第四节　重视物流体系建设

物流体系，是指货物从生产到消费全过程中，各种相关要素相互作用所形成的整体，包括采购、生产、运输、仓储、装卸搬运、配送等运转环节，也包括交易、中介、担保、支付、结算、融资、优化等商业行为，还包括道路、码头、机场、铁路、管道、电力、建筑等基础要素的使用。同时，还有政府、协会等机构的管理、协同，处理公共事务和提供法律、规范的支持。

物流体系具有整体性、复杂性、协同性。这是因为物流活动是由许多人和机构共同完成的活动，每个人完成自己的工作，所有人的工作形成了物流体系的整体。同时，在物流活动中，利益是所有当事人都关注的，许多当事人的利益交织在一起，决定了其复杂性。在所有活动中，大家必须按一定规则完成自己的工作，才能保证物流体系的存在和发展。

物流体系是有层级的。国家之间、国家内部省市之间和省市内部都存在自己的物流体系，通行着各自的规则，这是由资源、产品、需求、政策的不同决定的。物流体系还可分为综合物流体系与专项物流体系、局部物流体系与全局物流体系、城市物流体系和城乡物流体系等。物流体系的层级越高，复杂程度也就越高。一般情况下，层级低的物流体系要服从高一级物流体系。

近年来，国家和地方政府高度重视物流业的发展，各级政府把物流业当作当地的支柱性产业。各业界对物流产业表现出极大的热情，对物流的投资额急剧增加，机场、水港、公路、铁路、管道、物流园区、信息化等建设都在大规模进行。2016 年，我国高速公路和高速铁路里程分别突破 13.1 万公里和 2.2 万公里，比 2010 年分别增长 74% 和 163%，均位居世界第一。规模以上港口生产用码头泊位 18417 个，其中万吨级及以上泊位 2221 个，港口吞吐能力持续增强。民用运输机场 218 个，比上年年末增加 8 个。仓储业投资额 2012 年为 3166 亿元，2016 年为 6983 亿元，约翻了一番。

物流体系的构成要素很多，具体如下。

## 一、物流规划

物流规划涉及国民经济发展计划、城市总体规划、土地利用规划、交通规划、环境保护规划、产业规划等。物流规划解决的是物流服务需求与供给的匹配、物流业的结构和规模、物流设施的空间布局、城市公共服务网络、交通基础设施配套、物流安全和社会稳定等问题。做好物流规划的要点在于各规划之间的衔接配套，统筹协调，可行性、科学性、操作性、连续性要强。国家规划与地方规划要协调，相邻省区规划要协商，区域规划要服从国家规划。规划的原则是坚持供给创新、坚持需求引领、坚持产业集聚、坚持开放融合、坚持集约节约使用土地。物流规划今后将被纳入城乡建设规划。

## 二、政策

政府在政策制定和执行方面起决定性作用。政策的目标是保证物流发展中的公平、有序、安全。最新的支持新兴产业的政策原则是"鼓励创新、包容审慎"。政府管理物流活动的手段大致有三类：财政政策、货币政策、行政许可与监管。财政政策中，财政收入的税收和收费是主要部分。税收以税法为依据，通过税种的设立、税率的设定、起征点和起征时间的设定、减免政策来调节物流行为。比如，营业税改增值税，物流企业感到税负加重，经营意愿就会受影响。收费也是以法规为依据向企业收取，比如土地出让金，通过协议转让与招拍挂方式的区别，来显示政府的态度，再比如水利建设基金、城市基础设施配套费等。财政支出也可以调节经济，政府直接投资基础设施，可以为物流发展创造条件，对物流企业和项目的补贴、贴息可以起到政策引导作用，但过度补贴会延长"僵尸"企业的生命。此外，政府购买、应急救灾专项、转移支付、退税、税收返还，会从不同的方向影响物流业。

货币政策是调节经济的重要手段，国家通过货币投放量、利率的高低、优先支持等推动或限制某一行业的发展。问题是，物流企业融资难融资贵没有得到解决，借款利率常常超过 8%。高利息推动高成本，使物流企业的竞争力被削弱。

## 三、通道建设和交通管理

当前，我国的物流通道已基本完备，高速公路和高速铁路里程分别突破 13.1 万公里和 2.2 万公里，均位居世界第一。全国内河航道通航里程 12.71 万公里，规模以上港口生产用码头泊位 18417 个，其中万吨级及以上泊位 2221 个，民用运输机场 218 个。存在的问题是各种交通运输方式的匹配衔接不足，多式联运的条件不具备，海铁联运比例不足 3%。在城市交通管理上缺乏多部门协同，存在货运车辆进城难、通行收费高、超载超限严重、危险化学品运输事故多等问题。

## 四、物流节点建设

具体包括物流园区、物流中心、配送中心、配送站点、铁路货场、港口码头、航空货运中心、油气储罐、筒仓、普通与特种仓库等。物流节点建设在经过十多年的高速增长后，2016 年增速断崖式降低到 5.5%。2017 年 1—5 月仓储业投资 2203 亿元，增速 3.8%。物流节点建设要考虑的关键因素包括选址与规模、交通条件、占地面积、建筑面积、技术装备水平、投资规模、物流强度、市场范围、园内布局、标准等，还包括物流节点的互联互通及信息系统建设。对物流节点的要求是：设施设备标准统一、集约节约使用资源、参数经过实证研究。

## 五、物流信息系统

信息系统是由企业信息、行业信息、政府信息等组成的。先进的物流信息系统应符合以下条件：条码化管理、自动识别、无线传输、集成传感等物联网感知技术广泛应用；电子单证全面推广；仓储、运输、配送等业务信息系统集成；上下游、基地间信息透明共享，货物可在线跟踪，满足客户自动化查询需求；业务操作全流程实时可视、可控，为运营管理提供实时数据支持。当前的问题是信息不对称，当信息变为产品时更是如此。物流软件系统不通用，全国性物流信息平台迟迟不能建立，企业中，计算机管理的覆盖率不能达到 100%，等等。物流信息系统的要点：技术路线要正确、领先、适用，大规模应用才能发展；业务需求应放第一位，信息系统要服从于业务的需求；政府信息开放，尤其是部委之间的信息开放；业务及流程标准化，进而实现信息系统标准化，降低物流企业使用信息软件的成本。

## 六、物流技术装备

具体包括存储装备，如货架、库房、货场、消防装备、站台，装卸搬运设备，如叉车、取送机、门吊、桥吊、汽车吊、托盘、笼箱、周转箱、正面吊，运输配送装备，分拣和包装设备，如自动分拣机、机械手、机器人、包装机和包装材料。涉及设备选用，设施设备成新率、完好率、使用率、性价比、保养维护，包装模数，集装单元，装载加固，车辆尺寸，温控等级，搬运规范，消防安全等。

## 七、物流运营

物流行业的根本问题是运营，方向是提升物流企业供应链服务能力，发展嵌入式物流、集成式物流，产销物流一体、商贸物流一体，依托供应链、延伸产业链、创造价值链。不断创新运营模式、商业模式、盈利模式。物流业与制造业深度融合，包括采购和销售、入厂物流、生产物流、出厂物流、售后物流、加工（粗、精）、整理、包装与包装设计、优化仓储、优化线路、优化方案、优化流程、适应客户、引导客户、信息互通、提升功能等方面。

## 八、物流标准

物流标准是物流运行的基石，分为物流技术标准和物流服务标准。物流技术标准包括物品编码标准，物流模数标准，物流建筑设计标准，集装箱尺寸，物流术语标准，物流单证标准，物流标志、图示和识别标准，计量单位标准等。物流服务标准，包括各种服务流程、规范、评估、评价标准。我国已颁布的物流相关标准近 800 项。物流标准工作存在的问题是多个部门管理、制发标准存在矛盾冲突和不一致；强制性标准少，推荐性标准多；标准制修订单位的功利性，使标准掺杂企业或团体利益；部分物流标准缺乏实验实证。

## 九、诚信体系

诚信体系建设是一项长期的工作，通过树诚信典型、契约式管理加信息化监督、诚信评级、建立诚信档案、增加或降低查验频次、积累信用、信息联网、奖惩结合等多种手段建设诚信体系等。

## 十、绿色物流

未来物流将以绿色物流为目标，物流的要求转变为保证安全、品质、准时、新鲜度。绿色物流包括提高效率，减少排放，使用新能源汽车和动力、绿色环保包装，改善工作环境，融合生活、生产、生态等方面。绿色物流要符合最严格绿色消费品的国家标准的要求。

（本节选自笔者2017年的报告）

# 第五节　物流新政贵在落实

2017年，国务院办公厅颁发了《关于进一步推进物流降本增效促进实体经济发展的意见》（以下简称《意见》），一共27条措施，给物流行业带来重大利好。《意见》主要在降低物流行业制度性成本、改革我国物流管理体制等方面提出了多项政策。

## 一、《意见》要求深化"放管服"改革

《意见》对超载超限治理、规范公路运输执法行为、简化审批程序、提高办事效率等方面做了详细规定，有望解决长期存在的部门政策不统一、行政执法随意性大、乱罚款、货运车辆年检难等问题。制度之间要协同，车辆管理、运营管理、驾驶员管理、海关管理、城市交通管理之间的制度要相互配合。《意见》要求结合增值税立法，统筹研究统一物流各环节增值税税率，有望实现"统一物流业税率、降低物流业税负"的愿景。《意见》还要求做好收费公路通行费营改增相关工作，加强物流领域收费清理，包括港口、铁路、公路的不合理收费或过高收费，以及利用车购税等相关资金支持港口集疏运铁路、公路建设。实施"营改增"以来的物流业实际税负增加问题，最终有了可能的解决方案。

## 二、《意见》进一步明确了物流用地的政策

《意见》要求在土地利用总体规划、城市总体规划中综合考虑物流发展用地，统筹

安排物流及配套公共服务设施用地选址和布局，更为重要的是，要求确保规划和物流用地落实，禁止随意变更。这就保证了物流设施的相对稳定。《意见》还要求对纳入国家和省级示范的物流园区新增物流仓储用地给予重点保障，鼓励通过"先租后让""租让结合"等多种方式向物流企业供应土地。对利用工业企业旧厂房、仓库和存量土地资源建设物流设施或提供物流服务，涉及原划拨土地使用权转让或租赁的，经批准可采取协议方式办理土地有偿使用手续。《意见》指出要研究建立重点物流基础设施建设用地审批绿色通道，提高审批效率。这里的要点是将物流用地纳入城乡规划，优先保障国家和省级评定的示范物流园用地，鼓励使用存量资源发展物流，鼓励租地建库等，还要求政府部门加快办理土地使用手续。土地政策是由地方政府执行的，如何让政府把有限的土地出让给物流企业，还要有一些具体的办法，比如，科学地确定物流用地的规模、物流强度等。

## 三、《意见》提出要规范发展金融物流和物流金融

首先，对于物流企业发展中的资金需求，支持设立现代物流产业发展投资基金。其次，提出发挥物流企业的中介作用，鼓励银行业金融机构开发供应链金融产品和融资服务方案。实际上，物流企业参与金融产品的活动是支持金融业服务实体经济的重要保证。物流企业与实体企业的结合最为紧密，金融机构通过物流企业可以控制担保货物，从而增加借贷资金的安全性，是推行供应链管理，促进金融、物流、实体结合的最好手段。极为可惜的是，在上海的钢贸事件爆发之后，有关部门错误地把板子打在金融物流业务上，有的部门甚至下文彻底禁止金融物流业务。事实证明，金融业的不良资产率不完全是由质押融资造成的，也有管理制度、风控手段不完善，次级贷款增加，对实体企业认知不清等方面的原因。

文件的内容很多，笔者只对上述三个方面谈些个人之见。真正值得关心的是，这些政策如何落地。文件标题意在推进物流降本增效促进实体经济发展，但实际是要建设新的物流管理体系，把物流当作一个整体的产业来对待，给予物流业应有的地位。物流业是基础性战略性产业，应在国家级规划、土地、财政、金融、安全、国民经济运行的层面高度重视和通盘考虑，从落实国家战略的角度发展物流业。比如，"一带一路"倡议中，贸易与物流如何同时走出去，而不是贸易的单兵独进。

（本节选自笔者 2017 年的报告）

# 第六节　物流规划要到现场

　　2017 年年末，笔者和北京交通大学张晓东教授、研究生杨凯丽到俄罗斯符拉迪沃斯托克（海参崴）进行物流考察，颇有心得。最大的感受是：纸上得来终觉浅，物流规划需现场。

　　海参崴港是一个天然良港，水深 9 到 30 米，不淤不冻，是重要的物流枢纽。而海参崴又是俄罗斯远东铁路的起点，从此向西延伸 9288 公里，一直通到俄罗斯西部边境，连接了欧亚大陆，是俄罗斯太平洋舰队司令部的所在地，扼守远东。如此重要的城市，自然吸引着我国东北三省物流主管领导的眼光。十多年来，笔者看了不少的文章，都提到把海参崴港作为东三省的出海港，笔者也在地图上研究过该港，认同上述说法，并在一些场合引用。

　　2012 年，笔者有机会去该港考察，现场让人大吃一惊。原来海参崴港口没有腹地，码头上来是吊机，吊机后方是铁路线，铁路线后方是山体，山上是道路和居住区，绝无可能建设库房、堆场、装卸区，不可能承担东三省货物出海的任务。失望之余，不禁对东北物流通道有了深深担忧。

　　这次又到海参崴港，参观了其中一个客货混合的主要码头，2 个货船泊位，吊机下有一条铁路专用线，货场大约 2000 平方米，年货物吞吐量 15 万吨。海参崴港集装箱吞吐量为 60 万标箱/年。这更加强了笔者的判断，东北货物的出海通道必须另外寻找。

　　感悟之一，物流规划需要亲自查勘现场。地形地貌、水文气象、基础条件、建设现状、未来趋势等诸多因素都会影响规划。不可只听人言，只看材料就匆匆决策。笔者此前就一直相信海参崴港能承担我国东北地区货物出海的功能，不亲自来看，这个错误看法还会继续下去。由此推及一些地区的物流规划，缺少通盘考虑和全局谋划，土地规划与物流规划脱节，铁路、公路、港口、管道、空运各自为战，互不连通，均来自规划者的主观臆断。

　　感悟之二，物流规划要推演所有物流环节。物流是许多机构、人员共同参与的活动，虽有很多规则和标准，但仍然不够，尤其是新技术、新流程大量出现，需要各机构对接的地方很多，一环不通，整个流程停顿。据俄方介绍，他们的港口公司与我国一个地区接触十七年，却没有一项港口合作的项目落地。笔者认为，这有可能涉及两国的政治经济政策、海关双检的规定、企业管理的方式方法、货品货量及走向、对双方市场的影响程度、投资强度及股权比例收益分配。归根结底，利益是根本的决定因素，国家利益、企业利益、个人利益交织在一起，技术推演和利益推演结合考虑，会让决策更加复杂。因此，做物流规划和工业、贸易规划的不同，就在于要平衡更多参与者的利益。

感悟之三，海、铁、公联合运输是降低物流总成本的有效模式。因此，要尽可能创造多式联运的条件，促进多式联运的开展。铁路进港，一台吊车覆盖船、火车、汽车，海参崴港的设施配备给笔者留下了深刻印象。我们不应该因经济体量大而用骄傲的眼光看别人，他人值得我们学习的地方还有很多。要经常问自己，我国的资源是否可以支持全球第二的经济体量？是否在用优化的方式支持全球第二的经济体量？

感悟之四，物流规划要客观，尽可能贴近市场。中俄贸易中，中国对原油、木材的需求量大，并持续增加，而俄对中的日用品需要量在持续下跌。在口岸，能看到从俄回国的人员带回了许多食用油、鱼、肉、奶制品；在乌里扬诺夫的大型超市里，商品极为丰富，尤其是食品，质优价廉；海参崴圣诞自由贸易市场，繁荣程度不亚于我国的年集。面对这种情况，我们还能规划对俄的日用品物流基地、粮食物流基地吗？

最后一句话：要实事求是。

（本节选自笔者2018年的报告）

# 第七节  城市配送需要升级了

2018年，笔者受邀主持了一个以城市配送为主题的论坛。总体感觉是，城配行业发展迅速，新模式、新技术、新企业大量涌现，有效满足了当今城市物流的需求，是我国物流充满希望的行业。首先，城市集中了我国60%以上的人口、80%以上的社会商品零售额、90%以上的工业产品，是一个巨大的市场；其次，城市配送涉及的领域众多，包括城市交通条件、物流节点分布和建设、物流技术装备、信息技术和信息平台、配送车辆工具和监管体制等，是个非常复杂的体系；最后，相互关联而又相互竞争的企业，交织在一条条供应链相互交错的网络中，如何处理好权利和责任、利益分配、成本摊销、争议与冲突等问题，或许是城配最重要的工作，因为在现代经济中，任何一家企业都无法独立完成所有的物流活动。

城市配送涵盖生活和生产两大领域。生活方面最吸引人眼球的是快递行业，2017年快递量达到约 401 亿件。为满足快的要求，行业使用了最先进的物流技术。运送物品涉及吃穿用等。有的人终日不出家门，一切需要通过外卖来解决。生产方面包括零部件、办公用品、设备、原材料等。这个领域业务量巨大，只是距个人日常生活较远，虽有 10 万亿元以上的市场，但关注者不多。

城市配送的问题仍然是十年前的老问题，如货运车辆进城造成的拥堵、污染，车货匹配，城市交通管理与改装车的矛盾等。随着城市的扩张，城市配送也应该升级了。

（1）做好城市配送体系的顶层设计和规划。规划人流通道的同时规划物流通道，规划城市建筑的同时规划物流建筑，交通和物流节点的规划相匹配，过大或过小都会影响效率。规划千万不可随意变更，不断打补丁。

（2）采用现代科学技术和算法，规划好道路，并对配送线路不断优化，以降低成本、提高速度、减少拥堵，实践绿色物流。在货运量大的城市里，最好规划货运的专用道路。

（3）完善配送站点。以快递为例，其站点分为 5 级，即国家级、省市级、地区级、地段级和社区级，其布点的依据是业务量的大小、交通便利程度和成本高低。在城市的非中心区，修建公铁水空方式相互转换的站场，就像客运火车站那样，实现货物的大规模快速集散。在城乡配送最后一公里，最好修建公共分拣站点、取货点和储物柜。

（4）采用先进适用的配送技术装备。当前最需关注的问题是配送车辆车型五花八门。据有关专家介绍，仅电动货运车辆车型就有很多种，无法实现设施设备配套的标准化。2017 年，我国销售新能源货车 14.8 万辆，普遍存在着续航能力弱、电池寿命短、充电设备不足等问题。车内的集装化水平低，托盘共用推行艰难。机器人、无人机、无人车、自动分拣机缺少相应的标准等。

（5）网络平台和实体平台结合。当前，车货匹配和交易平台很多，许多网络平台依靠风险投资支撑着开发和运营。网络平台间的竞争也很激烈，规模小的平台向大的平台靠拢，但往往被大平台攫取了车货信息后失去发展机会。实体平台投资大，负债多，经营艰难，无法形成全省、全国的业务网点，需要不同投资主体之间联合，在加盟、垂直、OTO 等模式之间艰难选择。

（6）建立良好的企业运行机制和正确的企业目标。笔者考察过许多物流企业，它们拥有很好的硬件条件，却始终在谷底游荡。城市配送企业应该以人为本、以物为本，不可盲目跟风，不可乱提飘在空中的业务口号，不可上下通吃。准确地把握最基本的经济规律，从利益分割的角度设计自己的业务模式，给合作伙伴留下发展空间，才能建立行业的生态体系。新业务方案实施之前，要做好推演，一个一个环节地梳理，一张一张单证地流转，财务、法律、风控等部门都要参与模拟运营。

（7）要走共同配送的路。每个城市的配送公司都要建立最后一公里的体系，但是土地资源、店铺资源、道路资源、车辆资源是有限的，成本一高，利润就低，共同配送势在必行。快递公司接货独自进行，但送货可以委托一家公司完成。关键是要建立各家认可的业务标准，承诺不互相挖客户即可。

供需在变，市场在变，城配服务也要变。专业化、综合化，提档升级，相互协同才能提高我国城配水平。

（本节选自笔者 2018 年的报告）

# 第八节　南向通道建设问题

2018 年 9 月，笔者在遂宁参加了以"南向通道建设"为主题的高峰论坛，10 月又读了中国交通运输协会多式联运分会秘书长李牧原的文章，再加上 2014 年、2015 年笔者对老挝和柬埔寨两国的考察，南向通道的概念逐渐清晰起来。

如李牧原所言，南向通道是中国西部联通东盟地区的国际陆海贸易通道，承载着贸易、物流、资源开发、民众往来、合作共赢的一系列重任。南向通道建设的重点是成渝地区和北部湾地区，这一段如同一条主轴，向北连接亚欧大陆桥，与丝绸之路经济带联通，向南通过北部湾与海上丝绸之路衔接，在重庆与长江黄金水道衔接。这种轴辐式的网络结构，勾连的经济合作区，包括了中国西南、西北地区、粤港澳大湾区、东盟，中亚，中东和欧洲地区。打通这条通道，是相关各国领导人关注的事。早在 1992 年，我国就做出"要充分发挥广西作为西南地区出海通道的作用"的战略部署。2002 年 11 月，《中国 - 东盟全面经济合作框架协议》签署，2009 年 7 月，国家提出把云南建成我国面向西南开放的重要桥头堡。一系列的决策加快了南向通道的发展，北部湾港口迅速崛起，各种自贸区、工业区、保税区设立。2018 年以来，除广西、云南之外的四川、重庆、陕西、青海、宁夏、甘肃、新疆都表示要加入南向通道建设。

笔者认为，南向通道的重要性怎么评价都不过分。一是中国有 14 个陆上邻国，陆地边界长 2.2 万公里，主海岸线 1.8 万公里。"邻居"的安全和发展与我国息息相关，我们没有理由不关心。二是东盟是中国的重要贸易伙伴。2017 年，与中国进出口贸易总额排名前三的有欧盟 4.17 万亿元、美国 3.95 万亿元、东盟 3.48 万亿元。2018 年

1—9 月，排名前三的有欧盟 3.2916 万亿元、美国 3.0644 万亿元、东盟 2.8172 万亿元。三是东盟地区是投资的热土。该地区有着丰富的矿产资源、农业农产品资源和人力资源。东盟人口约 6 亿人，66% 处在 15～64 岁，劳动人口约 4 亿。国际大企业纷纷在东盟设厂，其中包括从中国转移出去的企业。四是东盟各国是法治国家，投资、财产、经营活动受法律保护，不会因人员的变动而变动。

不过，东盟也存在一些问题，这些问题不利于南向通道的建设：一是东盟各国经济发展水平不一，基础设施匹配度不够。道路、桥梁、铁路、港口码头等基础设施水平较低，不能适应现代物流发展的需要。山高林密，地形复杂，炎热多雨，基础设施投资额大，而且这些国家的投资能力、建设能力、负债能力相对较弱。柬埔寨国土面积约 18 万平方公里，急需高速公路和铁路来贯通南北。二是社会、文化政治制度和习惯不同，对美好生活期望的标准也不同，如果不等民众的认识到位，贸然投资，就会引起警惕、戒备，甚至敌对情绪。我国的一些项目被终止、取消的原因就在于此。

建设南向通道，要做好以下工作。

（1）要做好整体的长远规划。通道的内涵、范围、目标、市场定位要清晰。无论如何，几个省争当中心是不行的。要做好市场调查、总量预测、行业分析、成本分析、业务形态研究等，不能盲目决策，要与各国的商业习惯融合，要制定跨区域协调的机制和规则。

（2）各相关国家、省市要注重通道的经营。中国境内运输通道已基本建成，铁路、公路、口岸、园区、码头等基础设施也基本完成，要等待对方国家的回应和建设。要研究通道如何经营，比如国家之间的分工、各省区的协作、资源的开发利用、费用的分摊和收入的分配、税收和财政政策的一致性等。如果大家都想让货物在自己的土地上停留，结果就可能会延缓通道的通行速度。

（3）要有足够的耐心培育市场。双向流通，物流设施使用起来才有价值。因此要做好贸易通、信息通、设施通、管理通，贸易是源头，有货物买卖才有物流。买卖对象、买卖数量、货物品种结构、时间分配决定物流设施的规模和形制。总之，南向通道的建设要吸取中欧班列经验，先通后链，先出后进。先通就是先走通，走通才能证明可行性；后链是在通的情况下，链接更多的线路、更多的城市，流通更多的商品。先出是把中国的商品运出去，打开市场；后进是购进国外货物，引进国外投资。

（4）建立国际诚信体系。多变的政策是不可能赢得客户的信任的。税费比例、税率、起征点、征收时间、减免优惠等一旦确定就要信守承诺。政府的一次失信，可能会让企业避而远之。

（本节选自笔者 2018 年的报告）

# 第九节　物流政策当如是

在物流业的基础性战略性地位确立之后，物流政策也多了起来。如果以 2009 年发布的《物流业调整和振兴规划》为开端，到目前（2019 年），国务院和各有关部委发布的物流文件已有 100 多个了。这些文件，确立了我国新时期物流业的政策体系。所谓政策，即治国理政之策，是观念、原则、目标和手段的统一。我国的物流政策是以提升物流效率、降低物流成本、支撑国民经济稳定持续增长为目标的。

我国的物流政策大体呈现以下特点。

## 一、层级性

物流政策分为国家级、部委级、地方级三大类。国家级物流政策着眼全局和长远，确定方向和重点，比如，国务院发布的《物流业发展中长期规划（2014—2020 年）》《关于进一步推进物流降本增效促进实体经济发展的意见》等；部委级政策一般是本部门职责范围内的物流政策，比如，商贸物流、电商物流、快递物流、港航物流、物流税费、交通运输、医药物流等政策，是由各相关部门分别发布的；地方级物流政策是省市政府制定的适用本地情况的物流政策。

## 二、协同性

物流运动是横向的，如制造业物流从采掘到冶炼、轧材、加工、销售等阶段都有物流活动，而部门设置是纵向的，如工商、工信、商务、交通运输、规划、建设、国土、标准、海关、财政、税务、金融等，部门政策必须协同一致才能发挥作用。这就容易出现十几个部委联合发文的情况。同时，物流的各相关环节之间，如仓储、运输、货代、信息、设备、供应商、承运商也需要协同，一个环节梗阻，物流运行就会中断。

## 三、灵活性或变通性

我国疆域广阔，与外国物流往来众多。如果只有一个标准一个模式，就会制约物流的发展。发达国家现代物流发展早于我国，许多物流规则是他们制定的，如车船标准、货代规则、海关惯例、单证要素等，我们的政策体系要想与外国对接，就必须有一定的灵活性。

那么，我们需要什么样的物流政策？

（1）政策要有针对性，对现状和问题的分析要准确。这就需要做大量的调查研究和科学的分析判断。问题抓得不准，"药方"自然不灵。十年中出现过几次发布政策后即暂停执行的情况，其主要原因就是政策脱离实际，其后果是有损政府部门的形象和权威。

（2）物流政策要可以落地。文件中的观点、理念、原则都是重要的，对统一思想有很重要的作用，但通篇都是理论时，就不是政策而是理论文章了。财政部和国家税务总局发布的《关于物流企业大宗商品仓储设施用地城镇土地使用税政策的通知》、国家发展改革委等部门发布的《关于加强物流短板建设促进有效投资和居民消费的若干意见》以及交通运输部等部门发布的《关于进一步鼓励开展多式联运工作的通知》，之所以被业界欢迎就是因为政策内容可以落地。

（3）物流政策应当减少补贴、贴息、优惠等内容。在推动一项产业由小到大发展的过程中，给一些特殊优惠引导是应该的，但如果用作吸引力来推动政策的执行就有问题了，因为不仅不公平，还不可持续，甚至会产生寻租问题。在现实中，获得补贴要经申报、推荐、评审、核准、公示、发放等环节，形式上是公平公正的，但只要有一环是虚假的，就不能实现公平公正。

（4）减少一些以示范、试点、重点等名义进行的评选，各部门、协会授予的称号、名头一多，其宣传效力就锐减。

（5）建立部门主管负责制。十几个部门联合发文，一方面反映各部门的共识和重视，另一方面也显示行政效率不高。制定政策只是第一步，落实政策、评估政策、修订政策更重要。

（6）物流政策要有预见性，尤其是不要等到负面效果出现后才定政策。互联网金融、供应链金融和质押融资是物流企业参与金融产品交易的业务，但对这类业务的规范指导却迟迟缺位。

对物流政策的思考，似乎还可以有更重要的内容。

（本节选自笔者 2019 年的报告）

# 第十节　期待物流政策落地

2019 年的政府工作报告中提到不少物流政策，包括取消高速路省界收费站、增值税从 10% 降为 9%、降低一批铁路港口收费、优化营商环境等。对小型微利企业年应纳税所得额不超过 100 万元、100 万元到 300 万元的部分，分别按 5% 和 10% 缴纳所得税。大幅放宽可享受企业所得税优惠的小型微利企业标准，纳入调整范围的受益企业达到 1798 万户，占全国全部纳税企业总数的 95% 以上。以上都是发展物流业的重大利好。如果以 2009 年发布的《物流业调整和振兴规划》为开端，到 2019 年，国务院和各有关部委发布的物流文件就有 100 多个了。2019 年的政策无疑是分量最重，惠及最多的。

过去，物流政策涉及物流行业的方方面面。比如，物流产业规划、物流空间布局规划、物流降本增效促进实体经济发展的意见、长三角物流协同政策、"一带一路"物流政策、商贸物流、电商物流、快递物流、港航物流、物流税费、交通运输、医药物流、国际物流等，以及省市政府制定的适用本地情况的物流政策。

但是还应该看到，也有个别物流政策文本空洞无物、内容重复、脱离实际、无法落地等。这里有人为因素也有体制因素：人为因素是文件起草人对物流行业不熟悉，文件中的物流术语未能形成有机整体；体制因素是有的文件常常是为了落实上级的文件而出台的，融会贯通结合实际的少。

那么，需要什么样的物流政策？一是政策要可以落地，二是政策要减轻企业税负。要落地就要具有针对性，对问题的把握要准确。问题抓得不准，"药方"自然不灵。物流政策应当减少补贴、贴息等内容，让市场充分发挥资源配置的作用，减少政府干预，减少多头检查和重复检查。还要减少一些示范、试点、重点等的命名，上面千条线，下面一根针，多个部门、协会授予的各种称号，其宣传效力在日益锐减。建议物流政策的发布施行进行部门主管负责制。谁主持制定的政策谁负责协调和落实，并且要坚持评估、修订。所有的物流政策都集中在许可、禁止、秩序、利益分配几个方面，政府有权采取任何措施干预经济活动，但当这个措施阻碍经济发展、束缚企业积极性的时候，也要承担由此而引起的后果。有的物流政策能不能落地，还要看地方政府的具体情况和规定。比如，政策要求给予符合规划的物流园区优先供地，地方说没有土地指标，这项政策就难以落实。物流政策还要有预见性，该刺激时要刺激，该抑制时要抑制，财政、税收、货币、行政四大手段要收放自如。国家政策宽松了，物流企业应当乘势而上，用足用好政策，推动物流产业的发展。

（本节选自笔者 2019 年的报告）

第七章

电商物流与物流智慧化

# 第一节　物流是电子商务的基础

## 一、电子商务的历史沿革与现状

电子商务发展于 20 世纪 90 年代中期，随着计算机技术的发展，人们开始使用计算机处理商务文件和从事商务活动。互联网技术的普及，为电子商务尤其是电子交易提供了网络技术支持。期货交易、证券交易是电子交易最典型的使用范例。

1995 年至 2001 年，是电子商务风起云涌的时代。电子交易平台缘起于三条线：一是 IT 人士为寻找 IT 应用途径而创立；二是一批早期从事期货交易业务的人士，在交易所大量裁并之后，寻找类似的期货交易模式而创立；三是实业界人士为提升交易水平而创立。

中储在 1995 年也曾探索过电子商务的项目，花费了大量的时间、资金，但都没有取得应用性结果。一是经济环境不成熟；二是技术条件不全具备；三是支付手段不安全、不配套；四是电子交易尚缺乏物流的支持。

2001 年，网络泡沫破灭，电子商务陷入低谷，一大批网络企业因此破产、转行。2004 年以后，电子商务又渐渐兴盛起来。阿里巴巴、当当、易趣、卓越等大批公司成功创建了新的业务模式，获取了资金支持，也得到了网民的认可。2008 年网上购物交易额为 1257 亿元，比上年增长 125% 以上。

电子商务几乎渗透到每一个角落：农产品、有色金属、钢铁、石油、化工、家电、食品、书籍、文具、服装、儿童用品等，快递铺天盖地。呈现以下几个特点。

（1）电子商务的生存条件在于商品可以通过互联网进行交易，从而降低交易成本。

（2）网上交易的主要方向从卖方转向买方。因为同类商品的供应商非常多，寻找买主是最困难的。

（3）物流是完成最终交易的关键环节，而物流市场日渐成熟和守信。

（4）支付手段日益完善，金融电子化使网上支付极为方便。

（5）信息技术的发展，使查询、追踪、反馈、单证流转、合同生成、认证更为便捷，使交易更加可控。

## 二、电子商务平台的类型

电子商务平台有多种类型：一是只做平台不做交易。这类平台大多是政府背景，其功能是为企业提供宣传、信息技术服务，如中国国际电子商务网就是商务部下设的门户网站。二是既做平台又做交易支持，如阿里巴巴，网民可以在网上发布买、卖信息，自由成交，送货上门，货到付款，还可以在网上开设店铺，提供在线支付的便利。2009 年，淘宝网大约有 7200 万个注册用户，其中 130 万家卖家，每天新增会员 10 万人，其主要收入为广告收入。淘宝商城引入名牌企业，要求每家企业每年网上交易额最低为 300 万元，商城按 3% 提取费用。三是做平台兼做中远期合约交易。如我的钢铁网、上海大宗钢铁电子交易中心、广西糖网、南宁大宗商品交易所、宁波大宗商品交易所、金银岛网交所等。四是做平台兼做现货交易，如上海中联钢。

## 三、法律依据

电子商务，尤其是电子交易，主要依据《中华人民共和国合同法》《期货交易管理条例》《中华人民共和国电子签名法》，商务部的《商务部关于大宗商品交易市场限期整改有关问题的通知》《商务部关于促进电子商务规范发展的意见》《关于网上交易的指导意见（暂行）》等开展业务，而远期合约交易则是依据国标《大宗商品电子交易规范》开展业务的。

国家发布的《期货交易管理条例》中规定：禁止变相期货交易，但这个条例受到很大挑战。原因为：一是期货品种少，把大量的商品排除在外；二是垄断性，期货仅操纵在几家交易所手上；三是投资于远期合约的人士较多，愿意进行套期保值和价格发现的探索。

## 四、商业模式

电子商务平台的商业模式如下。

### 1. 信息服务

一是买方、卖方都可以在平台上发布信息，平台运营商将会根据情况对发布信息收费；二是平台提供商情报告、形势分析、价格、供给、需求、政策等信息，有的收费，有的则为提高访问量而不收费；三是为交易双方提供企业信息咨询服务。

### 2. 交易服务

为买卖双方提供交易撮合，签约，格式电子合同认证、存档，拍卖等服务，按交易额的数量收取一定的费用。

### 3. 支付服务

电子商务平台与结算银行相连，为交易双方提供电子支付便利。电子商务平台成为中介，买方未收到货，平台不向卖方支付货款；买方未交付货款，平台不发提货指令，从而解决了货、款的安全问题。

### 4. 物流服务

交易完成后，委托平台寻找或由平台充当物流商，完成货物的交付。

### 5. 融资服务

买方和卖方均可以在库商品出质，以平台为中介，向银行申请融资。

### 6. 中远期交易

这种交易类似期货交易。企业要进行中远期交易，需在交易平台（市场）申请交易席位。通常要交付席位费。交易特点如下：一是仓单与实物分离，进行仓单交易。卖出方把货品存入交割库，库方开出仓单，该仓单在交易中心注册后即可进入交易。这种交易与期货的区别在于有实物做保证，仓单可以反复交易，而实物无须移动。二是交易与交割分离。一张仓单从初始进入市场到提货，往往有 1～3 个月的时间。在此期间，仓单可被炒来炒去，这就给投机带来了空间。最后的仓单持有人实实在在要交割货物，赔与赚，全靠当事人的判断。三是交付保证金，作为守约的保证。

电子商务平台运营商可以获得的收入是交易手续费，从量或从价收一定比例的费用。交易次数越多，收取的手续费越多。

综上所述，电子商务平台收费的项目为：席位费或摊位费、手续费（交易和交割）、网络服务费（软件使用、结算、广告、信息服务、商情报告等）、物流服务费（仓储、运输、质押监管、短信、追踪、查询）、征信服务费（信用评估、企业资质咨询、合同公证）等。

具体费率和数量，要看需求程度而定。总的来看，收费宜以量大取胜，低费率、大规模、多品种是成功的关键。

## 五、影响电子商务和电子交易发展的主要因素是物流

在电子交易的技术障碍解决之后，物流就是完成交付货物的关键。当前许多快递公司与交易网站合作，开展网上交易后的送货业务。还有一些足够规模的网站，设立了自己的配送中心。一些大型物流公司将网上购物配送正式列为业务模式，如德邦物流，开通海宝网上的全国服务，10 个月来，网上营业厅收入达 4873 万元。

网民个人的网上购物，普遍采用网上下单、货到付款方式，对于买者来讲比较安全，

但也存在质量不符、延迟送货等问题。对于卖者来讲，货款能否及时足额收回，货物是否丢失、破损，物流公司信用是否可靠等都存在不确定性。对于物流公司来讲，货量是否足够规模、营业成本能否下降，以及货物运送中的风险等也是需要认真考虑的。

过去，电子商务和电子交易出现过不少大案，这些大案基本上分为两类。一类是电子交易市场的经营者，用虚假的仓单作为交易标的，人为控制交易价格，欺骗交易者不停地炒买炒卖，收取保证金和交易手续费，等到糊弄不下去时，卷款逃跑。曾发生的有关华夏商品交易所、华远网、海南橡胶网、广西糖网等的案件，使交易者血本无归。另一类是交割库经营者，出具虚假仓单，私卖货主货物。某交割库 1999 年虚假仓单案、2007 年虚假仓单案、2008 年天津中盛粮油案等，给交易所和存货人都造成了巨大损失。

由此可见，电子交易离不开坚实的物流基础。还是那句老话，不论交易方式如何变化，物流总是要把货物送到应去的地方。

物流企业和电子商务运营商都要诚信经营、合法经营，不可损害客户利益。挪用保证金、不按规则交易、出具假仓单、盗卖存货人货物的行为应杜绝。此外，物流企业和电子商务运营商应建立共同的数据库，在交易双方信息、货物信息、结算信息、交割信息、物流服务信息等方面，实现无障碍互通。

## 六、电子商务与物流服务集成平台的功能

电子商务与物流服务的集成平台，是连接两大领域的综合平台，应该具有以下功能。

### 1. 为所有与电子商务和物流有关的人员和单位提供一个信息交流的平台

实现有关当事人之间的无纸交流、快速交流和有效交流。避免了纸质交流中可能发生的丢失、人工浪费问题，大大提高了工作效率，开阔了视野，丰富了信息量，降低了寻找交易机会的成本，增强了客户全程掌控的能力。

### 2. 具有商品交易和物流交易的功能

网上交易可以降低交易成本，增加交易的安全度。由于物流和商品交易同属一个平台，使全过程完成交易活动有了更大的保证，还由于这个平台与银行系统连接，使得交易结算极为便捷。

### 3. 具有诚信保证功能

在这个综合平台上，物流企业不仅仅是服务者，也是中介人。对买者来说，货款先进入综合平台，货未发出不转货款；对卖者来说，货物发出即可得到货款，解决了"货到付款、款到发货"的矛盾。

同时，还能为客户提供交易对方的基本资料信息和电子交易证据保全服务。

### 4. 为小企业提供企业管理软件

对于一些规模较小的贸易、物流企业来讲，建设 ERP 系统既不经济又无可能。综合平台可以为其无偿提供实用的企业管理软件，包括办公自动化系统、人力资源管理、生产管理、设备管理、购销管理、邮件管理、信息管理、门户网站管理等。企业无须购买 ERP 软件，也不必设专门的计算机管理人员，日常的维护由综合平台来做，只交付服务费即可，可以节约大笔投资。

### 5. 为国家部门和企业高层提供决策支持

大量、真实、即时的信息，可以反映市场走向、价格涨跌、供求关系、发展规律，是一笔宝贵的资源。

（本节选自笔者 2009 年的报告）

# 第二节　电商平台的发展与困境

电商平台有不同的分类方式。按服务领域，可分为生活服务型和生产服务型。生产服务型平台有三类，第一类只提供信息咨询服务，第二类提供信息咨询和交易平台服务，第三类提供信息咨询和自营商品买卖。第二、第三类是大多数。

平台的传统业务一般有信息咨询服务、交易撮合服务和集合采购服务。从业务方向上看，又分为采购方向和销售方向。采购方向的主要工作是供应商评估和准入、管理，交易秩序维护，买卖双方的信用监管和保证中介公平。重点在于供应商的动态信息的真实取得、交易价格的确定、产品质量的认证和便利性、合格供应商和合格产品数据库的实时性、供应商的评估指标体系的科学性、采购流程的标准化水平、相关企业的信息化水平、付款方式的确定和尾款的回收等。有的平台采用等级评分法，即设若干指标及权重，把供应商分为若干等级发布出来。这种方法简洁，但掩盖和冲抵了企业的某些长项，而这些长项正好是一些客户所需要的。故供应商把评级制改为全景视图制，即全部列出供应商的各项评估指标，以供选择。传统平台的商业模式一般是收取会员费、席位费、交易佣金、信息费等。在过度竞争的情况下，很多项目是免费服务的，少数实力强的企业只要流量，为的是取得数据和信用业绩。

近年来，电商平台业务向多元化高精尖发展。主要表现为：加入了金融服务和物流服务功能。

（1）引入支付和结算功能，以取得现金流和沉淀资金。现金流会得到银行的重视，获得直接授信或间接授信。沉淀资金会产生存款利息和投资收益。提供支付服务时平台会收取费用，而提供结算服务时不收费。

（2）开展票据业务，交易中产生的商业票据和银行承兑汇票，一般是线上设票据池，线下收集票据，做一些供应链融资业务。在资金紧张的情况下，平台企业还进行票据贴现业务。

（3）保理业务。平台业务量增大之后，银行就会介入，对供应商的债权进行保理。前提是平台要保证交易的真实性，用什么保证？用交易合同、仓储环节的货物、往来单证（仓单、发票、质物清单）等。

（4）征信业务。平台常常被要求提供交易商的征信信息，平台则提供形式认证，即提供营业执照、代码证、税务登记证、历史交易数据、诚信记录等。

（5）代理业务。代理分销、代理采购、代理支付。当平台的信用达到一定级别之后，这些业务均可使用银行资金，平台的基本职能是保证货物的真实存在。在有的地区，平台实际上是担保人，银行只认平台担保就放款，但利率高达18%以上，实际上是在赌事故概率。

（6）与保险公司合作。购买保险公司的信用保险，一方面增加一道安全审核与风险分担机构，另一方面加强内部人作案的风险防范。广东顺德地方政府拿出3000万元购买信用保险，顺德地区企业跑路，由保险公司赔付损失。前提是交易要上平台，线下交易的，无政府保险赔付。欧浦的经验是，不做市商，公告之后做销售代理，平台不融资，协助银行处理货物，做好智能化库存，保证货物安全。

（7）制定强制性标准和提高技术手段。比如，广东省规定医药结算账期最多60天、欧浦仓库全信息化管理、建立电子结算系统等。

（8）开展电商网银业务，跟单融资、按日计息、短期使用。

当前，电商交易平台在生活商品交易领域获得了突飞猛进的发展，但在大宗商品领域很难取得突破。分析下来有以下几个原因：一是生活品的购买者是个体，个体需无条件服从电商平台的交易规则。统一的规则容易实现标准化、信息化，从而降低交易成本。大宗商品交易者的交易规则相对复杂，不易形成统一规则。二是大宗商品批量大，动用资金多，面签合同和传统支付方式更为安全。三是贸易商要保障自己的财务、客户和渠道的机密。因此，尽管大宗商品电子交易平台已有千家，但鲜有做得好的。

一些平台已经在大宗商品电子交易方面取得突破，其主要经验是建立了资源商、贸易商、最终用户、物流企业、金融机构等之间的良好生态体系；建立了方便简洁的交易规则和交付规则；建立了便捷安全的融资、结算体系；建立了良好的诚信体系。

企业电商和电商企业不同，必须以公平、公正的原则对待所有的平台交易企业，不可对己宽、对人严，搞双重标准，更不可渠道短路，近水楼台。在新常态的环境下，降本、提质、增效是企业生存和发展的根本，电商交易平台只有帮助企业做好这些，自己才能得到发展。

高端电商交易平台也存在一些问题。

（1）做市商的平台不易得到客户的信任，始终做不大或不能赢得本企业圈子以外的客户，客户主要担心业务短路，被市商平台夺走渠道。

（2）只有信息服务的平台容易被取代。拥有产品和实体的企业进入电商要比纯粹的电商进入实体和生产产品容易得多。所以才有阿里巴巴与中铝的合作。

（3）所有电商交易平台都把盈利点放在金融业务上，甚至出现一批类金融或准金融平台。泛金融化会搅乱金融市场，就像上海钢贸事件搅乱了现货质押融资、泛亚搅乱了电商平台、P2P 和 e 租宝搅乱了互联网金融一样。

笔者认为，当前电商平台是电子交易、物流服务和金融服务的统一平台，三大功能缺一不可，其商业模式向着整体盈利的方向发展，应加强企业电商和电商企业的发展趋势研究，京东模式、阿里模式、苏宁模式、格力模式、欧冶模式谁更强，未有定数。平台是专业化还是综合化？目前看专业化似乎更好些。

（本节选自笔者 2016 年的报告）

# 第三节　关于智慧物流的讨论

2017 年 11 月 25 日，在中国物流学会年会上，"智慧物流发展战略与政策研究"课题组介绍了课题进展情况。课题组对智慧物流的定义是：利用服务于智能化的技术与方法，使物流系统中的个体与总体具有思维、感知、学习、推理判断和自行解决物流中某些问题的能力，有效地与其他经济与社会系统实现沟通与合作，并最终服务于整个经济社会系统的最优化发展。

"智慧"一词风靡全球，智慧互联网、智慧供应链、智慧城市、智慧地球、智慧物流园、智慧物流等词不断出现，但什么是智慧？通过专家们的介绍，笔者梳理出了有关智慧的关键词是：感知、判断、决策、执行、学习。感知就是捕捉信息，信息包括数据、温度、条码、指纹、面孔、DNA 等，感知的深度、广度、速度是现代科技竞争的领域。判断就是信息分析研究，找出信息代表的实质内容，判断的准确度、及时性、全面性是其主要特征。这个阶段，要求系统能找到信息与事物之间的关联，以及了解对事物会产生什么样的影响。决策就是在判断信息的基础上，做出应对的措施、方案，在授权的范围内做出决策。执行就是自动把决策落到实处。这两个阶段的要求是把所有风险全部消除或减少到最低限度。学习是智慧化的最高境界，系统能主动学习新的知识，甚至创造新的语言和有思维能力，能出现新的功能和生产新的产品。有专家介绍，"AI 医生"读病人透视片的速度和准确度高于医师，智慧机器人可以 3 分钟做完四川省的高考试题，而高考状元则需做 90 分钟。

笔者曾经写了一篇文章，认为智慧物流发展的速度很快，主要表现在货物装载、车货匹配、线路优化、货物追踪、货物查询、导航引导、送达交接、支付结算、自动存储、分拣（语音拣选、灯光拣选、交叉分拣、货到人）、扫描、包装、（AGV 小车、穿梭车）装卸搬运、堆垛机、加工装配（机器人、机械手）、输送机、温控自动作业、远程控制、无人机巡查盘点等物流业务或设施设备方面。

除此之外，智慧物流还必须与其他的系统连接，实现融合化和协同化。其主要包括物流与制造、商贸、金融以及其他服务业的融合；全行业全流程协同，园区互联互通、信息共用；部门之间协同，如土地、税收、商检、通关、外汇管理等部门的协同；物流业与制造业、商贸业、采掘业、建筑业等行业协同。国务院《新一代人工智能发展规划》一文要求：完善智能物流公共信息平台和指挥系统、产品质量认证及追溯系统、智能配货调度体系等。

笔者在主持的一场智慧物流沙龙上向嘉宾提出 4 个问题：一是机器取代人力的条件和后果是什么？二是智慧物流与装备生产能力不足的问题的解决方案有哪些？三是新时代智慧物流的人才培养如何进行？四是国家应该有什么样的政策导向？之所以提这样的问题，是因为智慧化实际已成为国际竞争的焦点领域。明白这一点，就会明白日本企业为什么几十年如一日研发机器人，发展自动化仓库，哪怕其中的很多产品无实际使用场景。

专家们认为，不要过分担忧人力会被机器取代，人永远是第一位的。机器人可以高效率、可靠、连续、低成本地工作，被替代的人力可以从事新出现的工作。产业规划和政策在行业发展中有重大作用，我国的高铁行业领先全球，但汽车行业仍然过多依赖国外，两个行业发展的不同道路说明了产业规划和产业政策正确与否，会有两种截然不同的结果。在智慧化的进程中，市场需求起决定作用。电商和快递业的超常发展说明，14 亿人的需求是行业发展的动力之源。智慧物流发展要循序渐进，阶段可以缩短，但不可跨越，否则基础不牢。政府管理方式要尽快改革，提高"放管服"的水平，要有支持智慧化领域创新创业的政策。智慧化要求人才的知识、能力、结构发生巨大变化，跨界学习成为必然。学校应尽早设计新的学科规划、进行课程建设和准备师资力量，迎接新智慧化时代的到来。

（本节选自笔者 2018 年的报告）

# 第四节　电子商务如何与物流链接

本节内容写于第二次电子商务低谷时期。

电子商务离不开物流，这已经成为越来越多的人的共识，但由于两个行业在产业链上相距较远，熟悉电子商务的人不熟悉物流，熟悉物流的人对电子商务知之甚少，故双方都苦苦探索能相互结合的途径和切入点。本节试图就二者的链接问题做一些探索。

电子商务是新兴行业，是计算机技术和通信技术在商品交换环节上的应用。物流业的最主要组成部分是运输业和仓储业，这是两个传统行业。或许是因为传统行业对电子商务的崛起反应迟钝，物流业没能及时地将电子商务引入本行业，错过了一些发展的机会。

一个完整的商务过程应该分为三个阶段，即信息查询、磋商购买、货物送达，由此而形成所谓的信息流、商流、资金流、物流等。传统的商务已经形成较为规范的流程和惯例，加入电子商务或现代计算机和通信技术之后，问题变得复杂起来。在信息查询阶段，买卖的商品就挂在网上，买者在网上搜寻所需商品，大大缩短了二者时间和空间上的距离，这是电子商务企业最成功之处。

在磋商购买阶段，买者的购买行为大致分为两类：一类是买者立即购买，这种情况集中在品牌知名度高、品质优良稳定的商品上，如图书、报纸、音像制品、著名品牌家电等。另一类是经过充分磋商才能购买，其中涉及的主要问题有发盘、还盘以及订立购买合同。如果是书面合同，买卖双方将有可能要求直接对话，而不需要通过电子商务企业。如果是电子合同，则合同的有效性将要有相应的法律保障，同时，对于合同中的货物品质、规格、品种的确认（同样也存在网上确认和网下确认问题）、价格与折扣等，价格中是否含运费和保险费，由谁支付运费和保险费做出明确、有效的约定。如果是网上交易，还要支付电子商务企业交易费，这就需要卖者给一定折扣，否则买卖双方会在线下进行交易。双方需要进行赊销、延期付款、货到付款、信用证、银行划账、信用卡付款等多种付款方式的确认，以及商业信用、银行信用、银行结算系统与电子商务系统的对接问题。还有，要确认是在厂家交货，还是在买者门口交货，或者是在仓库交货。另外，还有电子提单的效力、规格及生成方式等。

在购买阶段，上述因素的整合是一个复杂的系统工程，主要当事人是电子商务企业、买者、卖者和银行，需要解决的主要问题是银行与电子商务企业的技术对接和业务对接，电子商务单证的法律地位，买卖双方的信用和电子交易纠纷的解决方案，交易及安全，等等。

在货物送达阶段，电子商务中的货物送达一般采取卖者送货、买者提货、委托物流公司提送货物的方式。卖者和买者需委托物流公司来完成货物送达时就使物流企业和电子商务企业的结算与合作显得极为重要。整个商务过程也由于物流企业的加入而完备。这里涉及两个方面的问题。

### 1. 物流成本

电子商务理论上可以串联起世界各地的买卖双方，缩短交易的时间，而物流则必须老老实实地完成货物的位移。要降低物流成本，就必须考虑优化整合下列要素，包括运输工具的选择、运输方式的优化组合、货物的可配载性、运输道路的优选、物流中心的布局与分拣、包装、加工能力、城市配送体系的完备等。因此，物流成本必须通过优化和规模经济才能降低。一些电子商务企业试图建立自己的物流体系，但他们也同样遇到了物流成本问题，建一个物流中心的费用恐怕不低于建一个电子商务企业。征地费，建设费，水、电、气费，消防费用，库房费用，分拣设备费用，起吊、运输设备费用，人工费用等，如果不将物流业务规模维持在足够大的水平上，恐怕很难支持物流系统的生存，更不用说弥补电子商务的不足了（更何况，要支持大型电子商务运作，需要建若干个物流中心）。

### 2. 电子商务企业与物流企业的技术对接和业务对接

这里涉及交易软件与物流软件的对接、买卖合同与运输保管合同的对接、结算系统的对接等系统集成问题。不同的电子商务企业有不同的交易软件，不同的物流企业有不同的物流软件，对接起来十分困难，这又引申出标准化和业务术语统一等问题。买者和卖者、电子商务企业和物流企业各有自己的结算银行，也引申出银行间结算流程的统一和规范问题。

电子商务企业与物流企业的结合，大体有三种模式。

### 1. 从电子商务企业向物流企业延伸

信息查询和交易在网上进行，物流业务由物流公司来做。各种要素的整合由电子商务企业完成。如代为选择物流企业、物流方式和运输手段，代付运费及保管费、保险费，代为生产提单和送达提单，代为结算货款、提供信息查询功能等，而物流企业只从事保管、分拣、加工、配送、运输工作。

### 2. 从物流企业向电子商务企业延伸

信息查询、交易、货物送达都由物流企业完成。中储广州公司曾经设想以仓库和物流中心为基地，卖者将货物存入仓库，并在网上发布销售信息。一旦与买者在网上达成购销合同，仓库将锁定卖者的库存货物，买方款到发货，并由仓库将货款支付给卖方。这样能将交易与物流有机结合在一起，简化了商务环节，并充当了买卖的中介。这是一个巧妙的设想，如能实施，将大大推动电子商务和现代物流的发展。

### 3. 现货仓单交易

电子商务企业指定商品交割仓库，卖方将货物存入交割库，仓库开出仓单，卖方凭仓单在电子商务交易系统交易。交易成功，卖方转让仓单给买方，买方依据仓单提货。

综上所述，电子商务企业与物流企业的链接还要克服许多困难和障碍，但二者必然结合的趋势是十分明显的。

（本节选自笔者 2000 年的报告）

# 第五节　别把区块链炒俗了

"区块链"一词曾在我国盛传。从 2018 年来看，我国区块链技术发明与专利数量呈爆发式增长。截至 2016 年区块链领域专利申请数量已达到 205 件。同花顺显示，截至 2018 年 3 月 15 日，A 股涉及区块链的股票已达 71 只，比 1 月底增加近 20 只。2018 年 3 月以来，共有 19 只股票累计涨幅超过 5%，有 7 只个股月内吸金共计 7.14 亿元。有培训机构开设两天的区块链培训班，收费 1.8 万元，还有的公司，开价 100 万元年薪招募区块链工程师。

网络上对区块链的解释是，区块链是一种计算机网络技术，特点是去中心化、分布式、不可篡改。利用区块链技术，能够从技术上真正实现可追溯食品安全，解决食品安全最后一公里问题。贵州省政府与工商银行建区块链平台，连接各级政府部门和扶贫对象，各方都可以看到项目使用资金、审批流程、支付信息。浙商银行的应收账款平台，打通了上中下游企业，收款企业在平台上使用经付款企业确认的应收款，进行采购支付或转让融资。数字汇票可以为客户提供移动客户端的签发和签收转让买卖、兑付数字汇票的功能，同时，解决了汇票防伪、流通、遗失问题。更被投资者看好的功能是，区块链是数字货币的技术基础，因为它的不可篡改、数据在圈内封闭、当事人自定规则、去中心化等特点，更适用于自货币系统的运行。

笔者认为，作为一种计算机技术，区块链是对集中式的补充。在过去的相当长时期内，一个公司、一个地区的计算机体系常常采用集中式布局，即系统内所有信息全部集中到总部中心数据库，末端需要信息时到中心数据库提取。这种方式大大加强了中央集权管理，有利于总部调动、使用、掌握资源和迅速决策。但也有末端使用信息不便，信息存储和传输量大等问题，造成不必要的资源浪费。于是就有了分布式的布局，大型组织机构的下级部门可以建立自己的分中心数据库，不需要把所有信息元素都上传总部，而是把总部需要的信息（包括风险信息）上传。这里，分布式与集中式相对应，而不是与中心相对应。

区块链在物流中的应用理由是，物流文件需多次交接，文件传输中经常出现错误，使用区块链技术，使文件可追溯，且不可变更，某个环节出现货物丢失时方便认定责任。笔者认为这个理由不充分，因为数据准确是物流企业的基本功，文件数据错误出现的概率很低。在通信、数据传输中，一般的计算机技术即可完全避免错误。有专家认为，使用区块链技术，并不能完全避免错误，因为其不能解决错误录入，以及源头错误问题。去中心化的理由也不充分，在一个组织中，中心必然存在。中心有指挥、决策、协调、存储的功能。即使是在区块链内部，规则是大家共同制定的，貌似没有中心，但掌管信息的人就是中心，发起决策、执行决策的人就是中心。许多人热衷于区块链是看中了它的数字货币功能。在一个封闭的区块链中，当事人可以按一定规则解决相互之间的债务。但它生效的前提仍然是国家法定货币价值，而不是当事人自定的价值。前例中的数字汇票流转中，隐含的前提是诚信，是真实的票据，付款企业对应付款的认可和承诺。这里不用区块链照样能够解决。

更重要的问题是，区块链自管理体系还要不要国家法规作为保障。链内当事人违约，谁来主持公道？如果这个公道与法规相悖，该怎么办？

区块链是创新，但创新不能无视监管；监管是维持秩序和保证公平，但监管不能扼杀创新。创新和监管都不可或缺，关键是画好底线。把区块链炒俗了，会被管制。

（本节选自笔者2018年的报告）

第八章

外国物流考察报告

# 第一节  赴英国、荷兰物流考察报告

2005 年 6 月 7—22 日，笔者参加国家发展改革委组织的欧洲物流考察团，对英国、荷兰两国物流协会和五个物流企业进行考察，以下为考察报告。

## 一、对企业的考察情况

### （一）英国 OFM 公司

这是一家集汽车维修、物流服务于一体的英国企业，原来是沃尔沃公司的服务部门，1992 年从沃尔沃独立出来，为沃尔沃、现代、斯柯达等四家公司的产品服务。

（1）资源情况。该公司位于伦敦西南郊的仓储区内，拥有一个 13 英亩（合 79 亩）的露天汽车存放库，一个 8000 平方米的修理与整容车间，公司内有 100 名员工。

（2）业务范围：服务于汽车销售商和个人客户。

主要业务形式为：四家厂商汽车销售前的整理；销售展示用车的美容与物流；演示用车服务；二手车整理；物流服务。只要客户提出要求，该公司就会提供从码头接车到整理送车或发运的全过程服务。

该公司 2004 年整理 40000 辆车，平均每周约 755 辆，其中新车占 27%，二手车占 29%，试车及展示用车占 44%。

（3）管理。该公司自主开发了计算机管理系统，2004 年投资 10 万英镑对系统进行了升级。在此之前，花费 50 万英镑建立了自己的计算机管理体系。建立了 ISO—9000 质量标准体系，每一个过程都有记录，便于检查和反馈。管理人员和客户服务人员占员工总数的 15%。

### （二）DIRFT 工业物流园

（1）概况。该园区位于伦敦市的西北方向，距伦敦 80 英里（约 129 公里）。一号高速路通过，有铁路专用线进入园区，旁边就是英国铁路干线。这个物流园区是十年前，即 1995 年开始兴建的，开发商是一家水务公司，将水务利润投资于物流园区。园区规划占地 204 公顷（合 3060 亩，204 万平方米），第一期开发 40 万平方米，有四家物流商进驻，并修建了一个火车货运站，货运站占地 100 亩。第二期开发 20 万平方米，目前还在招商。

（2）模式。开发商负责土地征购，申请规划批准；运营商负责园区的运营。入园企业可以自己建库，也可以与物流房产商签订租库协议，由房产商负责建库。房产商得到订单后，可向基金或银行取得资金支持。

土地征购由开发商向土地所有者收购，政府负责规划批准。政府批准的依据主要有两条：一是环保，看是否会对当地造成污染；二是交通改善，看是否会对缓解城市交通压力有益。英国政府对用地，尤其是绿地使用管理极为严格，必须由副首相批准。所以我们很惊奇该公司能获得如此大的土地量。

（3）投资。该物流园区一期投资 5000 万英镑，主要用于购地、道路、水电，其中火车站投资 2000 万英镑。

（4）进驻客户。最大的客户为 TESCO 公司，该公司是英国最大的零售商，英国有很多 TESCO 的大型超市和加油站。TESCO 在物流园区修建了两处物流中心，其中一处拥有库房 3 万平方米，分为三栋，铁路专用线直通库区，库房高度约 20 米。拥有皇家邮政中心站、Exel 公司等四家客户。据说英国全国有六个这样的物流园区。

## （三）鹿特丹港务局信息部

鹿特丹港于 1840 年建港，是与出海口相连的内河港，全长约 40 公里，是全世界吞吐量最大的港口之一。2004 年将第一港的位子让给上海港。

为了加快信息流通速度，提高货物流转率，鹿特丹港务局决定建立一个信息平台，把各部门、货主、船公司、海关、检验、检疫等各方信息整合起来，供需要信息的人使用，于是成立了信息部。

该信息部于 2001 年做了一次调研，认为有必要在港务局建立信息平台。鹿特丹港是货物向欧洲大陆的集散地，且有多种运输工具交汇，包括海运、内河航运、公路运输和铁路运输等。货物品种繁多，散货、化工、液体等特殊货物的储存和转运量大。在港口物流链条中有 30 多个单位影响到物流链的运转速度。

2002 年，该信息部开发了信息平台。首先，建了一个数据库，对不同单位和公司设定查询权限；其次，进行信息输入，包括码头泊位情况、道路运输计划、货物船舶进港申请、转运需求、货物清单等各种信息，这些信息都是有关部门必需的信息；最后，通过因特网甚至聊天室传送信息，客户、货运公司、海关、港务局、船公司等都可以通过平台传送信息，其他客户也可以到平台上来查询。货物到了哪个位置、海关是否抽检货物、抽检结果通知、货运公司可否派车提货、到哪个港区提货等信息都可以及时得到，从而大大节约等待的时间，并减少了很多不确定的因素。

该信息部负责人介绍，建立这样一个信息平台的关键是帮助各部门规划自己的工作，减少等待。

该信息部工作人员有 60 人，其中包括 5 个行政人员、10 个物流专业人员、45 个计算机技术人员。

该信息部主要费用有：

开发费用 4000 万欧元；设施设备费用 900 万欧元；运营费用 6000 万欧元。

## （四）FM 公司

（1）概况。FM 公司是由法国控股的上市公司，1987 年分别在巴黎、荷兰上市。FM 公司拥有 5000 台货运车辆，库房面积有 30 万平方米，分别位于荷兰、比利时、东欧及其他国家和地区。在 32 个国家和地区设有 214 个分公司或办事机构，全公司共有 7500 名员工，其中在中国有 10 个办事机构。2004 年 FM 公司的营业额为 10 亿欧元，其中货运和装卸业务收入占 50%，仓储业务占 25%，增值服务占 25%。

（2）业务形式。运输：服务集装箱和厢式货车的拼、拆箱业务和整箱运输。仓储：服务于保管、货物整理、进出库业务。增值服务：货物修复、包装、贴标签、零部件组装、调试等。退货服务。

（3）设施设备及计算机管理。笔者参观了该公司设在鹿特丹港附近的一个物流中心。这个物流中心拥有 6 万平方米的建筑，其中主要是库房，库房高 12 米，设有高 1.2 米的站台，设有穿墙式装卸平台。库房分整理区和仓储区，整理区是楼房式建筑，宽约 50 米、高 6 米，用作加工、组装、贴标签等，设有自动包装机三台，可自动包装、称重、量三维尺寸，便于装箱和装托盘。仓储区全部是 7 层货架，有自动喷淋设施。货架间道路约 2.4 米宽，使用叉车装卸，叉车种类有 10 多种。

拥有自己开发的物流软件，主要模块为运输和仓储。据负责人讲，他们的软件很先进，全世界各地的货主都能定时查询到自己的货物在什么地方，以及货物状态和货物清单。仓库有自动识别系统，数据转换均使用这个系统，提高了速度、降低了差错率。

## （五）荷兰阿尔斯梅尔鲜花拍卖市场

这个市场很多国内考察团都考察过，并做过专门的文字介绍。笔者这里仅简单介绍一组数字。

市场建于 1978 年。目前占地面积 58.8 万平方米，建筑面积为 100 万平方米。市场产权属于 3500 个股东，有 7000 个种植业者提供 12000 个品种产品，其中有 1200 种玫瑰、600 种郁金香。日交易量 1900 万枝鲜花，交易额为 900 万欧元。交易完成后，鲜花被空运至全世界，最远的也能在 24 小时内到达。

市场工作人员有 1800 人，为市场服务的人员有 1.1 万人。市场的收入主要来源于购买者的佣金，提取比例为成交价的 2.8%。

## 二、对物流协会的考察情况

### （一）荷兰物流协会

（1）荷兰物流概况。荷兰国土面积为 4.15 万平方公里，人口有 1600 万，地处欧洲的西北部，西面与英国隔海峡相望，与法国、比利时、德国接壤。物流业、农业、石化工业、电子电气、造船业是荷兰的主要产业。物流业产值占 GDP 的 30% 左右。鹿特丹港是世界最大的港口之一，曾排名第一，有 5 亿吨的年吞吐能力。港区面积 80 多平方公里，海轮码头岸线 56 公里，内河码头岸线 40 公里，泊位 656 个，水深从 –14 米至 –40 米不等，可停靠 50 万吨的特大油轮。铁路、公路、港口在这里汇聚，成为欧洲货物的集散地。其中，内河航线及码头为人工挖成，空运货物通过阿姆斯特丹史基浦机场完成集散。

荷兰是沿海国家，位于欧洲主要经济区内，900 公里圆周内的经济大国有英国、爱尔兰、法国、瑞士、德国、丹麦等。目前，有来自 50 个国家的 800 多家物流企业落户鹿特丹。

（2）荷兰的物流优势。有 400 年的贸易历史和航海史；把物流当作艺术，用物流促进贸易；有良好的经济区位，良好的物流分拨设施；是国际化的国家，因为荷兰人的语言能力强，精通英语、德语、法语等。

政府强力支持物流业的发展，主要包括主动规划的物流中心和地区配送中心；大力加强对铁路、公路、航道、码头等基础设施的建设；对外来物流商投资给予优惠政策；放宽行业准入限制；建设公共信息平台，如货运信息卡（内含货车司机姓名、年龄、资历），货车运输的品名、规格，来自国别，公司，船舶，所在舱位、层次，运线的国家地区，收货人等。同时还建设了无纸化报关报验系统，车、船的卫星定位系统，内河运输信息和地理信息系统等；港区内还有集装箱平车的无人驾驶系统；等等。

（3）欧洲市场特点。欧洲民族众多，产品多样化，产品生命周期短；技术标准多样化，文化、语言、法律、惯例、付款方式等，国别之间差异较大。因此，在欧洲开展业务，会有不同的规格和包装，加工组装和包装业务都在仓库中进行。上述原因导致欧洲没有一个统一的物流解决方案,必须根据客户需求量身定做。另外,由于大部分公司全球化,物流商必须在全球范围内整合资源,安排解决方案。

(4)分拨中心位置的选择。荷兰有许多大公司的分拨中心。分拨中心位置的选择可以采取分散型和集中型两种方式。分散型是指在全国各地建分拨中心,货物从产地国直运分拨中心;集中型是指在口岸或多种运输方式汇集的地方建分拨中心,货到之后进行整理、包装、装箱,分别运往目的地。由于欧洲市场的上述特征,许多物流商选择了集中型分拨中心,这样可以节约成本,提高仓库的集约度,更好地控制供货时间,提高服务水平,降低人员成本和办公费用。离鹿特丹港不远处有一个城市叫 Venlo(芬洛),许多物流公司在那里建了分拨中心。

选择租用分拨中心,要考虑成本和质量两大要素。成本中包括劳工成本,租赁、运输、仓储、海关等成本;质量因素包括港口运输多样性,能否迅速集散,劳工的素质、语言沟通和电脑使用水平,劳动法规,运输解决方面的情况,仓库设施设备是否齐全,海关服务是否便捷,等等。

## (二)英国物流协会

(1)英国物流概况。近年来,英国物流业有了较快发展,主要是因为经济全球化,使供应链发生了重大变化,产品的研发和上市速度加快,需要各个环节的协调,货物移动的速度加快,客户对最终服务的要求提高。由于竞争加剧,客户选择面增大,供应商都在寻求压缩成本,提高服务质量。相比之下,零售商的订货周期短,而制造商在缩短制造时间和流通时间,比如,汽车在库时间只有几个小时。1950—1999 年,英国经济增长了 6.5 倍,物流业增长了 14 倍。

(2)物流业的趋势。由于经济成本增加和国际贸易增加,物流业的增长幅度普遍高于 GDP 增长幅度,呈现以下趋势:供应链整合趋势明显;电子商务发展迅速;供应商角色发生变化;原材料和产成品的运送路途增加;环保要求高。同时,仓储业也存在两大趋势:一是减少库存,二是仓库的集中度提高。物流外包比较普遍;物流时间缩短,如百货,从供应商到零售商只需 2 ~ 3 天。

(3)规模。1998 年英国物流业收入 250 亿英镑,共有 9 万家物流企业,其中公路运输企业占 60%。前 3 家物流企业的收入占全部收入的 31%。小型物流企业受所有者意志的影响大,而大型物流企业受金融的影响大。小型企业注重当期效益,大型企业注重规划和市场研发,IT 能帮助公司进行规划、调度和提高满意度。由于物流业的发展,卡车运输司机短缺。

## 三、收获与启示

欧洲物流业发展迅速，对我国物流业的发展有重要借鉴意义。

### 1. 分拨中心增多，规模较大，集中度提高

无论在英国、荷兰还是德国、法国，都能看见许多新建的分拨中心。这些分拨中心大多是轻钢结构，设有穿墙式站台。库房面积越来越大，几年前还只需要1万平方米的单体库，现在则常见到2万平方米以上的库。我们参观的一个分拨中心竟然有一个6万平方米的单体库，每1.5万平方米建一堵防火墙。库高也由几年前的8~10米，发展到现在的12~30米，有的还建了楼库。

针对我国库房分布散乱、面积偏小、大多无装卸站台的情况，物流企业应预测未来的需求，按照现代物流的要求，重视设计、规划分拨中心的建设，适度提高集中度。

### 2. 运输车辆规格统一规范

交通法规严格，大大减少了超载和事故的发生。欧洲货运车辆一般有五种。最常见的一种是五轴厢式货车、篷厢，车厢长13米，宽2.4米，车厢标载重25吨，容积105立方米。在笔者的观察统计中，欧洲公路上行驶的货运车辆中，70%是此种车辆。第二种是拖车，即一部车头带两节车厢，这种车长约15米，后带车辆可甩挂。第三种是集卡，车厢与拖头可以分离，可进行甩挂运输。第四种是专用货车，如罐车和汽车整车运输车。第五种是工程车。

欧洲的交通法规极为严格，司机一天的工作时间最多为9小时，含休息和吃饭时间，每开车2小时，必须休息20分钟。这就减少了因疲劳驾驶造成的事故。车辆装有记录仪，记录车辆一天的行驶情况，并定期交给警察局检查。

### 3. 物流业务普遍使用计算机技术

在物流业务方面，各环节均使用计算机管理，与我国先进的个人消费电子产品高档化相比，欧洲的生产用到的电子技术明显高于我国。仓库实行全日计算机管理，自动识别系统普遍使用；货运车载电脑可以随时传递货运信息，并能接收道路指挥信号；政府和大企业建设的信息平台为众多用户提供了方便。

### 4. 物流业务全球化

全球采购和贸易必然带来物流全球化。欧洲大的物流企业都在全球设立网点，FM公司在全世界有200多个点，DHL、Exel的车辆和网点到处可见。这就充分说明物流是跨国界的活动，区域物流的概念只能在狭小的范围内使用，大的物流企业必然从事全球化物流业务。我们访问过的几个物流企业负责人都数次来中国考察过，计划开拓中国市场。

### 5. 物流园区呈发展趋势

几个国家的物流园区有政府提倡并促成的，也有企业自发形成的，还有政府规划、出具优惠政策，由企业建设并运营的。不管哪一种方式，都有以下共同特点。

（1）政府统一规划。主要是统一规划土地的使用，提出环境保护的要求。

（2）企业运作。由企业对园区实行投资，由管理企业对园区进行管理。

（3）市场需求。物流园区的建设一定要建立在需求之上，要有足够的物流量、合理的物流方向、货物集散需求，同时还应考虑经济发展情况、人口数量及需求水平。

（4）功能综合。分拨中心的功能较全，主要有仓储、装卸、包装、组装、加工、信息服务等功能，并与运输功能紧密结合。在我们看到的分拨中心中，有生产企业设立或使用的分拨中心，也有连锁商业企业的分拨中心、运输企业的分拨中心和仓储企业的分拨中心。

（5）设施先进。

（6）位置优越。位于交通便利、多种运输方式汇集的地方。在政府的倡导下，铁路专用线被重新重视。

### 6. 高度重视内河航运和内河物流设施建设

鹿特丹港是海港与内河港相结合的港口，通过内河将40%的货物运到欧洲内陆。汉堡港是德国大港，也是内河港。所以我们不应偏废内河港的建设。

### 7. 物流企业的计算机软件大多由企业自己开发

我们访问的几个企业，几乎都是自己开发管理软件，这是因为物流客户需求多种多样，很难有一个统一的软件。

综上所述，我们得到以下启示。

（1）应采取有效措施提高物流业技术水平。与欧洲相比，我国物流业技术水平相对落后，软、硬件设施都亟待提高。仓储技术、运输设备、通信和计算机管理技术的质量和水平必须用国际标准来衡量。

（2）加快扶持大型物流企业。只有大型物流企业才能全球化运作，才能对市场有长远的谋划，才能使用先进的物流技术。要提高物流设施的集中度，只有如此，才能节约物流总成本。

（3）加强对物流园区的规划与扶持。物流园区是新生事物，对于节约土地、减少污染、降低成本、减少空载都有很大好处。当前要改变乱建物流园区的状态，要把物流园区和分拨中心当作基础设施来建设，在土地价格、配套设施、消防规定容积率和绿地限制方面进一步放宽。

（4）加快标准化建设，尤其是物流基础标准化，如托盘、货运车辆、编码等，这些标准确定之后，其他标准才能据此建立起来。

（5）高度重视铁路、公路、航运综合枢纽的建设。只有当几种运输方式结合的时候，货物的集散速度才能加快，才有可能解决部分运输的瓶颈问题和超载问题。

（本节选自笔者 2005 年的报告）

# 第二节　美国仓储业考察报告

2007 年 4 月 19—30 日，中国物资储运总公司、中国物资储运协会和中国仓储协会应美国仓储教育研究会的邀请，组团参加美国仓储教育研究会第 30 届年会，并考察了 4 个物流中心。2007 年有关情况报告如下。

## 一、参加美国仓储教育研究会（WERC）情况

该研究会是美国仅次于供应链协会的大型仓储物流协会，有会员 1200 多人。第 30 届年会在纳什维尔召开，中国有三个单位应邀参加，分别是中国物资储运总公司、中国物资储运协会和中国仓储协会。我们参加了一天半的会议，参加了全体会员大会和两个分会，参观了仓储物流展览和门罗物流公司，并与该协会执行董事鲍勃先生举行了会谈，签署了仓储教育合作协议书。

### 1. 会谈情况

鲍勃先生对我们参加会议表示欢迎，并介绍了协会情况。WERC 的会员均为个人会员，每年召开一次年会，交流企业管理和业务发展的信息与经验，同时还举办展览，参展企业展示自己的商品和服务，展览只有大会前的半天。年会由全体会员大会和分组会议组成，分别选定了大家关心的主题进行交流和讨论。随着美国企业大量进入中国，会员对中国的情况较为关心。中储与 WERC 签订合作协议，主要目的是将美国仓储物流的工作标准和流程引入中国，并开展相应的培训工作。

### 2. 会议情况

（1）会议的组织。会议由协会秘书处负责组织，董事会决定会议的主题、议程、发言人。四年前确定会议地点、一年前决定会议议程、三个月前接受参会报名。程序一旦确定，便不再更改。

（2）会议议程。会议采取全体会员大会和分会交叉进行的方式。早晨 7：30，全体

会员进场并用早餐，在早餐期间，主席宣布大会开始，报告会议的开法，介绍演讲者和主持人。接着，第一位演讲者开始讲演，主题是"从信息到智慧——21世纪领导层最大的挑战"，演讲者是一位全美排名第23位的心理学家，演讲内容大体是：公司的发展需要新的知识和动力，要经常查找公司的不足，寻找资源、整合资源改变自己。关键是要行动，把企业的愿景变为现实，而要把愿景变成现实，最重要的因素是信息和知识，找出公司的最高目标，然后每做一件事，都要问自己做这件事离目标是近还是远，如果离目标远，这件事就要放弃。9：30时大会演讲结束，分组进行两个分论坛和六个专题讨论会。一个分论坛是运输问题，另一个是项目管理问题。讨论会中有一个是小型仓储企业的困难与解决方案。

会议发言者指出，自2000年以来，美国有1300家运输企业倒闭，其中有一些是前100名的运输公司。2006年，整车运输需求下降，第四季度无运输高峰出现，汽车运输回报率低，司机短缺达11万人。火车运输需求持续上升，在火车运输的物品中，建材数量下降，日用品数量上升。未来，火车运输将以7%的增长速度递增。

会议发言者认为，小型仓储企业遇到了较大困难，因库房面积小而无法服务大客户，也无法使用先进的设备和信息技术，成本较高、收益降低。需要向联盟化、网络化发展。

（3）会议的参加者。除仓储企业之外，还有一些物流技术企业参加，如第三方物流公司，计算机软件公司，货架、叉车生产销售企业，扫描设备提供商，声讯扫描提供商，专用装卸工具提供商，库房设计、建造提供商和成套设备供应商等。

（4）会议的氛围。参加会议的人员认真听讲，1000多人的会场没有手机声、打电话的声音等。演讲者口似悬河、滔滔不绝，风趣幽默地充分调动着全场1000多人的情绪。与会者似乎很热衷于参会，他们把会议作为沟通、充电、获取信息、增强友情、增进合作和寻求商业机会的重要场所。会议之所以受到大家欢迎，主要有以下几点原因：一是会议组织者精心设计、精心组织，所选议题都是大家关心的问题，比如，丹比调查公司主席布兰德曼的讲演题目是"7个物流安全上的致命过失"，以及讨论"托运人和承运人的合作""仓库自动化和非自动化的经验和投资回报比较""开展附加值服务""保护仓储设施和商务活动""充分利用仓储空间""仓库工程标准的发展趋势和使用"等问题。二是与会者有着积极向上的进取精神，希望能在会上有新的补充和机会。三是精心排选演讲者，演讲不好是不可能被选中的。

总的来看，美国仓储教育研究年会站在行业最前沿，研究并提出会议需要的主体问题和内容，深受与会者关注，无论是演讲、讨论还是展览都朴实无华、直入主题。展会上没有豪华展墙，只有一幅布条、一张桌子、一台电脑而已。参展人员都是企业骨干或者是主要负责人，他们对业务非常清楚。会议形式活泼，有大会、讨论会、展览会、午餐会等，也有资料发放、图书展销等。有专业人士讲解新思维、新理念，也有行业代表研究新问题，该协会具有绝对的影响力，这个影响力来自其服务和领导地位，值得国内协会学习。

## 二、参观仓储企业

我们先后参观了 4 个物流中心，分别是门罗物流公司、联邦快递中央物流枢纽、维勃（WEBER）公司物流中心、百事可乐加工配送中心。

### 1. 门罗物流公司

门罗物流公司是一家从事仓储管理和运输管理的公司，该公司位于纳什维尔市约 20 公里处，被康威公司（Con - way）收购。其客户集中在三个行业：高科技行业如戴尔，汽车行业如尼桑、通用、大众，消费品行业如快速消费品等。在全球有 80 个网点，经营 120 万平方米的库房，大部分在美国，有 20 个在美国以外的地方，中国的上海、苏州、成都、广州都有该公司的网点。

该公司是一个典型的第三方物流公司，所有仓库都是租用的，运输业务实行外包。2006 年营业额为 14 亿美元，利润 3300 万美元。而康威公司的营业额为 35 亿美元，利润为 3.5 亿美元。

在纳什维尔共有 5 个仓库，我们参观的这家仓库有工作人员 10 名，其中 2 名是临时人员。库房面积为 1.2 万平方米，轻钢结构，高 30 英尺（9 米），柱距 40～50 英尺（12～15 米）。

该库工作人员详细介绍了企业的管理理念和"瘦身"行动。所谓"瘦身"行动是查找浪费资源的地方，提出并实施改革方案。将六西格玛与 ISO 认证结合在一起，不断改进，不断节约成本，为客户提供优质服务的同时帮客户省钱。在墨西哥，2006 年进行了 12 次"瘦身"行动，为客户节约 60 万美元。在美国的 3 个仓库进行了 36 次"瘦身"行动，2007 年 1—4 月为客户省了 140 万美元。

工作人员还介绍了该库的管理方式和作业技巧。这家仓库善于用不同的颜色表示时间和应做的工作。比如，周一是橙色，所有在周一发货的指令都放在橙色的袋子里，简单明了，方便员工操作。每个站台都有编号，作业指令和表单放在相应的文件格里，从接收命令至备货装车、发货情况、验货情况都放在相应的格子里，减少了差错率。

此外，他们还将日本的看板管理引入仓库管理。

### 2. 联邦快递中央物流枢纽

从纳什维尔出发，驱车 4 小时来到联邦快递（FedEx）总部。这是一家声名显赫的快递公司，总部位于孟菲斯，拥有 670 架货机，该中心每天有 140～180 架次的货机起飞，将信函、包裹和物品空运至全国乃至世界。物流枢纽分为两大区：国际中心和国内中心。国际中心设有海关、检验检疫等机构。国内中心有三条工作线：一是超过 75 磅的大件物品；二是 75 磅以下的邮袋箱装货物；三是信函、快递函件。

之所以选择孟菲斯，主要考虑是交通和地方政府的优惠政策，公司位于美国中部，55 号公路和 40 号公路在此交会。地方政府允许使用大量土地，约 600 英亩（243 万平方米），也允许使用机场跑道和空中指挥系统。

货机分大、中、小型，其中小型的波音 727 将被 777 替代。我们参观了中心的分拣线，高速运转的分拣系统使这个中心每天处理 100 万～110 万件货物，传送带长达 70 英里（约 113 公里）。货物从飞机、货车运抵后，被送上高速运转的传送带，由机械手推向工作台，工作人员只需将贴有条码的一面翻到上面，即进入分拣传送带。读码机读码后，指挥机械将货物推到目的地城市的货箱内。小件分拣线主要处理信函快件，工作程序基本上与中件一致，但速度更快。信函被读码机读码后自动送到目的地城市的集装袋里，达到 15 码时，集装袋便被取下，并贴上集合条码，送入货运车中。信函处理中心耗资 1.2 亿美元，前后历时六年。

### 3. 维勒公司物流中心

维勒公司成立于 1921 年，扩张于 1924 年，由老维勒先生创办。该公司在全美国设立网点，其中西海岸拥有 31 万平方米的库房，总部设在洛杉矶。

我们到访时，该公司的两位副总经理出面接待。我们参观了位于洛杉矶的仓库。该库的主要业务来自亚洲，主要是中国的货物集中和分散，每年要接收 2 万个 TEU 的货物，到货时间多集中在夜晚。该库分两栋库房，每个 1.8 万平方米，库房高 28 英尺（约 8.5 米），新建库都是 32 英尺（约 9.8 米）。停车场宽度在 35 米以上。副总经理约翰先生说，他们得益于这宽敞的停车场，可以停靠 53 英尺（约 16 米）的集装箱车，争取到了不少客户。公司用 EDI 系统与客户计算机相连，90% 以上的订单来自 EDI。仓库内设站台，一个门可停靠两辆集卡。

员工拣选货物都使用条码扫描仪，只要输入员工卡号，扫描仪不仅记录选择货物资料，还记录员工的工作量，这成为考核员工业绩的基础资料。

我们参观了该公司的中心机房，机房处理该公司所有的数据，包括客户数据、仓储货物和运输数据。机房内设两套服务器，相互备份，同时每 24 小时的数据另外备份，以磁和条码两种方式存放于其他场所，以防损毁丢失。机房内有耗氧罐，着火时耗氧罐迅速打开，将氧气吸干净，起到灭火的作用。另备有不间断电源和柴油发电机，防止突然停电事故。

该公司的计算机系统是六年前自主开发的，有 7 个专职工程师负责开发、维护和更新。该公司来自中国的货物是沃尔玛及其他美国公司在中国采购的。约翰先生透露，美国还有一家公司在谋求能在中国建立仓储网络。

### 4. 百事可乐加工配送中心

该中心位于旧金山市南部，主要从事该公司多种产品的配料、灌装、仓储和配送业务，年生产能力为 2800 万箱，配送能力为 2200 万箱，拥有自己的车队，但主要租用美国一家大型运输公司的车队，车队资产归运输公司，但指挥调度权在百事可乐公司，辐射面为 100 平方英里（259 平方千米），厂房设在人口密集地区，以减少运输费用。

该物流中心存有 43 个品种，每天的库存量为 95 万箱，以保证 15 天的供应量。产品的保质期为 12 周。库房面积为 3.2 万平方米，高 40 英尺（约 12 米），有 22 个门。其中，可乐产品有 6 个门。库房分进料区、加工区、库存区、发货区、办公区，加工区内有两条塑料瓶灌装线，一条金属瓶灌装线。质量检测中心每小时检查一次产品质量，保证品质的一致性和符合各种标准要求。

让我们备感兴趣的是，库房内设重力式货架。二排或三排货架排在一起，栈板在滑轨上靠重力移动，取出一箱，后箱自动补充到位。这种货架的好处是可减少通道占地，提高空间利用率，能保证货物存取的先进先出，但这种货架的成本会增加一倍，且有抗五级地震要求。另一种货架是双托盘直通式货架。货架横梁中间断开，保证双叉叉车门架进出方便。两个栈板同时存取，工作效率高，空间利用率高。与此相配套的是，该公司使用了单双叉转换式叉车，有四个叉齿，必要时可叉起两个托板，平时四个叉齿合并成两个。该公司的叉车有 1/3 是这种叉车。叉车价格 1.4 万美元，叉齿 7000 美元。

该中心约有一半的货物存放于货架，另一半堆放，但全部使用托盘。托盘有一半是自备的，每年采购托盘的花费为 100 万美元。双向托盘是向托盘公司租赁的，周转一次的费用为 3 美元。周转具体流程是：中心向托盘公司租赁托盘，装货后运到销售商店，回收托盘到托盘公司修理，再送到中心使用。托盘丢失一个要赔偿 18 美元。

该公司的拣选工作采用了语音指挥系统，即发货人员在仪器中输入工号与密码，计算机系统便发出语言指令，指示到何货位取何种货物，读码机记录所取货物的条码，转入发货系统、库存销账。如此减少了发货人员寻找货物的时间，减少了人工抄单、登账可能产生的差错。

中心拥有 375 名员工，每季评选一次先进。先进奖共设四个奖项，每个奖项有 2 名人员获奖。为激励员工，公司还举办员工家人参加的活动，并将活动的照片贴在宣传栏里。

## 三、几点体会

出访美国，体会颇深。

### 1. 仓储业是一个迅速成长的行业

一是仓库明显增多，纽约、纳什维尔、洛杉矶、旧金山的交通便利之处，兴起了一个个仓库群，虽然目前没有权威数据表明增了多少仓库，但感觉至少增加了一倍。二是库房高度较高，钢结构站台库比例很大，高度普遍在 28 英尺（8.5 米）以上。三是功能增加，除传统的保管、装卸功能外，加工、组装、集散、信息功能大大增强。四是科学技术水平提高，FedEx 物流枢纽自动分拣系统的速度和准确性让人大开眼界，计算机系统的升级优化，大大提高了仓储物流的效率。五是仓储物流突出体现了实用性原则，在适于自动化的商品上实现高度自动化，适于机械化和人工操作的业务决不盲目追求自动化。

### 2. 仓储物流的网络化经营趋势明显

接触的几个公司，均有一个遍及全美，甚至全世界的仓储网络。在 WERC 年会上，一些仓储公司，如 GLOBAL 公司，是一家第三方物流公司，在全美有 112 个网点，经营 75 万平方米的仓库，另一家 M. W. C. 公司，经营 40 万平方米的仓库，美国供应链协会前主席所在的 HWI 公司，经营着 50 家仓库，门罗物流公司经营着全世界 80 个网点。究其原因，这些公司愿意与服务对象共进退。客户在哪里，他们就跟到哪里，长期的合作伙伴关系使仓储网络国际化。

随着中美货物流通量的增长，美国的仓储企业频频考察中国，希望能找到合作伙伴，主要是大型的信誉良好的具有网络资源的物流企业。无论合作方式如何，他们需要在中国发展业务。同时，物流的技术企业如供应链咨询公司、信息公司、设备提供商，都对中国抱有很大兴趣。

### 3. 中储应建立国际化战略

中储的国际化战略，至少应包括以下几个方面。

（1）业务国际化。中储应具备操作跨国业务的能力。国际货代业务应横向扩大业务面，纵向向国外延伸；仓储业务要与国外仓储企业建立合作关系，甚至跟随中国出口企业在国外设立网点。

（2）操作流程、工作标准国际化。吸收、消化、优化先进的工作流程，提升自己的服务水平。用国外客户熟悉的物流语言、计算机技术和工作标准服务客户。

（3）人才国际化。要拥有熟悉国际交流方式的人才、国际营销人才队伍，实现无障碍交流和沟通。只有这样，才能迅速得到国际客户的信任，开拓市场。

（4）视野国际化。尤其是企业领导人，要时刻关注国际仓储物流的发展变化。长期不出国门，不与国外同行接触，极易把自己封闭在既有的小圈子之内，故步自封、盲目自豪，看不到差距，也没有奋斗目标。中储的领导层应经常参加国际性的行业会议。

### 4. 仓储企业经营专业化、社会化、精细化

我们考察的 4 个物流中心，各有自己的特色，但其共有的特点就是专业化、社会化和精细化。门罗物流公司的客户是汽车行业，该公司专门经营各种蓄电池的存储、充电和配送，专业性强；FedEx 专营快递业务，无论大、中、小件，突出一个"快"字，甚至邮政包裹也通过该公司来集散；维勃公司分别有化工品库、日用品库，我们参观的物流中心专为沃尔玛的国际采购提供服务；百事可乐更是专营自己的产品物流，将生产与物流结合在一起。社会化是指上述所有企业均实施的物流外包，运输业务外包给专业运输公司，设备和库房托盘都在租赁经营。在供应链的各环节，有众多的企业参与，各干各的活，但大家的活动促使供应链顺利运行。精细化是指上述各企业的工作精益求精，大到方案流程设计，小到每一件货物的操作，每一个环节都井井有条、环环相扣，每一个细节都有人关注。

经营专业化使仓储企业与客户建立长期合作关系，有利于实施大客户战略。客户规模大，仓储业务随之增大，能使用更多有效的设施设备；服务专业化，使客户更依赖仓储企业，同时能阻碍竞争者的进入。研究客户，开发客户的需求，参与竞争的发展计划，将是中储下一步的努力方向。

### 5. 建立适应有效的企业文化

我们考察的几家企业，有一个共同特点：高度重视企业文化建设，从优秀员工评比，到绩效上墙，从与家属同乐到将明星员工的名字制在飞机上，无一不显示出美国物流企业注重人性、尊重员工的一面。企业文化是企业管理的重要组成部分。

### 6. 中储的基础硬件设施建设要突出简洁和有效、充分利用资源原则

美国 4 个物流中心的办公地点均设在库房的一角或一面，不另建办公楼，总部也与库房建在一起。这充分体现了企业领导者贴近一线、注重节约成本、不事奢华的风格。会议厅、洽谈室面积都不大，办公家具简单，但环境舒适、安静。

### 7. 中储要将自己的核心业务能力规范化、系统化、科学化

与美国同行相比，中储虽然有自己的业务规范，但偏于散乱，不成套，不系统，没有与时俱进。我们应借与美国仓储教育研究会合作的契机，挖掘、整理、提炼已有的经验和流程，并与美国的业务标准相结合，形成一整套规章制度、操作规范，用以提高中储乃至整个仓储业的管理水平，使之适应网点建设和扩张的需求。必要时，一套制度、几个骨干就能占领一方仓储市场。

利用国际仓储品牌提升仓储业务培训的层次。如果能引入 WERC 的培训机制和方

式，定期对仓储从业人员进行培训，必将能带出一支优秀的员工队伍，使中储真正成为仓储物流的领跑者。

**8. 中储应以国际标杆高标准要求自己，努力成为仓储物流标准的制定者，这样能巩固自己的地位**

中储在国内仓储业堪称第一，但只是国内标杆，今后应以国际杠杆高标准要求自己，成为国际仓储业的明星企业。

**9. 基于资产的物流企业和基于品牌的物流企业应并行发展**

前一个时期，国内对第三方物流企业的模式有争论，有的认为不基于资产的物流企业没有发展前途。从门罗物流公司的发展看，不基于资产的物流企业仍有发展空间，关键要看是否具有核心的竞争力和较高的管理水平，能否为客户提供可靠的服务。

**10. 信息管理系统对仓储物流业务至关重要，中储要尽快建设一个适用的有效的信息系统**

美国4个物流中心都具有先进的计算机系统，集中处理每天的信息资料，确保信息的畅通、安全。客户也能通过这个系统了解自己货物的各种情况。

（本节选自笔者 2007 年的报告）

# 第三节　加拿大物流会议及考察情况

2012 年 3 月 27—31 日，国家发展改革委经济运行调节局组团，赴加拿大温哥华萨顿酒店参加 "第二届加中贸易物流政策论坛"，并考察了 3 个物流中心和 1 个物流项目。

## 一、会议简况

本次会议由加拿大运输部负责筹备和组织。参会者共有 70 多人，主要是大学、研究机构和企业界的人员。中国代表团共 8 人，5 人在会上做了发言。

会议共有 4 个主题：一是全球化世界中的物流政策，二是多式联运中的最佳实务，三是物流园区与海关，四是绿色物流与未来。

### 1. 加拿大运输部唐琳司长主题发言

加方运输部唐琳司长发表了题为 "门户：加拿大视角" 的发言。她指出，加拿大正在实施亚太门户与走廊方案，把物流打造成为国家级优先项目，其主要内容是：加大物流基础设施投资，努力提高物流效率，对物流绩效进行评价。

自 2006 年以来，加拿大政府投资 14 亿加元，带动 47 个物流项目，价值超过 35 亿加元。预计到 2014 年，总价值接近 133 亿加元。温哥华 3 个港口合并成温哥华都市港。2010 年到 2011 年，货物在港滞留时间减少 23%。

努力创新，"智能走廊"战略应用新技术使现有设施能力最大化，同时尽可能减少对新建设施的要求。

召开门户绩效圆桌会议，供应链的所有参与者共同寻求改善和提高效率的途径，成立多式联运和散装货物委员会，以可靠性、流动性为主要指标平衡多式联运的效益。

加方愿意与中国加强贸易物流的合作，并在温哥华—上海、加拿大中心港—重庆的货运航线上对集装箱进行追踪和监控。加中合作进行了供应链管理和先进物流技术的研究，包括严寒气候适用技术、安全和道路基础设施等。

**2. 加拿大太平洋铁路公司代表主题发言**

加拿大太平洋铁路公司的代表加森做了主题为"散货供应链中的最佳作业方案"的发言，并介绍了本公司的供应链管理案例。该公司 2010 年营业收入 52 亿加元，2011 年为 57 亿加元，货物周转总量为 380 亿吨公里。

该公司主要从事大宗散装钾肥、煤炭、谷物的运输。近年的主要举措有：一是与大型生产企业结成联盟，签订十年合作协议，共同投资，共同运营，打造钾肥、煤炭供应链；建设铁路支线引进矿区。二是通过枢纽和综合运营计划，把货物从产地到口岸有机联系起来，建立订单请求系统提高交货效率；在谷物供应链中，共建设了 8 个枢纽工程，连接正线和短线。三是进行了铁路运输的改革，如开行长列列车，最长可达 170 节，分布式的列车动力（在列车尾部加一部动力机车）有效降低了横向力，改善了列车性能。四是与口岸合作，在温哥华港口附近建设了 4 个贸易区。

加森报告的结束语是，有效的供应链是通过合伙、协作、创新和合资建设的。

**3. Canpotex 公司代表主题发言**

Canpotex 是一家化肥营销和物流公司，于 1922 年 2 月成立，同年 6 月把 2.7 万吨化肥运到中国。成立以来，销售总量为 1.8 亿吨。

加拿大的钾肥产地在萨斯喀彻温省，这给钾肥的物流带来了挑战，一是产地距港口有 1600 公里，二是崎岖的山路和极端温度。公司拥有专用红白标志的轨道车 5000 辆，专门运送钾肥，其中 900 辆专门用于白色钾肥。通过与太平洋铁路公司和国家铁路公司合作，将钾肥运至东部和西部港口，再分别运至亚洲、澳大利亚、北美和南美。

90% 的钾肥通过 OFR（成本加运费）方式交易，这意味着 Canpotex 公司承担物流管理工作，每年航行次数超过 225 次。在温哥华地区有 2 个码头，吞吐量达 1500 万吨，仓储能力为 13.5 万吨。

#### 4. 其他专家发言及领导致辞

一些专家介绍了不列颠哥伦比亚省的物流政策和绿色物流研究计划。

温哥华市副市长瑞默在致辞中说，温哥华是对太平洋区域的门户，是加拿大第一大港、北美第二大港。政府正在实施一系列投资计划，包括建设货运公路，扩建码头，增加铁路，以提高效率，并对物流用地予以保证。瑞默认为，中国经济将在十年内超过美国，中国经济将越来越开放，加拿大必须迎接这个挑战。

加拿大外交与国际贸易部首席经济学家道恩斯博士发言说：当前，世界经济增速已在放缓，世界贸易已从全球危机中恢复，加拿大的贸易正在多元化发展，向新兴经济体的出口增长率远远大于向发达国家出口的增长率。加拿大政府将采取一系列措施扩大对外贸易，包括签署自由贸易协议、取消大部分关税、加大合资、加大物流设施投资等。

## 二、访问考察情况

#### 1. 参观考察温哥华三角洲集装箱港

2012 年 3 月 28 日，我们考察了温哥华三角洲集装箱港。该港占地 200 英亩（约 81 万平方米），三个集装箱存放区，有 4.1 万个标准 TEU 存放场地。码头长 1100 米，10 台岸线吊车，起重吨位从 50 吨到 85 吨不等。这些起重机都是中国振华重工生产的。该港口最大的优势是铁路进港，港内有 3 条铁路，2 条是装卸线，1 条是调车线，每条线 3000 英尺（约 914 米）长，每列车长 9000~12000 英尺（约 2743 米到 3658 米），装 300 个标准集装箱，全部为双层装载。集装箱从船上卸下后在堆场存放，根据列车编组情况装车。平均集装箱滞留时间为 1.5 天，最多滞留不超过 4 天。

港口集装箱的吞吐能力为 280 万标箱。2011 年吞吐 150 万个标箱。集装箱总量的 65% 通过铁路疏散，每天开行 3~4 列车。其余 35% 是通过公路疏散。司机可在网上查到自己的箱位，直接到指定地点取箱，平均在场滞留时间为 30 分钟。货场有 14 个卡口，开放时间为早 7 点到凌晨 1 点，每周工作 5 天。

港口由加拿大温哥华港务局与 11 家公司共同投资兴建，但由 TSI 公司运营。TSI 公司每台吊车配备 7~8 个卡车司机、2 个吊车司机、1 个文案人员以及 4~6 个装卸工人。

该堆场有 1100 个冷藏箱位，集装箱货位与岸线垂直。存有许多非标准箱，如 53 尺箱、高 9.6 尺箱等，港区外铁路属亚太铁路和国家铁路，港口内铁路属港口，而在两者的接合部还有一家不列颠哥伦比亚省的劳务公司进行装卸作业。

## 2. 参观考察 NRDC 公司分拣中心

我们参观了加拿大 NRDC 公司的分拣中心。分拣中心位于温哥华郊区的仓储区内，为独栋建筑，面积 4.1 万平方米，长方形，共有 117 个进出货门。建筑内有存储区、分拣区、传送带、分拣台。不知何种原因，该公司较少使用托盘，送货车辆中心层叠堆放货物，分拣传送带伸入车厢，2 个工人负责装卸，使用托盘时，货物加膜包装。

该公司有 9 个这样的分拣中心，其中 8 个在加拿大，1 个在美国。业绩统计件数和箱数，不计吨数。自己公司的配送车辆较少。货物在分拣中心的停留时间不超过 48 小时。

## 3. 参观考察托盘服务中心

2012 年 3 月 30 日，我们考察了位于多伦多的托盘服务中心。加拿大木托盘和周转箱协会比尔主任介绍说，托盘的材质很多，但木托盘始终受用户的欢迎，但木材中常有病虫害，必须除虫后才能让木制托盘出口。这个协会就是检查木托盘除虫质量的专业协会。检查范围涉及加拿大 450 个托盘制造和服务单位，包括军队在内。按照国际标准 ISPM，合格的就在木托盘上盖章。海关见章后放行，这种检查权是国家授予的。检查费用为每个单位每年 1400 加元，每年检查 2 次。检查内容包括工艺、除虫、账目等。同时，政府还收取 400 加元。

吉保公司加拿大公司的李木雯经理介绍了木托盘的运营情况。吉保公司是一家专营托盘的公司，母公司在澳大利亚，在 47 个国家设有分公司，员工 1.5 万人，拥有 3 亿个托盘和周转箱，每天的交易量为 300 万美元，2011 年公司收入 40 亿美元。全世界有 500 个服务中心、34.5 万个客户。

托盘服务中心把客户需要的托盘送给用户，用户使用托盘后将空托盘还给服务中心，服务中心检修托盘，超过 6 块板损坏，就不再修理了。托盘按天收费，每个租用周期 30~90 天不等。平均每个周期租金为 5 加元。托盘的价格根据客户的需求而定，从 6 加元到 23 加元不等。

（本节选自笔者 2012 年的报告）

# 第四节　日本物流考察报告

2010 年 7 月 21—25 日，由北京物资学院副校长翁心刚、副教授姜旭博士和中储股份姜超峰、李大伟组成的考察组对日本经济产业省、国土交通省、日本物流协会、日本仓储协会、日铁东京货运站、日本通运等单位进行了访问，受到了有关方面的热情接待，获得了较多的物流信息。

## 一、访问经济产业省和国土交通省的情况

2010 年 7 月 21 日下午 5：30 我们来到日本国土交通省，该省及经济产业省的有关官员接待了我们，并介绍了日本政府的物流发展政策和物流业的概况。北野参士官说，日本是一个岛国，建设了以港口为中心的物流园区，从国家到地方政府都非常重视基础设施的建设，包括港口、集装箱站、仓库等。其中集装箱站由国家和地方政府投资，建成后交给企业运营。一些公共普通仓库，也由地方政府建设，交企业运营。国家的职责在于做好临港产业园的规划，优先进行物流设施建设。对于重点的港口建设，国家采取了审查批准制度，以充分地用好资源。

由于仓库投资额大、收益低、风险大，具有一定的公益性，国家有关部门共同提出支持仓储业发展的政策。例如，在《物流效率化法》中对一些公共特殊仓库，如综合性仓库、仓储企业实行税收减免政策。同时，给予这些仓库信息技术方面的支持。所谓的综合性仓库，即是指有保管、运输、集装箱拆拼箱功能的仓库，在经过政府的统一许可后，其法人税、固定资产税五年减半征收，同时对中小仓储企业实行保险限额优惠。

在被问及国家的物流统计中，企业物流是否在统计范围之内时，该官员回答，国家统计只统计营业性仓储企业，企业自备仓库不在统计范围之内。被问及关于多式联运，即不同运输方式结合的发展情况时，国土交通省官员回答，日本政府建立了部门之间的会议制度，通过绿色物流协作会议来推动综合物流的发展。综合物流设施投资的 1/3 由政府出资，由政府引导货主企业与物流企业的合作。

日方官员还向我们提供了一些书面资料，主要摘录如下。

### 1. 日本物流的现状和法律制度

日本物流业的市场规模为 26 兆日元，约 305.9 亿美元。企业个数为 7.6 万家，大部分为中小企业。

日本的物流企业分为卡车运输业、铁路集装箱运输业、内航海运业、外航海运业、港湾运输业、航空货物运输业、铁路代理运输业、外航代理运输业、航空代理运输业、仓储业、卡车运输集散站业 11 类。其中仓储业 2008 年营业收入为 17097 亿日元，合 201 亿美元，企业个数为 5401 家，从业人员 104000 人，中小企业比例为 91.4%。

日本运输的数量指标主要是吨基数和吨公里数，相当于我国的货运量和周转量。20 世纪 90 年代后，吨基数出现下降，而吨公里数基本与前一时期持平。这表明，货主的运输需求出现货物重量轻、运输距离远的趋势。其中 100 公里以下的近距离运输占

很大份额，约 77.5%。

关于 $CO_2$ 排放量，在日本整体的排放量中，运输的排放量约占 19%，而在运输部门的排放量中，旅客运输占 60.4%（含家用汽车），货物运输占 39.6%。自 2001 年以来，运输部门的碳排放出现减少趋势。2007 年与 1990 年相比，下降了 6.9%。在这个过程中，卡车的大型化和运输外包起了很重要的作用，同时更多改用铁路运输也是一个重要原因。

政府出台了一系列的法规来促进物流业的发展，如卡车运输业法、道路运输车辆法、道路交通法、铁路企业法、海上运输法、海上交通安全法、货物代理运输业法、仓储业法、汽车集散站法等。

**2. 在物流设施建设方面，日方官员主要介绍了卡车运输集散站（类似我国的货运中心）和仓库建设等方面的情况**

卡车运输集散站是为解决公路交通混乱、交通事故增加问题而设立的。一般是在城市外围和交通便利的地方设立，主要功能是将大型卡车上的货物转装到小型集货配送卡车上，将小型集货配送卡车收集的货物转装到大型卡车上。例如，1965 年由国家东京都及民间共同出资在东京南部、西北部、北部、东部四处建立卡车运输集散站。1985 年这些集散站实施民营化，国家出资部分于 2000 年全部归还。截至 2010 年，在日本全国，这种集散站有 23 个，分属于 17 家公司。这些集散站仍在运营之中，但存在车位需求减少、设施老化等问题，正在解决之中。

与我国的情况大致相同的是，日本的仓储业也存在投资额大、收益率低、税负较重的问题。资料显示，日本仓储业的固定比率（固定资产/自由资本×100）为 188.1，而全部产业的这个比率为 155.6，仓库业的平均利润率（2000—2008 年）为营业收入的 0.5%，而全部产业的数值为 4.6%。

**3. 日方官员特别介绍了日本政府发布的《综合物流施政大纲（2009—2013）》**

从 1997 年开始，日本每四年发布一次这种大纲，目的是指导全国物流的发展。最新的大纲分析了物流形势的三个变化，即企业供应链的全球化、全球气候变暖的政策应对以及确保物流安全和抗灾物流的要求，针对性地提出发展支撑全球化供应链的高效物流、实现环境负荷小的物流和确保安全的物流三个方向。

## 二、访问日本物流协会的情况

日本物流协会常务副会长德田先生接待我们的来访。他介绍日本物流协会 1992 年 6 月 10 日设立。截至 2010 年，会员 942 家，其中物流企业占 32.7%，生产企业所属的物流公司占 13.7%，其余分别是制造业 25.6%、商贸业 8.4%、信息情报业 6.2%、研究部门 2.9%、其他 10.5%。主要工作为物流调研、国内国际交流、展会、表彰、推广先进经验以及人才培训等。协会在东京、大阪、名古屋、福冈共设 4 个活动点。

协会的收入来源为会员费（约占 20%）、培训费（约占 56%）、展会和会议（约占 24%）等，其中物流展会每两年举办一次。

日本物流协会的重要工作之一是培训，针对日本物流人才的情况，他们设计了物流经营师、物流管理师、物流技术管理候补师三种职业资格的培训，分别培训物流企业高管、中层和新入职人员，培训合格后，颁发协会会长签名的资格证书。自成立至 2010 年，该协会共向 7600 人发放了证书，其中高级证书 200 人、物流管理师 1300 人，其余为新入职证书。教师中有企业专家（70%）、咨询公司专家（20%）、大学教授（10%）。

在培训部经理提供的 2010 年培训计划中，我们看到资格认定讲座 18 期、能力开发讲座 19 期、讲演报告会 19 期。其内容涉及国家形势、政策法令、流通经济、地球环境、情报革新、经营战略、企业经营、国际物流、各种运输、财务及分析、营销、危机管理、组织人事标准化、情报技术、管理技术、工程分析、物流改善、物流技术、环境问题、食品流通、全库管理、运输配送管理等。其中，每期课程都有模块结合，以适应不同背景人群的需求。

初入门者的培训一般为 8 天集中学习。其中有相当一部分是接受会员单位委托进行的企业员工培训。在培训方法上有现场操作、课堂讲授，也有 DVD 动画，形式多样，生动活泼。

日本物流协会的另一项重要工作是调研。受日本政府部门的委托或企业委托，协会组织有关专家对一些物流课题进行调查研究、提交研究报告，如物流成本及其国际比较等。

协会综合研究所所长向我们介绍了日本货物配载系统的使用情况。由于信息和车辆的不匹配，日本也存在车辆空载问题，空载率曾最高达 40%。为此政府组织开发了一个货物配载系统，把车辆信息、货物信息、运输方向、价格等集中在一个信息平台上。系统运行成功后，政府把它交给公司运营。截至 2010 年，已有 1572 家运输企业加入，终端机 2337 台。其运输模式为：运输企业提出申请，成为配载系统的会员，会员都有会员号和密码，可以登录并发布运力信息。一旦货主有需求，系统便会自动匹配车辆，包括车辆型号、荷载、是否自带吊车等。匹配成功后，货主将运费交给该系统的运营公司，运营公司扣 5% 的手续费，其余的付给承运企业。这个系统运营的几个关键环节是：入会的运输企业资质要严格审查，建立会员企业保证金制度和货物保险制度，货物和车辆的标准化。

### 三、访问日本仓库协会的情况

2010 年 7 月 22 日，我们访问了日本仓库协会，理事长及有关负责人接待了我们，业务部课长代理八木先生介绍了有关情况。

日本的仓库分为自用仓库和营业仓库，2008 年 1～3 类营业仓库（指生活用品的存储仓库）面积为 3867.2 万平方米，比 1999 年增加了 224.8 万平方米；2008 年入库量为 16346 万吨，比 1999 年减少了 751 万吨；平均库存 2008 年为 2138 万吨，比 1999 年减少了 495 万吨。

在被问及仓库的收入类别时，八木先生回答主要是保管收入、装卸搬运收入、加工收入、运输配送收入。如果将业务外包，则收入全额计入，但税收差额纳税。在被问及营业仓库与自用仓库的比例时，理事长回答大约为 1∶10。由此可见，企业自备仓库的比例仍然相当高，如果这个比例适用于全日本，推算日本的自用仓库面积应该接近 4 亿平方米。

从业务上对仓库进行分类，分为保管型和增值服务型两类。增值服务主要指拣选、加工、自动化分拣、出库等。仓库的重要职能是货物的保管和安全，仓库法对仓库的建设标准、防火以及仓库主任的配置都有明确的要求。

日本政府高度重视仓库业的发展，认为仓库业有物资保管、调节生产与消费的时间差、调节物流节点的功能，货物的集散、换载、保税、分拨都要通过节点来完成。同时，仓库还是提高日本国际竞争力的重要方面，能够实现国际货物的无缝连接。第三方物流强调一体化服务，仓库是一体化的重要组成部分，对于提高效率、降低成本有重要作用。日本政府把仓库作为提高效率的核心环节。

日本国土交通省设立政策统筹室，该室的一项职能是对全国的仓库业实施行政管理，仓库企业的设立都要在这个室备案。从我们接收到的资料中也可以看出，日本仓库业的主要数据都是由这个室发布的。

日本仓库协会成立于 1900 年，至 2010 年已有 110 年历史了，在全国有 700 家会员，主要工作是保持与政府的联系、调研、信息服务、行业信息发布和人才的教育培训。

### 四、访问日本货物铁道株式会社东京站的情况

2010 年 7 月 23 日上午，我们访问了位于东京大田的铁路集装箱货运站。站长代理五岛先生介绍了有关情况。

该站以铁路集装箱集散运输为主，隶属于日本货物铁道株式会社，1973 年 10 月 1 日开业，占地面积 75 万平方米，南北长 3.6 千米，东西最宽处 0.6 千米，拥有 10 条铁路专用线，承担着东京到全国 140 个集装箱集散站的连接运输任务。2008 年的货物吞吐量为 300 万吨。站内建筑物面积 6.5 万平方米，其中办公楼两栋、仓库五栋，还有机车检查库、集装箱清洗车间与检修车间、研修所等。库房基本租给物流企业使用。

该公司原为国有企业，1957 年改为股份制企业，拥有 12500 个车皮、85000 个集装箱、220 台大马力牵引机车，每天运行 22 万千米。东京到全国的货物运送 24 小时内到达。该公司自行研制的五吨集装箱，长宽高分别为 3715 毫米、2450 毫米、2500 毫米，容积 15.7 立方米，两侧都可以开门，很受客户欢迎。此外，公司还有冷藏箱、液体箱、专用箱等。列车编组每列车有 26 节，每节车长 20 米，东京站每天定时定向发车。公司下设卡车运输集团公司、货运代理公司、仓库和酒店，实施多元化经营。

该公司总部制定了 2011 年的工作目标是安全运输、采用积极的设备投资计划、充分发挥综合运输功能、大量培训人才、实现完全的民营化。企业的价值标准是安全、准确、快速、环保。

## 五、访问日本通运的情况

2010 年 7 月 23 日下午，我们访问了日本最大的物流公司——日本通运。该公司营业三部部长米田先生等四人接待了我们。米田先生所在的部门主要负责零售商店、出版物、商社等方面的运输任务。米田先生说，日本通运 2009 年的营业额同比下降 10%，利润下降 14%，至 2010 年 6 月，同比下降 2.1%。

十年前，公司的海外业务比例，美国占 1/3，欧洲占 1/3，亚洲 1/3。现在这个比例变为亚洲占 1/2，在中国已有 20 个法人单位，34 个网点，5534 名工作人员，在中国的人员数占海外人员的 1/2。由此可见中国的重要性。

十年前，日本把中国作为加工地，即向中国输运材料，在中国加工后，销售到全世界。现在中国已成为消费市场，已经转变为在中国加工、在中国销售。因此物流流程发生了重大变化，需要在中国建成讲时间、讲效率的物流网络。

在通运公司给我们的资料中，我们明显感到该公司已经制定了在中国发展的战略，包括公司布局、环境分析、运力变化、线路规划、仓库选址、建设规划、运输方式、业务形态、区域发展等内容。

在被问及日本学校物流人才的培养能否适应企业需要时，海外企划部专任部长回答，通运公司接收人员中学物流的人很少，学法律、经济的人较多。用人的标准主要看其沟通能力，要愿意与人沟通，愿意融入企业环境。作为部长，他认为当前的大学毕业生缺少道德训练，因为物流行业是一个道德行业。客户提出的要求很多，满足客户的本领是不会在教科书中学到的。因此，大学生要能举一反三，融会贯通。学校的教育是基础，在实际工作中学到的东西更深刻，更有助于成长。他说："日本通运的最大财产是与走在前端的企业在一起，与先进的企业共同成长，客户成长我成长。因此，我们需要的是能够与一流企业打交道的人才。"

接着，我们参观了通运在东京的一家仓库。该仓库有三栋五层楼库，每栋建筑面积1万平方米左右。楼面负荷1.5吨/平方米，层高5米。底层有装卸站台，高1.35米。库内建筑有防火涂料，无消防栓和喷淋装置。在被问及为何没有喷淋装置时，仓库主任回答，日本的消防法规定，火警响10分钟，消防车必须到现场，因此无需设喷淋装置。在现场，能看到库内从事的是商品的检验、分拣、包装、清洗工作，而不是简单的仓储保管。一处是美国的治疗皮肤病的医疗仪器管理，另一处是隐形眼镜的分拣和配送，并无自动化分拣设施。

## 六、访问日本东京海洋大学副校长苦濑博仁的情况

2010年7月22日上午，我们来到东京海洋大学，访问苦濑先生，他还兼任国土交通厅规划院院长。

苦濑先生认为，日、中、韩三国物流的侧重点不一样，但也有共通之处。日韩两国都重视物流的发展，日中两国都重视基础设施建设。发展物流必需网络化，铁路、公路的建设重要，但目的地的末端配送更为重要。比如医药物流、医院物流问题，要研究医药的流向，医院何时买药，何时给病人，如何给病人用药，等等。再比如办公楼的物流问题，要研究办公室的货运系统、信息系统。有的办公楼每天进入停车场的车辆65%是货车，要考虑停靠、装卸时间等。因此，城市建设中不规划物流必然造成混乱。

关于物流园区，日本有一些法规。从1966年开始，仓库开始向城市外围搬迁，主要解决城市交通拥挤、污染严重、商业设施用地等问题。经过几十年的建设，日本全国有43个物流园区。有人对此也有不同的意见，比如，东京建了4个物流园区，东西南北各1个，共有1800家公司进驻，但只有10家公司在4个园区都有设点。只在1个园区设点的公司如要向其他3个园区配送货物，就要绕很远的路。所以有人提出，城市中心设物流园区，其货物向四周发送，效果可能更好。

关于物流园区的选址和产业化问题，苦濑先生说，重要的是规划，物流园区最好建在港口附近和高速公路出口附近的公路沿边。物流园区的规划道路要宽，离铁路客运站远一些，一般不会被商业和住宅侵占。物流中心还要注重加工功能的建设。

关于日本的物流管理体制，苦瀬先生说，日本政府部门的设置是"纵向"的，如经济产业省、国土交通省、警察厅、农林等，都涉及物流的管理，而物流的运动是"横向"的活动，因此也有一定的矛盾和问题。现在采取的是协商会议制度，政府出台物流施政大纲，各部门根据大纲改进工作。

## 七、建议

### 1. 建立适应物流运行规律的行业管理体制

因为国家部委是按行业设立的，每一个行业都有自己的运行规律和管理特点，实行的是"纵向"治理。而物流的方向是"横向"的，它经过交易和货权转移，仓储、运输（不同运输工具之间的换载）、报关、报验、国际结算、保税、纳税、分拣、加工、分拨、配送等多个环节，涉及十多个部委对这个过程的管理，每个部委只管其中一个或几个环节。除此之外，还涉及物流设施、设备、技术，信息，市场，交通管理，城市管理等方面，又分别有国土、工商、工信、劳务、公安、规划等部门管理，其间的部门权益、摩擦之多可想而知。因此，建议强化部级联席会议的作用，使其成为常态化、有约束力、有领导力的管理形式。同时，会议应有常设机构，收集整理物流发展中的问题，调查研究解决问题的方案和改革建议，统筹物流发展规划和基础设施建设规划等，提交联席会议决策。此外，两大物流协会应重新评估自己的职能和组织机构，按照物流行业和供应链的要求设立专门委员会，为联席会议常设机构提供信息、情报和决策依据。

### 2. 提高物流业界的研究能力，争取在重大问题上取得突破

日本国土交通省综合研究室、日本通运研究所、日本物流协会等机构都有自己的重大课题研究成果。通运公司的资料室保存了大量的物流出版物和研究资料，该公司每年出版一本中国物流发展情况的书。为此，我们建议联席会议或两大物流协会，定期发布中国物流重大课题研究目录，组织有关院校、企业、协会和研究机构协同作战、重点攻关，取得论据翔实、论证严谨、有前瞻性、有指导性的研究成果，用以指导引领物流业的发展。同时，重点梳理物流业的统计指标体系和评估指标体系，尽可能使统计指标科目符合国际标准、数据来源真实可靠。

本次考察，北京物资学院翁心刚副院长、姜旭副教授做了大量的准备和协调工作，并担任现场翻译，二位教授都是在日本取得物流博士的，因此，确保了沟通的准确性、及时性，也使访问取得了很大的成功。在此，考察组向他们表示感谢。

（本节选自笔者 2010 年的报告）

后记

我四十年里经历的改革

四十多年前，我参加了 1978 年的高考，那是我高中毕业十一年后的高考。这十一年里，我下乡当过知青，进工厂当过临时工。邓小平同志拍板恢复高考，高等学校考试录取，不问考生家庭出身，给我带来了改变命运的机会。高考改变了全家的命运。我感谢这个改革，还有推动改革的刘道玉、查全性教授。

1982 年，我毕业被分到机械工业部工作，能到行业最高机关工作，深感幸运。1983 年，国务院大幅度精简机构，从 100 个部委压缩到 61 个，其后又连续进行多次改革，到 2008 年，国务院部委压缩到 27 个。其间，涉及多少人员调整，我们的领导和职工服从了国家大局。可以说，是他们付出了艰辛，支持了改革。

在高度集权的经济体制内，一切都是计划的。工资、物品、价格、生产，全部按中央计划执行。渐渐地，生活用品放开，可以宽松买卖。生产资料从调拨改为双轨制再改为市场定价。这段改革让我们迅速熟悉市场经济是怎样一回事，真正的企业该如何经营，金融体系该如何建立。市场经济的法规制度从无到有。我们很幸运，我们把无序变成了有序，抑制了高达 30% 的通货膨胀，渡过了亚洲金融危机。当然也有一些教训，那就是如果改革方案再完整一些，就不会有那么多的人下岗；如果改革控制再严一些，就不会造成那么多的资产流失。

我们这一批 77 级、78 级大学生大都已经退休，我们的职责在过去的岁月里已经完成。我们庆幸工作在这样一个时代。此时此刻，想对年轻人说的话是：你们知识系统全面，你们比我们刚工作时眼界宽阔，要珍惜年轻、珍惜活力。